和聪明的投资者一起学习投资

投资最困难的事

公司基本面分析与估值

价值投资，就是只买对的，不买贵的

坚持用便宜的价格，购买优秀上市公司的股票

全昌明◎著

·北 京·

图书在版编目（CIP）数据

投资最困难的事：公司基本面分析与估值 / 全昌明著 .
北京：中国经济出版社，2017.9
ISBN 978 - 7 - 5136 - 4884 - 4
Ⅰ.①投… Ⅱ.①全… Ⅲ.①投资—通俗读物 Ⅳ.①F830.59 - 49
中国版本图书馆 CIP 数据核字（2017）第 239136 号

责任编辑　燕丽丽
责任印制　巢新强
封面设计　任燕飞

出版发行　中国经济出版社
印 刷 者　北京力信诚印刷有限公司
经 销 者　各地新华书店
开　　本　710mm × 1000mm　1/16
印　　张　24.5
字　　数　280 千字
版　　次　2017 年 9 月第 1 版
印　　次　2019 年 1 月第 5 次
定　　价　58.00 元
广告经营许可证　京西工商广字第 8179 号

中国经济出版社 **网址** www.economyph.com **社址** 北京市西城区百万庄北街 3 号 **邮编** 100037
本版图书如存在印装质量问题，请与本社发行中心联系调换（联系电话：010 - 68330607）

推荐序

自从中国资本市场出现了 Pre－IPO 的机会后，世界各国的投资巨头似乎嗅到了发财的机会，大到高盛、美林、JP 摩根等顶级大亨，小到千万级的私人投资机构，纷纷投入中国资本市场。不管是中国工商银行这类巨型企业，还是小到海普瑞这些名不见经传的民营企业，都能看到海外投资银行的踪迹。果不其然，没用几年，这些私人投资银行个个赚得盆满钵满，也不枉他们的另一个称号：门口野蛮人！

这种谁都看得到的机会，立马吸引大量中国证券界的有识之士。外国人能赚，中国人为什么不能赚？机会面前人人平等，更何况这是中国资本市场的钱，我们不赚，谁赚？于是，忽如一夜春风来，千树万树梨花开！很快，中国私人投资银行与机构如雨后春笋般地崛起，据初步估计，已高达两万家左右，还不包括那些没有挂投资银行而在干私人投资事情的金融机构。难怪现在有人惊呼，中国私人投资机构大概要超过粮店了。这个比喻过去是送给银行与证券公司的。

但是，经过这几年的野蛮生长后，据我们调查，私人投资银行中，一般合伙人目前给有限合伙投资者的回报并不高，少的只有百分之十几，甚至有相当部分的私人银行亏得血本无归。究其原因，他们只看到外资私募基金赚钱的结果，而不知道中间投资过程的艰辛。投资银行中的四大环节——“募、投、管、退”，每一个环节都是刀刀见血、剑剑封喉。尝尽了苦头之后，他们才知道美国的巴菲特不是这么好当的！

所幸的是，在中国投资界血拼了多年的青年才俊全昌明先生，在受过严格的理论训练后，又投入到中国私人投资的实战中，历经数年打拼，并经过系统梳理与思考后，写出一本极有价值并极具实战指导意义的书——《投资最困难的事：公司基本面分析与估值》。在这本有十四个章节的书中，不仅道出了公司最基本的财务层面上的分析，也指出了公司治理结构这个重要命脉。与此同时，作者还从公司战略、管理文化等上层建筑进行了有意义的剖析。尤其是对于最棘手的投资估值问题，作者从资产、盈利、现金流、参照及安全边际等多角度进行指导，使这本书具有更强的实践性与操作性。因此，不夸张地说，这的确是一本难得的、极具阅读价值的好书。作为同道中人，本人竭力向读者推荐这本书。

当然，既然是讲投资，最后这句话还是要说的：投资需谨慎、入市要小心。

复旦大学管理学院会计系

李若山教授

2017年9月27日

自 序

本书虽以“投资”冠名，但笔者希望，这不仅是一本关于如何进行价值投资的书，也是一本有助于读者提升公司管理与财务管理技能的书。此话怎讲?

大半年前，笔者决定从职场转向全职投资，终于有时间可以把过去十多年在工作之余研究A股、港股投资的感悟和经验，写一些文章系统地总结一下，未曾想到，最后竟然慢慢形成了一本书的雏形。虽然一开始主要是写股票投资方面的内容，但越写越感觉也是在从投资的角度把笔者过去二十多年在几家跨国公司从事公司管理和财务管理工作时的所学、所思、所悟，做一个比较全面的总结。细想一下，其实本就应该如此吧！不是吗？投资者关心公司基本面分析，是从外往内看公司的生意和管理；在公司内部而言，就是公司的管理体系。而投资者眼中的股票估值，在公司内部，很大程度上就体现为财务管理，尤其是价值管理体系。以公司自由现金流折现（DCF）模型为例，它不仅对投资者的股票估值有重要价值，在公司内部管理的投资决策分析中也被广泛运用。因此，可以说公司管理与投资本来就是相通的，就好比一个硬币的正反两面。投资者要做好投资，需要了解和掌握更多公司管理和财务管理的知识，而公司管理人员如果具有更多投资者、股东的思维，在工作中更多从投资者的角度来思考、践行公司的管理，则公司的管理工作也必将更加有的放矢。本书所探讨的公司基本面分析和股票估值，从投资者的角度来看，是发掘优秀上市公司和物美价廉股票的过程；而从公司管理人员的角度来看，不也正是提升公司的管理水平、实现股东价值最大化的管理目标之所在吗？

因此，本书最适合的读者是正在职场打拼、对投资理财有兴趣的公司管理人员。公司经理炒股？未免会让人感觉有不务正业、不求上进之嫌。确实，如果你热衷于像大多数散户一样去打探内幕消息、短线交易、追涨杀跌的话，不仅会让你无法专心工作，影响职业发展，而且很大概率你会输给那些每时每刻盯着电脑盘面、随时可以买卖操作的职业股票炒家——因为你是在以“己之短”与“人之长”竞争，哪有赢得比赛的机会？但是，如果你把股票作为一个投资理财的工具，利用自己在职场、工作中掌握的公司管理经验、专业技能和行业知识，按照本书介绍的公司基本面分析方法去研究上市公司，进行长期价值投资，则恰恰是以“己之长”参与投资“比赛”，不仅胜出的概率大大提高，可以使自己的家庭财富通过投资理财获得增值，而且，由于是长期价值投资，操作频次非常低，你无须每天盯着盘面买入卖出，因此，不仅不会影响工作，反而对你的职业发展大有助益——因为注重公司基本面分析的价值投资需要投资者具有全面的管理知识、商业洞察力和一定的财务分析能力，这不仅会促使你不断学习进步，而且，你作为投资者时所开拓的视野，也会让你在公司管理、商业决策中展现出更多的“股东思维”，对公司管理不仅“知其然”，也“知其所以然”。因此，无论你是否进行股票投资，学习、理解本书的投资和估值原理，对你作为公司经理人的工作和职业发展都会有一定的促进作用，这也是笔者过去十多年在工作之余研究投资的切身体会。当然，这样做，在时间、精力上确实是很大的挑战：在跨国公司的高强度、快节奏的工作压力下，要想兼顾投资学习和研究，基本上要牺牲大部分业余时间和爱好，如果不是有强烈的“爱”，是很难坚持下来的。相信在看完本书最后一章后你会理解。

笔者要强调说明的是，这是一本“授人以渔”而不是“授人以鱼”的书：从本书《投资最困难的事》的书名，我想你应该明白这不是一本浅显的白话投资的书，对一些基本投资理念、财务会计、管理知识，书中也没有做太多的展开，尤其是在估值部分，关于估值理论、财务报表解读、防范财务欺诈等，都需要不少的相关专业知识储备。本书所提及的每一家上市公司、每一个案例，都只是为了说明相应章节的观点、方法和技术之目的，所引用的并不一定是最新的报表数据，更不是对个别上市公司股票的推荐或否定。本书可以提供的只是一个公司基本面分析的方法和股票估值的投资实战运用之“艺术”，希望这有助于提升投资者建立价值投资体系所必需的能力——独立思考和判断的能力。相信本书对其他股票投资者，尤其是价值投资者，公司管理人员，商学院和大学的工商、管理、经济、财务类学生，应该也有一定的参考价值。

要把自己的投资体系和方法和盘托出，起初还真有些踌躇，但仔细想想还是值得的。一则借此机会把过去在头脑里的很多想法写出来，变成书面的表述，难度还真不小，对自己也是一个学习、提高的过程，本身就获益匪浅。二则如果你买到、读到这本书，套用一句时髦话来说，“那也是缘分呐”。希望我的感悟能够对你的投资有所帮助，如果能让你少走一点弯路，更快通过投资理财获得财务自由，也算是一件“善莫大焉”的好事吧。而且，我发现信奉价值投资的投资者，无论是格雷厄姆、巴菲特这样的大师，还是我这样的初学者，都是很乐意分享的。本书的很多感悟，也是从这些价值投资大师的书籍中获得的，也理应继续分享出去吧。

投资还是一门实践性及可验证性非常强的学问，本书所述的公司基本面分析和估值方法，在过去十多年的个人投资实战中取得了很不错的收益。不过，是骡子是马，还得拉出来遛遛才知道。因此，初稿完成之际，我在雪球私募工场设立了一个基金，挑战一下自己，希望这个公开的投资业绩能够印证本书所述投资方法和理念的实战价值。非常感谢雪球私募工场的耿集荟、王小能和中金公司的仲之恒经理对此给予的大力支持和帮助。

非常荣幸本书能得到复旦大学知名教授李若山老师的高度评价并热情作序推荐。李教授曾任复旦大学管理学院会计系主任，是财务会计界公认的权威专家。李教授对投资、管理有很深的造诣和研究，并担任多家上市公司的独立董事。李教授对资本市场的犀利点评和独到见解更是广为投资者称道。

感谢中欧国际工商学院 EMBA 班的班主任刘雪慰老师的推荐！刘老师当初就是我们全班同学公认的才女，现在作为中国管理第一刊《商业评论》的副主编，采写、编辑了众多的商业案例和高端管理访谈。投资者要提升商业、投资方面的洞察力，多阅读刘老师发表的商业案例、管理访谈，应该是不错的选择。

谢谢儒雅、博学的刘玉亮博士对本书价值的认可！他虽然是我 EMBA 的同学，但当时已经获得医学博士学位，也是一家知名大公司的老总。他这种学无止境的精神，正是我们价值投资者要不断扩大“能力圈”、成功投资的关键。

非常感谢我此前职场中的两位领导——陈志新先生和李冠仪女士！他们是我十分敬重的人，我们可谓亦师亦友。一如当初对我工作的大力支持，他们听到我冒昧的请求，马上爽快答应并在百忙之中热情推荐。

雪球的创始人和 CEO 方三文先生“投资最重要的特征是很难”的见解可谓睿智、直白，而且也正是本书贯穿始终的主题。谢谢方总的推荐！

很庆幸能够得到中国经济出版社编辑燕丽丽博士严谨、专业的支持和帮助，使本书的出版能够顺利完成。虽经燕博士字斟句酌地把关，但由于本人学识、水平所限，书中内容难免还是会有错漏。读者朋友可通过雪球 ID“明资道”交流、反馈相关问题。

对我本人而言，这本书是为我的太太和一对可爱的儿女而写的，没有我太太的支持、鼓励和作为第一个读者的建议，我不可能坚持完成这个艰巨的任务。

价值投资的最大乐趣，不仅在于投资成功后财富增值的喜悦，价值投资也是一个智力游戏，需要广泛地阅读、不断地学习，需要通过投资促使自己的知识和能力不断获得更新和提高。学无止境，价值投资更是可以终身从事的工作。“书中自有黄金屋”，这是笔者过去十多年阅读、学习价值投资书籍后的感触，希望本书也能让你获得同感。

2017 年 9 月

于上海

目　录

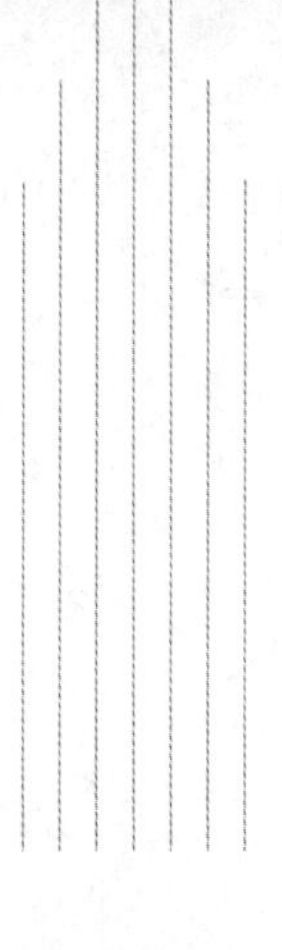

第一章

导读：投资最困难的事

从价值投资的祖师爷本杰明·格雷厄姆在1934年出版《证券分析》一书算起，价值投资这一投资理念和方法的问世，至今已有80多年了。价值投资的代表人物有格雷厄姆的弟子沃伦·巴菲特、赛思·卡拉曼、约翰·聂夫、霍华德·马克斯等人。虽然这些投资大师在成功投资之余都不遗余力地写文章、著书，介绍价值投资的投资理念和方法，尤其是巴菲特，其每年发表的《致伯克希尔-哈撒韦公司股东的信》可谓家喻户晓，但是，直到今天，无论是在欧美的成熟市场，还是在中国这样的新兴市场，信奉价值投资的投资者始终是少数，凭借学习价值投资的理念和方法获得成功的更是寥寥无几，大多数投资者依然是追涨杀跌，热衷投机，做着一夜暴富的发财美梦。这是为什么呢？

所以，在准备总结自己的投资体系时，笔者想到，可以首先从“价值投资，知易行难”这一话题入手，来梳理自己对价值投资的认知，进而回答上述疑问。

第一节　价值投资，知易行难

价值投资，说起来简单

日常生活的启示

作为普通消费者，周末逛超市，购买电器、衣服、食品的时候，大部分人都会去看看哪些品牌在打折促销，打折的力度有多大，和其他品牌相比能节省多少，打折的食品是否快过期，打折的服装、电器是否有质量瑕疵等——作为消费者，我们都希望买到物美价廉的商品。

作为投资者，在投资房产、商铺时，我们一定会仔细咨询楼盘销售人员有关物业的详细情况：是否有土地权证、预售许可证，未来周边的规划，开发商的知名度和信誉。很多人还会把周边的所有在售楼盘都看一遍，仔细比较一番。如果是买商铺，你一定会仔细计算一下租金回报率有多高，与贷款利率和存款利率相比是否划算；你大概还会找上亲戚朋友，一起到楼盘现场，看看施工的质量如何；到签购房合同时，你一定会非常仔细地阅读所有合同条款。总之，你一定会非常小心谨慎地确保你买到的是产权清晰、物超所值、升值潜力大、能按期交付的房产和商铺。

简单地说，价值投资和我们日常消费、投资房地产的目标是一样的：就是要购买**物美价廉、物超所值的股票资产**。对于价值投资者来说，股票代表的是上市公司资产的部分所有权，是所投资上市公司的一部分股权，因此，要想方设法买到物美价廉、物超所值的股票。而对于“炒股”的人来说，股票就是一个赌博、炒作的代码，和赌场中的筹码没有什么区别——关键是买了之后能不能涨、能不能很快就涨，涨了以后就马上卖给下一个“傻瓜”。

大师的答案

更准确地说，什么是价值投资呢？

格雷厄姆在《聪明的投资者》的第一章中给出了投资和投机的定义和区别：“投资业务是以深入分析为基础，确保本金的安全，并获得适当的回报；不满足这些要求的业务就是投机。”

笔者理解的价值投资与此略有不同：“价值投资就是基于公司基本面分析和评估，依据公司内在价值做出投资买卖决定的投资方法，价值投资可以显著提高投资成功的概率和回报，但无法确保 100% 成功和安全。”

在笔者看来，投资与投机（炒股票）的区别，在于买卖股票时是否对股票的内在价值和市场价格做过仔细分析和比较，只要是详细分析过股票的内在价值，并且尽力做到在市场价格低于内在价值时买入股票，就可以算是投资了。很多炒股票的人连股票的价值与价格都搞不清楚，在他们眼中，每股 300 元的贵州茅台就是贵的，而每股 3 元多 IPO 的中国核建就是便宜的，所以可以连拉 10 多个涨停。对于投机者（炒股票的人）来说，他们只看股票的价格和预测股价的涨跌，这当然只能算是投机了。

所以，价值投资的道理其实很简单，就是要在买入股票时仔细研究分析公司的内在价值，以低于股票内在价值的价格买入股票，这和我们买房、买车、买衣服、买食品时，要追求买得超值其实是没有区别的。

扑克牌与股票投资

投资与炒股的差别还可以用扑克牌的拖拉机打法与桥牌相类比。喜欢扑克牌游戏的朋友应该都知道打拖拉机和桥牌，打拖拉机更多是看手上有没有一手好牌，当然，打多了、打熟了的朋友会有一些技巧成分，但主要还是看摸牌的运气好不好，所以，打拖拉机更多是一种扑克牌游戏。而打桥牌从叫牌、打牌的整个过程都要记牌，要盘算已出的牌和对手未出的牌，最后的得分虽然有一点运气的成分，但更多的是靠叫牌、打牌过程中的经验和技术。当然，打桥牌从入门级的“菜鸟”、一般桥牌运动员到桥牌大师，水平差距是巨大的，要想打好桥牌，没有个三五年的学习和练习是不可能的。因此，桥牌是一种有国际比赛的运动，而不只是扑克牌游戏。虽然，用的工具都是扑克牌。

在笔者看来，炒股票和打拖拉机差不多，老股民炒股时间长了也会有一些“盘面感觉”，但更多的是要看运气，是否可以逮住一个大牛股或赶上一波大牛市。而价值投资就更像打桥牌，需要不断学习、提高投资知识和技术，在投资过程中要反复计算股票的内在价值、风险和成功的概率。同样，价值投资从“菜鸟”到大师，水平相差巨大。炒股票和价值投资，虽然买卖的都是股票，但却是完全不同的两种游戏。

价值投资，其实很难

价值投资的道理说起来简单，但实际执行起来其实很难。对此，“股神”巴菲特的搭档——查理·芒格就非常直接地指出：“投资并不简单，认为投资简单的人都是傻瓜。”

在《格雷厄姆－多德式的超级投资者》一文中，巴菲特这样说道：

“让我感到非常奇怪的是，人们要么会瞬间接受以40美分买进1美元的东西这一理念，要么永远也不会接受这一理念……这种事情与人的智商或教育背景无关；你要么马上理解它，要么一辈子也不会懂。”确实如此，笔者也曾经向不少经商或从事公司管理工作的亲朋好友“宣扬”价值投资的理念，收到的回应大多是不以为然或嗤之以鼻，其中不少人还是名校财经专业毕业或知名商学院的MBA！所以，能否对价值投资“顿悟”，算得上是投资的第一道难题了！即便投资者“顿悟”并“信仰”了价值投资理念，也只是跨过了第一道坎而已，价值投资还有四大困难在等着你。

困难一：股票内在价值的分析

由于股票的本质是上市公司的股权，因此，分析股票的内在价值，就是要分析上市公司的内在价值。公司的内在价值分析可以分为定量分析和定性分析。

内在价值的定量分析主要是对上市公司的财务数据、业绩的分析，依据公司年报、季报的损益表、资产负债表和现金流量表，通过分析公司的盈利能力、财务状况、运营效率，测算上市公司的关键财务指标，通过对公司多年财务报表的趋势分析、与同行业公司的比较分析、与国际同行的比较分析等方法，判断公司的业绩是否优秀。但是，**问题在于公司的财务报表是对过去年度营运实际结果的“成绩表”，并不必然可以推断出公司在未来是否会有同样优秀的营运业绩。**

如果说内在价值的定量分析更多的是对公司过去营运结果的总结分析，内在价值的定性分析就是对获得的这一“成绩单”的原因的探索和深究了。定性分析就是要了解公司的业务和运营：从产品到渠道，从价格到促销、营销管理，从产品研发到供应链，通过了解公司的运营，去理解公司的发展战略，而要理解公司的战略，还要了解行业的基本格局和竞争态势。定性分析的目的是要确定公司是否具有可持续的竞争优势，也就是巴菲特所说的“护城河”。如果要更进一步分析公司核心竞争力的来源，我们还需要对公司的股权结构和公司治理、公司的文化和组织能力做更多的分析研究，因为说到底，公司就是凭借资本和人才的有机结合从而发展壮大起来的。

将公司的定量分析和定性分析结合起来，再运用各种不同的估值技术，就可以对公司的内在价值做出较好的评估和预测了。

由于公司的定量分析和估值技术都需要投资者有不错的财务知识和财务管理经验，而公司的定性分析则需要投资者有很好的商业头脑（Business Sense）和企业管理经验。因此，单是对股票的内在价值分析这一关，估计90%的投资者已经不容易“考试”合格了。

困难二：资本市场的复杂性

资本市场既是股权的交易市场，也可以说是一个投机的大“赌场”。股票市场里充满了诱惑、欺诈、冠冕堂皇的“偷窃”（内幕交易）和“抢劫”（股价操纵、坐庄等）。因此，投资者如果对股票市场的功能和规则（“明”规则和“潜”规则）没有清晰的认知，就一脚踏进股市，那就像是一不小心跑进了到处都是陷阱和危险食肉动物的亚马孙丛林——你只能期待自己好运了！

资本市场的复杂性还体现在其市场参与者的多样性和复杂性：股票市场参与的各方都会发出各种希望达到自己目的信息和“噪音”，投资者需要对股票市场的主要参与方的角色和动机有很好的了解，才不容易被误导。看看过去几个月上演的“万科股权之争”里各方的卖力表演，以及在撕下对方“遮羞布”后所隐约显现的背后可能的违规、违法交易，读者就应该有所体会了吧。而且，任何一笔股票交易，有买方，就一定有卖方，反之亦然，因此，投资者也需要知道“谁是你的交易对手”。

价值投资者还需要对股票市场的主要特性有深刻的认识，包括：股价是否可以预测？市场是有效的吗？为什么会有牛市和熊市的周期性波动？对这些关键特性的清楚认知，事关投资者能否坚持价值投资理念。例如，如果投资者相信股价可以通过技术分析预测，那技术分析的炒作必然就是赚钱的利器，自然无须干价值投资的“苦活”了。

困难三：投资者要克服人性的障碍

前面提到，在购买其他商品和资产时，我们都喜欢价格越低越好，可是在买股票（也是一种资产啊）时，追涨杀跌却是投资者（或是投机者）的常态。魔鬼其实就是投资者心中的“贪婪与恐惧”：在股票价格上涨时大家欢欣鼓舞，大笔买进越来越贵的股票；而在股票跌到谷底最便宜的时候，赶紧“割肉”，发誓从此再也不买股票。如果说股民的追涨杀跌行为是人性的正常反应，那价值投资所需要的正是在股票大跌、股价大幅低于价值时买入，股价大涨、出现股市泡沫时卖出。**所以说成功投资本身就是违反人性的一个过程**：股票报价的随时可得性，本来是为了股票的流动性和可交易性，“贪婪与恐惧”也是人的本性，可是这种价格的波动性和人性的结合，就使股票投资变成了“违反人性”的一个过程。投资者因此需要不断提升投资的 EQ（心理学和行为学），努力克服投资的心理障碍，主要包括：贪婪与恐惧、从众心理、屁股决定脑袋等。正如本杰明·格雷厄姆 在《聪明的投资者》中所言：“投资者的最大问题甚至是最可怕的敌人，很可能就是他们自己。”

除此之外，投资者同样需要找到有效的方法和途径，不断提升投资的 IQ（投资知识和技术），包括对不断进步变化的商业模型、技术运用等知识的更新。

困难四：形成综合的投资体系

价值投资很难，还难在投资者要把对股票市场、上市公司（股票)、投资者的自我认知整合在一起，形成每一个价值投资者自己独特的“安全投资体系”。

同样是价值投资大师，我们可以看到有追求极度安全的格雷厄姆（“烟蒂投资法”）和约翰·聂夫（“低市盈率投资法”），也有更注重业务品质的费雪、邓普顿和彼得·林奇，还有稳健平衡的巴菲特、马克斯、卡拉曼等。

正如《股市真规则》一书作者帕特·多尔西所写：“没有一个成型的投资架构，即一个思考世界的路径，要想在市场上做得很好必然需要经过一段艰苦的时期。”

因此，投资者需要建立一个有效的价值投资体系，包括对价值投资的本质有清晰的认知，如安全边际作为价值投资的根本、投资风险的认知和管控、持股集中与分散的拿捏、稳健投资组合的构筑和管理等。这也都需要通过不断学习、实践和总结。

价值投资之路，道路曲折、前途光明

基于以上对价值投资的认知，笔者认为，实践价值投资，**必须要明白资本市场之道，资本（公司）增值之道，投资者提升自己资质之道和安全投资之道。**

价值投资道理之简单，让笔者坚信这是正确的投资方法。也许还有其他的投资成功之道，但过去十多年的投资实践，让笔者坚信价值投资是正确的选择。

价值投资之难，也让笔者充分认识到价值投资之路不可能是一帆风顺的，必然充满了艰辛和挑战，因此需要不断学习，始终保持对市场敬畏和谦逊的态度。

第二节　站在大师的肩膀上

上一节简单论述了价值投资的四大困难，结合自己的学习体会，笔者认为，**上市公司的基本面分析和估值是投资最困难的事**。

从 80 多年前本杰明·格雷厄姆出版《证券分析》开始，各种介绍、论述价值投资的书籍可谓汗牛充栋，其中，笔者认为最值得一读的包括：本杰明·格雷厄姆的《聪明的投资者》和《证券分析》，赛思·卡拉曼的《安全边际》，霍华德·马科斯的《投资最重要的事》，菲利普·费雪的《怎样选择成长股》和《股市投资致富之道》，彼得·林奇的《战胜华尔街》和《彼得·林奇的成功投资》，帕特·多尔西的《股市真规则》和《巴菲特的护城河》，劳伦斯·A. 坎宁安编写的《巴菲特致股东的信》，巴菲特的历年致股东的信原文，罗伯特·哈格斯特朗著、杨天南译的《巴菲特之道》；国内著作包括，邱国鹭的《投资中最简单的事》，任俊杰的《穿过迷雾：巴菲特投资与经营思想之我见》，李杰的《股市进阶之道：一个散户的自我修养》。

读完以上这些价值投资的著作，如果你有价值投资的“慧根”，你大概会非常认同以下一些价值投资的基本理念。

（1）要投资而不要投机（炒股票）。股票不仅是一个交易的代码或符号，也代表上市公司的部分所有权（股权）。买股票就是买生意，股票本身就是财富的载体。

（2）股票市场总体上是但并不总是有效的。受各种因素影响，短期股价是完全不可预测的，而且可以剧烈波动。但公司经营业绩的好坏终将反映在股价上。

（3）股票市场只是为价值投资者提供了一个股票交易的场所和流动性。价值投资应该利用股价波动产生的投资机会，而不是受短期股价波动牵制。

（4）股票市场会周期性钟摆运动。投资者应该在别人贪婪的时候恐惧，在别人恐惧的时候贪婪。

（5）安全边际是价值投资的基石。投资者买入的价格要大大低于公司的内在价值。

（6）投资首先要考虑的是风险而不是收益，股价波动不是投资风险，风险是本金永久灭失的可能性。

（7）界定自己的能力圈。只投资自己看得懂的行业和公司。

以上这些书籍，总体上更多的是关于价值投资的理念。就树立正确的价值投资理念而言，阅读以上所列的书籍就足够了。借用巴菲特和查理·芒格两人在伯克希尔公司股东大会上爱说的一句俏皮话，“我没什么可以补充的”。

可是，如果你以为仅仅理解了价值投资的基本概念，乃至树立了正确的价值投资理念和信仰，就可以投资成功的话，那你就大大低估了价值投资的难度。因为，这还没有解决**价值投资最大，也是最困难、最重要的两个问题：买什么？用什么价格买？**

第三节　买什么?

在一些投资“大咖”口中，价值投资其实很简单：买入优秀的上市公司，长期持有，就可以获得很好的投资收益。问题在于：如何选出优秀的公司?

查理·芒格曾经说过：“任何说投资很简单的人都是愚蠢的。”在投资标的、优秀上市公司的选择上，也是如此。

从1990年12月上海交易所开始营业算起，中国股票市场虽然只有短短27年的历史，但是发展非常迅速，尤其是随着近两年的资本市场大扩容，沪深交易所的上市公司的数量目前已经超过3000家。要从3000家公司里挑选出值得投资、可以获得长期投资回报的优秀上市公司，难度可能远超你的想象。

大浪淘沙

市场竞争的残酷和激烈程度，以及上市公司的生存率之低，可能远超投资者的想象。

以最早（1990年）在上海证券交易所上市交易的8只股票，也称“老八股”为例，目前就仅剩飞乐音响、方正科技（原“延中实业”）、豫园商城、申华控股 4 家还在正常交易，其余 4 家或退市，或被并购重组，27 年仅有 50% 的存活率！其实在这剩下的 4 家公司中，除了豫园商场的名称和主营业务没有太大变化外，其他 3 家公司，方正科技是原“延中实业”在被多次举牌后，最终被方正集团收购，已经变成了一家计算机公司。另外两家公司，“申华电工”现在的名称是“申华控股”，虽然保留了“申华”两个字，但业务范围已经完全改变；“飞乐音响”是唯一名称没有变化过的公司，但同样，现在的业务与 27 年前也完全不同了。因此，如果以主营业务完整存续来看，只有豫园商城还可以说是正常存续、交易。经过仅仅 27 年，淘汰率已经超过 80%！

其实，中国股市并非特例，以美国著名的道琼斯指数为例，道琼斯工业指数首次在 1896 年 5 月 26 日发布，它是象征着美国工业中最重要的 12 种股票的价格平均数。至今为止，在这 12 种成分股中，只有通用电气仍然留在指数中，其余 11 家早已完全消失。道琼斯工业指数后期演变为道琼斯 30 种工业股票价格平均指数，以 30 家著名的工业公司股票为标的编制而成的。以 40 年前（1976 年）的道琼斯工业股票价格平均指数的 30 家公司为例，到现在仅有 6 家（杜邦公司、3M、埃克森石油、通用电气、宝洁公司、联合技术）还完整存续（见表 1－1）。在短短 40 年里，其余的 24 家“大公司”或者被并购，或是破产，即使还在运营，也是业务大幅收缩、经营业绩远不如前，淘汰率同样超过 80%！

表 1－1　1976 年道琼斯 30 种工业股票价格平均指数成分公司情况

序号	英文名称	中文名	后续发展及现况
1	Allied Chemical Corporation	联合化学	1999 年被 Honeywell 并购
2	Aluminum Company of America	美国铝业	2013 年被调出，2016 年重组更名 Arconic
3	American Can Company	美国制罐	1991 年被调出，被并购
4	American Telephone and Telegraph Company	美国电话电报	1984 年被拆分

续表

序号	英文名称	中文名	后续发展及现况
5	American Tobacco Company (B shares)	美国烟草	1994 年被英美烟草收购
6	Bethlehem Steel Corporation	伯利恒钢铁	2001 年宣告破产，2003 被并购
7	Chrysler Corporation	克莱斯勒	1998 年被奔驰收购，合并
8	E. I. du Pont de Nemours & Company	杜邦公司	存续
9	Eastman Kodak Company	伊斯曼柯达	2004 年被调出，2012 年申请破产保护
10	Esmark Corporation	Esmark 工业	1983 年被并购
11	Exxon Corporation	埃克森石油	存续，1998 年与美孚合并为埃克森美孚
12	General Electric Company	通用电气	存续
13	General Foods Corporation	通用食品	1985 年被菲利普·莫里斯收购
14	General Motors Corporation	通用汽车	2009 年申请破产保护，重组成立新通用汽车公司
15	Goodyear Tire and Rubber Company	固特异轮胎	1999 年 11 月被调出
16	Inco Limited		2006 年被巴西矿业巨头 CVRD 收购
17	International Harvester Company	万国收割机公司	1985 年卖出大部分农业机械业务后更名为 Navistar
18	International Paper Company	国际纸业	2004 年被调出
19	Johns – Manville Corporation		1982 年申请破产保护，1982 年被调出
20	Minnesota Mining & Manufacturing Company	3M	存续
21	Owens – Illinois, Inc.	欧文斯公司	1987 年被调出
22	The Procter & Gamble Company	宝洁公司	存续
23	Sears Roebuck & Company	西尔斯公司	1999 年 11 月被调出
24	Standard Oil Co. of California	加州标准石油	1984 年与海湾石油合并更名为雪佛龙
25	Texaco Incorporated	德士古石油	2000 年被雪佛龙石油收购
26	Union Carbide Corporation	美国联合碳化物	1999 年 11 月被调出，2001 年被陶氏化工收购
27	United States Steel Corporation	美国钢铁	1991 年被调出，2001 年钢产量与 1902 年相同

续表

序号	英文名称	中文名	后续发展及现况
28	United Technologies Corporation	联合技术	存续
29	Westinghouse Electric Corporation	西屋电气	1995 年收购 CBS 广播公司，1997 年更名为 CBS
30	F. W. Woolworth Company	Woolworth 零售	1997 年被沃尔玛替代，1997 年停业

资料来源：笔者根据各公司网站和维基网页公司资料编译汇总。

在三四十年的时间里，著名的蓝筹大公司尚且有高于 80% 的比例会被残酷的市场竞争淘汰出局，更何况其他中小型公司呢？投资者要在如此高的淘汰赛中选出长跑的胜出者，实在不是一件容易的事。

事后聪明、马后炮？

格力电器是这些投资“大咖”最喜欢引用的价值投资的案例之一，其长期股价如图 1－1 所示。如果投资者在格力电器 1996 年 11 月上市时投入 1 万元买入，并一直持有，以 2017 年 1 月 10 日 24. 93 元收盘价计算，今天的市值为 221 万元（累计涨幅 221 倍）。

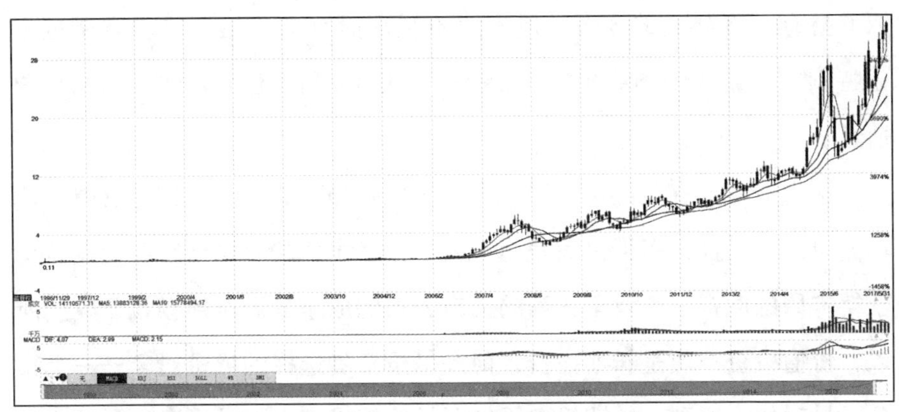

图 1－1　1996—2017 年格力电器月 K 线图

问题是，时间回到 1997、1998 年，当格力空调还只是一个小品牌、小公司，而空调市场份额第一的春兰空调正独领风骚时，你是否有能力判断格力空调会在未来十年的竞争中胜出呢？尤其是，就股价而言，从1996年到1999年，格力电器只是上涨了1倍左右，而春兰股份的股价有近5倍的涨幅，如图1－2所示。我想，回到1999年，绝大部分投资者都会以选中、持有春兰股份为傲，就像今天持有格力电器的投资者吧？

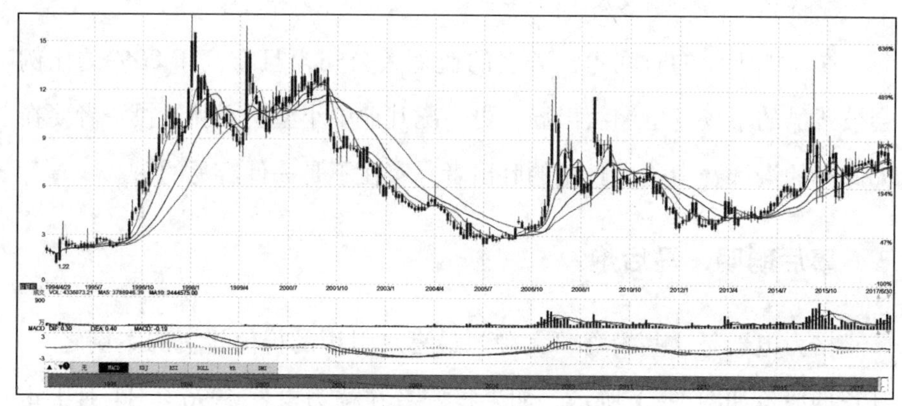

图1－2　1994—2017年春兰股份月K线图

悲剧的是，如果投资者是在1998、1999年春兰空调鼎盛的时候买入并持有，18年后的今天，你依然还要亏损50%左右。春兰空调也不是特例，曾经的中国彩电第一品牌——四川长虹也是如此，如图1－3所示。

格力电器与春兰股份、四川长虹对比强烈的股价走势完全反映了市场竞争的残酷性：**有强大竞争力、公司业绩出色的公司最终会让投资者获得丰厚的回报，而竞争失利的上市公司的股东最后可能颗粒无收。所以，价值投资一般是长期投资，前提是投资者选择的投资对象——上市公司是对的。否则，长期投资不仅不是价值投资，而是投资悲剧。**

虽然今天回过头来看格力电器、春兰股份、四川长虹的股价走势图，胜负得失一目了然，但是，这难免有事后聪明和马后炮之嫌。关键是，你是否可以在十年前就预见到格力电器是胜出者呢？

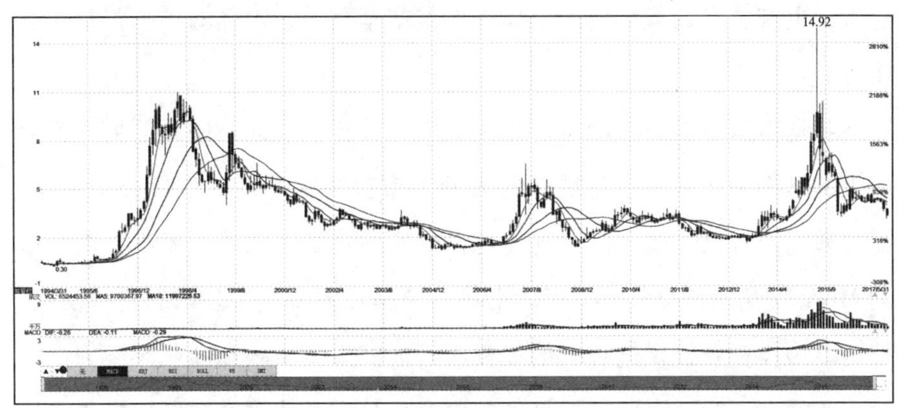

图 1－3 1994—2017 年四川长虹月 K 线图

更大的挑战在于，即使是对于格力电器今天的投资者来说，你怎么确定未来十年格力电器还是会成功呢？正如站在 1999 年春兰股份和四川长虹的股价高点的投资者一样，往后看和往前看可能是截然不同的投资体验！

生意头脑和商业洞察力

对于成功的价值投资而言，关键的第一步是在事前（而不是事后）发现、识别具有核心竞争力，能够持续在市场竞争中胜出的上市公司。这需要投资者具有很好的商业洞察力，也就是人们常说的“生意头脑”。而这一点，也正体现出我们说的价值投资是“买股票就是买生意”。

问题是，这种生意头脑和商业洞察力是与生俱来的呢，还是后天可以培训、训练的？

虽然不清楚是遗传还是文化传承，我们都知道有些民族、有些地区的人们就是具有更出色的生意头脑和商业天赋。例如，犹太人这个民族就以精明的生意头脑闻名，投资大师巴菲特、索罗斯都是犹太人。而在中国，潮汕人、温州人也天生比其他地区的人更会做生意、有更多的创业者，也有更多的成功商人，如华人首富李嘉诚、曾经的中国首富黄光裕等。

我觉得这可能只是硬币中先天和文化传承的一面，硬币的另一面是后天的培训和实践：毕竟现在的大型上市公司所遵循的现代公司治理、管理和运营，已经是一门有规律可循的实践科学。因此，无论是商学院的 MBA 教育，各类营销、管理书籍，还是在大型上市公司的管理实践，都可以为投资者提供这种价值投资所必需的生意头脑和商业洞察力。

实际上，**投资者所需要具备的生意头脑和商业洞察力可能更胜于实际运营公司和生意的上市公司管理层**。这是因为，不同于上市公司的大股东、董事和公司管理层可以直接获得一手的公司内部经营管理报告和信息，公司的中小投资者只能从公司外部，如年报、公司网站、行业网站、新闻报道等公开渠道获得信息（除非是违法的内幕消息、内幕交易），可以获得的有价值的，关于公司运营、管理的资料是非常有限的。而要基于这些有限的信息去判断一家上市公司的业务运营、管理质地好坏，优秀与否，难度可想而知。因此，要得到正确的公司基本面分析结论，投资者能否运用正确的商业分析逻辑，建立符合投资、管理原理的分析框架，就显得尤为重要和关键。

本书的第一部分“买什么”（第二章至第八章），正是希望建立这样一个结构性的上市公司基本面分析框架。本书所说的公司基本面分析，也可以说就是公司的商业分析。

上市公司基本面分析框架

正如霍华德·马科斯在其 2017 年最新的备忘录《专家意见》所言：“大概一年前，巴菲特在一次和我晚餐时指出：**一个值得获取的信息应该是重要，而且可知的。**”“重要性原则”是构建这样一个结构性的商业分析框架的重要考量！公司经营管理千头万绪，包括方方面面，投资者通过公开渠道获得的信息也是各种各样的，而且大部分是零碎、非系统性的。因此，投资者需要非常清楚对一家上市公司的内在价值和长期的成功而言，哪些方面是最重要的“关键成功因素”（Critical Success Factors），投资者应该去搜集、分析上市公司在这些“关键成功因素”方面的信息，进而去判断上市公司的经营情况、公司质地的好坏。否则就容易陷入细节之中，只见树木，不见森林。

以下的上市公司基本面分析框架，是基于上市公司的内在价值和价值源泉的原理，笔者总结了在公司管理、财务管理和投资实践中的感悟、认识，浓缩、概括出了影响公司内在价值的“关键成功因素”，通过这一公司基本面分析框架，应该可以让投资者对一家上市公司是否具有长期价值投资有一个基本的判断。这一公司基本面分析框架包括3个层面的内容，如图1-4所示。

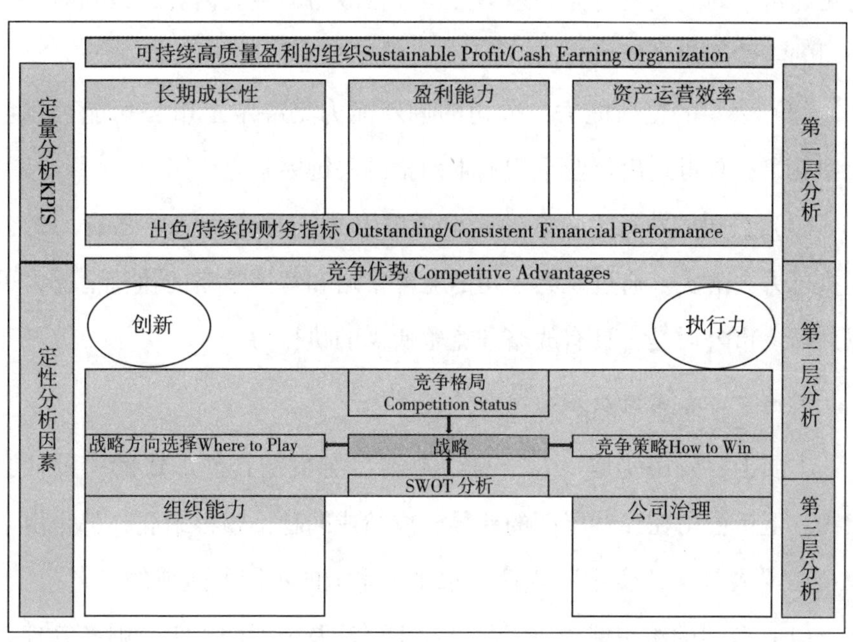

图1-4　上市公司基本面分析框架

层面一：上市公司的价值创造和盈利模式

（1）投资者首先需要深刻理解上市公司的股东价值的源泉，即哪些上市公司的经营策略、经营行为是为股东创造价值的，哪些行为是破坏股东价值的。

（2）结合杜邦分析和主要财务指标，理解公司的盈利能力、生意模式和竞争优势：公司的竞争优势应该要体现在优异的主要财务指标上，同时，要结合价值链分析思考竞争优势的可持续性。

不同于第二、三层面主要侧重定性分析，第一层面需要很多对上市公司盈利能力的定量分析。

层面二：公司运营

（1）公司的经营战略：公司的经营战略是最能体现公司管理层的远见和水平的。投资者需要理解公司经营战略的主要内容，以判断上市公司的经营战略是否可行。

（2）公司的创新能力：公司的创新能力是决定上市公司能否在竞争中胜出，获得超出行业平均资本回报的关键因素。

（3）公司的执行力：好的经营战略和创新理念，需要强有力的公司执行力去落实。通过观察公司的竞争策略和营销策略的执行情况，可以判断上市公司是否具有战略和竞争所需的执行力。

层面三：公司组织和治理

本质上，公司就是“人”与“资本”有机结合而形成的一种社会组织。上市公司在经营层面的差异、成绩或问题，归根结底，都是由于公司在“人”与“资本”这两个根本因素上的不同所造成的。

（1）公司的组织能力（“人”）：主要涉及公司的人事、财务管理系统，员工、团队、管理层和企业文化。

（2）公司治理（“资本”）：涉及公司的股权结构、董事会能力、董事会对管理层的制衡。

必须指出的是，**这种基本面分析不是静态的，而必须是动态**：投资者必须按照这一分析框架，持续地跟踪上市公司的经营、发展情况，不断加深自己对公司业务、行业的认识，不断挑战自己的分析结论，避免错误。

第四节　用什么价格买？

即使你按照公司基本面分析的方法，从3000多家上市公司中挑选出值得长期投资的标的，那也只是回答了第一个问题：买什么？

同样重要，甚至更重要的是第二个问题：用什么价格买？

中国平安可谓是一个管理出色、业绩持续增长的符合价值投资商业分析要求的优秀公司。从A股上市第一年2007年算起，到2016年，公司营业收入增长了4.3倍，复合年均增长率17.6%；归属母公司利润增长了4.1倍，复合年均增长率17%，如表1－2所示。

表1－2　中国平安业绩对比

业绩指标	2007年	2016年	2016年对比2007年（倍数）	复合年均增长率（CAGR%）
营业收入（亿元）	1,652	7,125	4.3	17.6
归属母公司利润（亿元）	151	624	4.1	17.0

但是，如果你在2007年10月以149元的高价买入中国平安，持有九年之后，到2016年底，你还是亏损大约50%，如图1－5所示！

由此可见，即使选对了公司，也需要以“对”的价格买入，才有可能获得理想的回报。要做到这点，投资者就需要对公司估值有透彻的

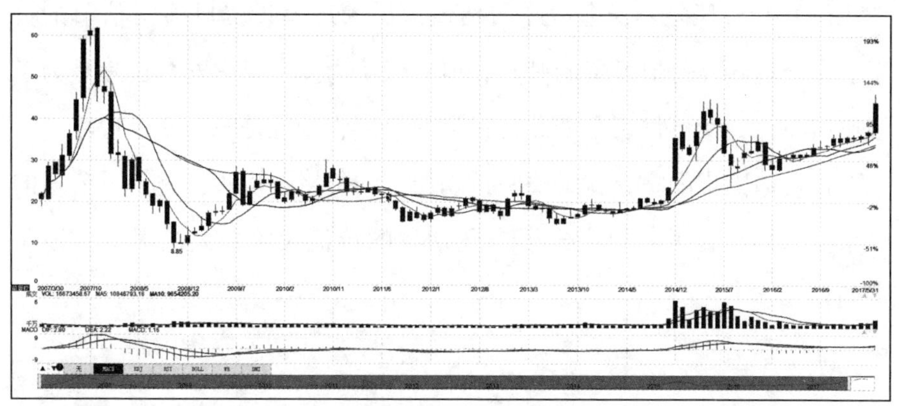

图1－5　2007—2017年中国平安月K线图

理解和把握。

准确地说，价值投资是“价 vs 值”的投资，这里的“价”是指股价，“值”是指公司内在价值：价值投资的本质是寻找公司股价与公司内在价值的差异，在公司股价大大低于公司内在价值的时候买入。从这个角度来看，对于真正的价值投资者而言，没有在股价下跌一定幅度后“止损”一说，反而应该是在股价下跌时买入更多的股票。当然，前提是你能确切知道公司的内在价值是多少，而且在股价大大低于这一内在价值时，还对你自己的估值有足够的信心。要做到这一点，投资者需要对上市公司的各种估值方法有全面、系统的学习和总结。

本书的第二部分（第九章至第十四章）着重归纳和总结各种主要的估值方法及应用，主要内容包括：

（1）估值综述：投资者购买股票，等同于买的是上市公司股权，但实质上到底买的是什么？

（2）各种估值方法总结：包括资产估值法、盈利估值法、现金流估值法及参照估值法。结合财务报表的内容，本书总结了“估值健康体检”的主要注意事项和每一种估值方法优缺点，包括一些定性的思考。估值其实不只是数字，要与商业分析相结合。

（3）投资风险、安全边际与估值：深入理解投资风险与估值的关系。安全边际是价值投资的基石，但一般认为投资寻求安全边际是为了规避风险，其实不仅仅是如此：投资的超额收益也是源自安全边际。

投资最困难的事，就是要坚持用便宜的价格，购买优秀上市公司的股票。我喜欢套用一句广告语来概括我的价值投资：只买对的，不买贵的。

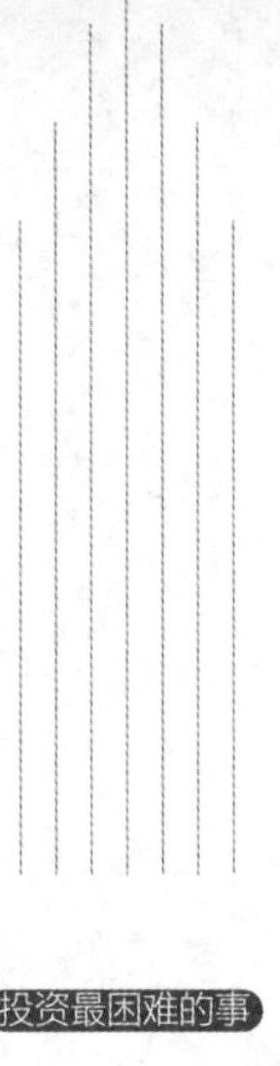

第二章

股东价值驱动因素

从价值投资的角度，公司基本面分析框架必须基于上市公司的内在价值和价值源泉。因此，理解上市公司的内在价值（股东价值）的关键驱动因素，是建立公司基本面分析框架的第一步。

第一节 股东价值最大化

上市公司内在价值的源泉：一个案例的启发

说起上市公司的内在价值（本书中笔者又常称为“股东价值”），让我想起十多年前在一家知名跨国快速消费品公司从事财务管理工作时的一个案例。

公司在七八年前收购了一家中国本地的食品公司，该品牌当时还是华东地区的知名品牌。由于各种因素，该品牌在收购后的发展很不理想：同品类的外地其他品牌快速崛起成为全国性品牌，并逐渐占领华东市场，该品牌的销售额和市场份额都日益下滑，工厂的产能严重过剩。而且该品牌所属的品类也不在总公司全球的重点发展品类之列。因此，公司考虑将该品牌业务，包括其生产工厂，重新打包卖出。为出售计划和谈判做准备，财务部开始从公司内部做估值分析和评估。

按照公司的自由现金流折现（DCF）财务分析模板：从预测品牌的销量、销售额、利润出发，计算出未来十年的预测经营现金流和自由现金流，将自由现金流和十年后的永续价值以公司的加权平均资本成本（WACC）折现为现值，得到该品牌的“净现值”（Net Present Value），也就是该品牌的内在价值（股东价值）。我看着自己亲手算出来的结果，有点难以相信——七八年前花几个亿买回来的品牌和资产，现在算出来居然只有几百万元的价值。反复检查计算公式和计算过程，也没有发现错误。我只好把结果拿给大中华区的财务副总裁审阅，他看完后表示没意见。我略带狐疑地问："单单我们工厂的资产也有好几千万元，按这个估值模型算出来的内在价值才几百万元，不太对吧？"这位财务副总裁曾经担任集团总部的并购部门负责人，对公司并购和估值颇有研究，他有些疑惑地看着我说："为什么不可能呢？**不能带来现金流的工厂是负债，而不是资产**，不是吗？"这句话我至今记忆深刻。

没错，不能带来现金流的资产对股东来说是没有任何价值的，而是一笔负债：一家工厂即使有几千万元、上亿元的厂房、机器设备等账面资产，如果没有订单和销售的话，不仅没有现金收入，公司反而还需要掏出更多的现金去支付水电费、工人工资和设备维护费等，对于持有这样一个工厂的股东而言，不仅没有任何价值，而且还是一笔负债。

由此不难理解，上市公司的内在价值，就是上市公司在其剩余存续期间能够为其股东带来的净现金流，其当前价值就是这一现金流以股东预期回报率折现计算的净现值。

管理层目标 VS 股东利益

在规范的现代上市公司治理模式中，公司的所有权与经营权是分离的，即公司股东大会和董事会行使股东的所有权和决策权，而日常的公司经营管理由公司管理层负责。管理层与股东是代理与所有的关系，因此，**公司管理层的管理目标未必与股东的利益是一致的**，以下为 3 种最常见的管理层的管理目标。

公司规模最大化

公司的业务规模越大、员工越多，公司的 CEO、总经理就会有更大、更气派的办公室，更丰厚的收入，更高的社会地位。在此情形下，公司的管理层会片面追求规模，不计成本地扩张、并购，导致企业大而不强，甚至最后因为摊子铺得太大而倒闭。

公司利润最大化

作为以盈利为目的的机构，公司追求利润当然是无可非议的。但是，当公司管理人员以追求公司利润最大化为公司管理目标时，容易出现以下问题。

（1）在达到公司短期利润目标出现困难时，公司管理人员会出现各种短期行为：强行往销售渠道塞货、削减市场费用、减少研发费用等。这样一来，公司短期内是可以达到利润目标，但这必然会伤害品牌和公司的长期竞争力，实际上是损害股东价值的。

（2）为达成公司利润目标，公司管理人员也容易出现罔顾公司社会责任，为节省成本污染环境、侵犯员工权益，甚至做假账等现象。

相对于非上市公司，上市公司的管理层受资本市场的业绩压力比较大，因此更容易出现为短期利润最大化而不择手段的行为。

履行社会责任

政府部门一般对国有控股上市公司有诸多要求，如要保就业，不能裁员。问题是，履行社会责任的过程中，不可避免会与企业长远发展利益、股东利益以及公平市场的建立产生矛盾，导致低效发展，甚至浪费。

在笔者看来，公司依法经营、按章纳税，就是在履行最大的社会责任，其他则是公司作为社会机构的应尽义务，应该在其力所能及、自主自愿的前提下实施。

我们需要什么样的管理层

从价值投资的角度来看，我们希望公司管理层**以股东价值最大化为**

管理目标。这里所说的股东价值，就是上市公司的内在价值。这其实就是我们常说的公司管理者要具有“主人翁精神”。

在 1998 年的《巴菲特致股东的信》中，巴菲特对此谈道：“我们给每一位经理人一项简单的任务，要像在以下三种情况中运作那样来运作公司：（1）你拥有它 100% 的权益；（2）它是这个世界上你和你家人所拥有的，或者将要拥有的唯一财产；以及（3）你至少在一个世纪内不能出售或者兼并它。作为一种必然结果，我们告诉他们，他们不应当让他们的任何决定受到即使是最轻微的会计因素的影响，我们要求我们的经理考虑什么有价值，而不是如何被认为有价值。”

事实上，这可是一项很不简单的任务，能做到巴菲特所述要求的上市公司管理层可能是凤毛麟角。这一方面是来自华尔街、资本市场对管理层达到短期经营目标的压力；另一方面，要这样做，管理人员个人也需要有极高的专业素养和道德品质。正因为具有股东思维的出色的企业家十分稀有，所以投资者需要有锐利的眼光去发现、识别。

当然，要判断管理层是否具有股东思维，其商业决策、管理行为是否符合股东价值最大化的要求，投资者首先得非常明白股东价值的关键驱动因素有哪些。

第二节　股东价值驱动因素

在日常工作中，在探讨股东价值最大化的话题时，笔者一般会从演示 3 个投资选择问题导入。

关于投资的三个重要问题

问题一

如果你是一个投资者，如表 2－1 所示，有以下两家公司 A 和 B 可以选择投资，你会选择哪家？

表 2－1　A 和 B 公司基本情况（1）

单位：百万元人民币

指标	A 公司	B 公司
销售额	200	200
销售成本	120	125
毛利	80	75
管理费用	60	65
营业利润	20	10
营业利润率	10%	5%

对稍具投资和财务知识的人而言，这是一个简单的问题：当然公司

A 是更好的投资对象，因为它有更强的盈利能力，体现为更高的营业利润率。

公司的盈利能力一般体现为比竞争对手更高的毛利率、更高的营业利润率或更高的净利润率。主要的盈利能力指标包括：

毛利率 = 毛利额/销售额

营业利润率 = 营业利润/销售额

净利润率 = 净利润/销售额

接下来，问题会变得复杂一些。

问题二

如表 2 – 2 所示，如果问题一中所有其他条件都不变，但是公司 A 占用的资本额是 300 百万元，而公司 B 占用的资本额是 100 百万元，你还会选择公司 A 吗？

表 2 – 2　A 和 B 公司基本情况（2）

单位：百万元人民币

指标	A 公司	B 公司
销售额	200	200
销售成本	120	125
毛利	80	75
管理费用	60	65
营业利润	20	10
营业利润率	10%	5%
占用资本额	300	100
资本收益率	6.7%	10%

虽然 A 公司的营业利润和营业利润率都是 B 公司的两倍，但是由于 A 公司占用的资本额是 B 公司的 3 倍，因此，A 公司的资本收益率（6.7%）远低于 B 公司（10%）。因此，作为一个理性的投资者，你一定会选择投资 B 公司。

资本收益率 = （营业）利润/占用资本额

问题还可以变得更复杂!

问题三

如表 2－3 所示，假如公司 A 和 B 的占用资本额都是 300 百万元，第一年的财务数据与表 2－1 相同，两公司未来 3 年的数据如下，哪家公司更值得投资呢?

表 2－3　A 和 B 公司 3 年财务数据对比

单位：百万元人民币

指标	公司 A			公司 B		
年	1	2	3	1	2	3
销售额	200	220	242	200	240	288
销售成本	120	132	144	125	150	175
毛利	80	88	98	75	90	113
管理费用	60	60	60	65	65	65
营业利润	20	28	38	10	25	48
营业利润率	10%	13%	16%	5%	10%	17%
占用资本额	300	300	300	300	300	300
资本收益率	6.7%	9.3%	12.7%	3.3%	8.3%	16.0%

要回答这个问题，我们可以将公司 A 和 B 未来 3 年的营业利润（准确地说是现金流）按照加权平均资本成本（WACC，Weighted Average Cost of Capital）折现到第一年进行比较。净现值较高的为更优选择。所以，正确的答案是“不确定”。

但是，我想大部分的投资者都无须做如此精确的财务计算，而会选择公司 B，因为可以明显看到，公司 B 的销售成长率（20%）是公司 A（10%）的两倍，相应地，公司 B 第三年的营业利润是第一年的 4.8 倍，成长率也远高于公司 A 的 1.9 倍。可见，公司 B 的发展潜力和趋势都大大好于公司 A，因此，我们无须计算也会选择 B。这也是为什么在股票投资中，销售与利润的成长性是非常重要的指标。

股东价值的三大关键驱动因素

从上述案例，**我们可以总结出股东价值的关键驱动因素包括3个维度：盈利能力、资产（资本）运营效率和成长性**。需要指出的是，股东价值的关键驱动因素并不是一个在“象牙塔”里的纯理论研究，它已经成为中外许多上市公司在公司内部进行价值管理的重要工具。本章最后所附案例“方洪波今天给千人上课分享美的转型秘诀”就是对此的完美诠释。美的转型案例中的一些主要举措，都可以归纳到这3个股东价值驱动因素中。

盈利能力

公司的盈利能力体现为其比同行业竞争对手更高的毛利率和净利率，对股东而言，这意味着在相同的销售额和投资下可实现更多的利润。

美的转型的举措

• 优化产品结构：“很多家电品类、低毛利的品类都关闭了。100块钱以下的电饭煲不做了，500块钱以下的微波炉不做了，当时占美的收入30%的低毛率低单价的品类都一刀砍掉了”，“自有品牌代替代工”。

• 产品领先，大幅投入研发：“这些资源全部投在研发和技术创新上来，每年要投几十亿。”

• 提高劳动生产率，控制和降低成本：“人工成本率，也就是我们给每个美的员工发工资、奖金福利的费用占销售收入的比例。2011年这个数字是11.7%，也就是销售收入100亿，里面有11.7个亿是用来发工资的，去年这个数字是6.7%。”

成长性

公司的成长性包括销售额和净利润两个方面。就股东价值驱动因素而言，我们要看的是净利润的成长性。因为在片面追求规模的情况下，公司的销售增长未必会转化为利润的增长，美的在转型前的以规模为导向的发展战略所导致的危机就是一个典型例子。“毛利率不断下滑，盈利能力在下降，资产负债增高，最高的时候美的负债率超过了 70%”，**这种没有利润的成长不仅不会为股东创造价值，反而可能毁损上市公司价值。**

但是，从另一个角度看，没有销售增长的利润成长性，长期来看也是不可以持续的，因为成本的优化、效率的提高是短期、有限的，长期来看，销售额的成长是必需的。销售额的持续健康增长，可以摊薄固定成本，从而会提高公司利润率，因为成本和费用里一般只有部分是随销售量成比例增长的变动成本，其他的是固定成本或部分变动的混合成本。

因此，理想的价值投资标的公司，应该是净利润与销售额同步增长，而且利润的成长要略快于销售增长。

美的转型的举措

- 放弃片面追求规模：“我们核心思路是从规模导向转变为追求增长质量，2015 年美的收入与 2011 年比，是有 3% 的增长，5 年只增长了 3%。”
- 盈利显著增长：“2011 年税后是 66 亿元，2015 年是 136 亿元，实际上我们盈利能力比这个更好。2013、2014、2015 这 3 年，美的基本赚了 400 亿元的利润。”

资产运营效率

公司的资产运营效率包括营运资本（存货、应收、应付等）和固定资产两个方面。更高的资产运营效率意味着用更少的资本占用实现更高的销售额和利润，因此，资本回报率也更高。在美的转型案例中，可以看出美的是把人力资源的效率提高也放在重要位置。从“人力”作为一项“资源”来看，这无疑也是一种运营效率提升的思路。

美的转型的举措

• 营运资本：“现金周期，2011 年是 30 天，去年是 6 天，今年上半年是 0 天。我们目标是今年要成为负的，负 1 天到负 3 天。”

• 固定资产：“2011 年 6 月后，我们没有在中国投资一亩土地，也没有新建一条生产线，还减少了大量的土地，我们还了 7000 亩土地给各地政府……固定资产下降了 70 个亿。”

• 人力资源效率：“员工人数从 2011 年的 19.6 万人到 2015 年的 9.3 万人（月平均人数），减少了 10 万人，这充分体现了我们效率的提高。”

所有这些举措综合起来看，就体现为公司现金流的显著改善，也就是股东价值的提升：从转型前的“由于投资过快，导致了经营的现金流在 2010 年、2011 年是负数，也就是盈利没有现金流的支撑，库存很高，是一种粗放型的经营”，到转型后的“现金流的净额的变化也非常大。过去 4 年，我们现金流量的净额是净利润的 1.5 倍，也就是说明我们盈利是可信的，是有现金流支撑的”。表现在股价上，美的集团的股价表现近几年均大幅超越深成指、沪深 300 等主要指数，充分反映了公司以股东价值最大化为目标的转型获得成功。

值得一提的是，2011 年美的电器引起笔者的兴趣，源于一笔私募股权投资：中国著名的私募股权投资基金“鼎辉投资”与工商银行旗下的“天津融睿”联手投入 111 亿元巨资，从美的控股手中收购

15.3%的美的集团的股权。虽然在方洪波的分享中没有提到私募基金在董事会和转型中扮演的角色，但结合私募基金的入股时间和美的转型时间的高度一致，笔者推断，私募基金一定是推动美的集团向以“股东价值最大化”为经营目标转型的重要推手。

管理成熟的跨国公司已将股东价值最大化、股东价值关键驱动因素渗透在日常的公司运营管理之中，但在中国的上市公司中，系统体现这一经营理念的，美的集团是笔者所见第一家，但笔者相信，今后一定会有越来越多的追随者。

资本结构优化

除了盈利能力、成长性和资产运营效率这3个在公司运营层面的股东价值关键驱动因素外，从价值管理的角度，资本结构优化（Capital Structure Optimization）也是实现股东价值最大化的一个重要途径。

公司的资本来源可以分为股权融资和债权融资。股权融资就是公司的股东投入的股本，公司期望可以为股东带去的投资回报率就是股权融资的成本。根据公司财务理论，股权融资成本可以根据以下资本资产定价模型（CAPM）计算，即：

$$E(r_i) = r_f + \beta_{im}[E(r_m) - r_f]$$

其中：

$E(r_i)$是股票i的预期回报率，即该股票的融资成本；

r_f是无风险利率；

β_{im}即*Beta*系数，是股票i的系统性风险，代表股票收益率相对于股市大盘的收益率；

$E(r_m)$是市场m的预期市场回报率；

$E(r_m) - r_f$是市场风险溢价（Market Risk Premium），即预期市场回报率与无风险回报率之差。

而债权融资就是公司的付息负债，包括银行借款、发行的公司债券或其他付息票据。债权融资成本一般要低于股权融资成本，其中一个重要原因就是税盾（Tax Shield），即债权融资所付出的利息作为公司的财务费用，可以在所得税计算中做税前扣除。

上市公司的加权平均资本成本（WACC，Weighted Average Cost of Capital）就是债权融资成本与股权融资成本的加权平均数。

$$WACC = DC \times (DK/V) \times (1 - T) + EC \times (EK/V)$$

其中 DC 代表债权融资成本，DK 代表付息债务，T 代表所得税率，EC 代表股权融资成本，EK 代表股票市值，而 V 代表上市公司总价值，V 也可以表示为：

$$V = E + DS + DL$$

其中，E 代表上市公司股票总市值，DS 代表上市公司短期债务账面价值，DL 代表上市公司长期债务账面价值。

根据公司财务学，理论上公司存在一个最优资本结构，在此资本结构下，公司在一定时期内筹措的加权平均资本成本最低，从而使公司的内在价值达到最大化。

资本结构优化的最典型运用是在公司账上有大量富余现金或完全没有债权融资时，通过适当增加融资成本比股权融资更低的公司债权融资，就可以降低公司的加权平均资本成本，从而增加股东价值。

资本结构优化是在股权杠杆收购（LBO）或管理层收购（MBO）中常见的资本运作手法：收购方在收购完成后，通过加大被收购公司的负债率，就可以套现相当部分的收购资金。本书估值部分第 13 章“参照估值法”第二节的私有化估值，就是基于以上的财务原理和分析逻辑。

成功上市公司的共同特点

理解上市公司的内在价值及其关键驱动因素，是成功价值投资的第一步，也是我们建立上市公司基本面分析框架的出发点和主要考量。企业经营管理涉及方方面面，如果投资者的分析没有重点的话，就容易陷入只见树木，不见森林的细节之中。诚如列夫·托尔斯泰所言："幸福的家庭都是相似的，不幸的家庭各有各的不幸。"基于笔者的管理经验和这些年投资中跟踪、研究上市公司的感悟，上市公司的成功之处，体现在经营管理层面，都有以下关键相似之处。

清晰可行的经营战略

商场如战场，公司的经营战略犹如战场的作战计划和行军地图，一份以股东价值最大化为目标的经营战略，是确保公司向正确方向发展，赢得竞争胜利的关键。

持续的创新能力

市场竞争的唯一可预见结果就是超额利润率将回归社会平均回报，而克敌制胜的秘密武器就是公司持续的创新能力。无论是公司的销售增长、效率的提升、成本的控制，都需要公司在运营中领先一步、不断创新、与众不同，才有可能给股东带来更高的回报。

超强的执行能力

无论是经营战略从书面计划落实到日常的经营中，还是各项创新、变革的实现，都需要公司的各个团队像一支所向披靡的强大军队一样，有强大的战斗力和执行力。

因此，根据上市公司的基本面分析框架，我们在经营层面的着重点就是理解和跟踪上市公司的经营战略、创新能力和执行力。

案例：上市公司价值创造（美的转型）

方洪波今天给千人“上课”分享美的转型秘诀

今天（7月13日），一场“特别的”专题学习会在佛山市机关大礼堂举行。主题为“供给侧结构性改革”，主讲人是美的集团董事长方洪波，佛山市委书记鲁毅主持并发表讲话，佛山全市四套班子及800位企业家近千人一同上了这特别的一课。

以下是方洪波发言的摘录，略作整理。

一、美的为何要转型？

我先介绍一下美的的发展历程与背景。美的走到今天，如果要总结原因其实很简单，一共有四点。

（1）公司身处中国改革开放的大背景之中。

（2）佛山乃至珠三角的区位优势。因为它不仅仅是包括制造业的集群优势、供应链优势，更重要的是营商环境、政府对民营企业支持的力度。我举一个例子，20年前只要在顺德做家电，都可以活得很好；15年前，加入世贸组织，只要能够既做好国内市场又抓好国际市场，做家电日子也非常好过；七八年前，你某一个方面做得很精致，比如成本控制得好，供应链做得好，或者营销做得很好，你都能生存，也能很容易赚钱；但是五年前、今天，你在顺德，在佛山做家电，不是某一个方面强就可以，需要一个综合的优势。

（3）何享健的企业家精神。这种创新、冒险的魄力，不断适应时代的变化。

（4）通过几十年的发展，美的建立了大规模、低成本的商业模式。

发展到2010年的时候，美的规模超过1000亿元。就是在此之前，美的的所有成功都是通过大规模投资，形成成本优势。也就是10年前，美的发展的原因在本质上和其他中小型企业是没有太大差别，都是靠成本优势、规模优势发展起来的，并没有形成真正意义上的差异化能力和核心能力。

比如说，十一五期间，我们的经营规模达到1150亿，5年翻了一倍。5年中投资240个亿，都是投资在产能、厂房、土地等方面，都是投资在基本的生产要素上。在全中国发展了14个生产基地，包括长江流域、黄河流域、西部地区，都是靠投资驱动。由于投资过快，导致了经营的现金流在2010年、2011年是负数，也就是盈利没有现金流的支撑，库存很高，是一种粗放型的经营。

在新常态下，大规模、低成本的优势已经失效。2011年，美的表现的症状基本和今天中国很多传统中小企业面临的问题一样。比如说，美的以前赚钱必须要做大规模，任何一个产品的规模要足够大。大了以后才有成本优势，也就是要靠成本优势赚钱。

但是到2011年的时候，这种前景没有了，因为中国国内市场没有大规模增长，而由于中国成本优势丧失，很多家电生产转移到海外，所以海外增长也丧失。成本优势遇到了问题，这种赚钱模式的前景没有了。

具体从企业来看，体现在很多方面。比如销售收入增长很快，主要靠投资拉动；产品结构依然是以中低端为主，1000亿的企业和100亿的家电企业，在产品本质上没有太大区别。毛利率不断下滑，盈利能力在下降，资产负债增高，最高的时候美的负债率超过了70%。美的管理层不断增多，全球员工数量最高峰接近20万。公司面临一系列问题。

所以在2011年3月，何享健先生和我单独讨论这个问题：美的这个模式怎么样？是不是存在危机？当时我们很快达成共识，认为美的这种模式发展不下去。在2011年6月，我们正式提出美的要转型，即转变发展方式，必须要找到新的赚钱模式。

二、美的转型的成效怎么样?

从2011年6月开始，到现在已过去了5年。5年内有什么变化?

2015年美的收入与2011年比，只有3%的增长，5年只增长了3%。过去，美的每年的销售增长率在15%~20%，任何一年都没低于15%。所以我们是明显放弃了规模。

再来看净利润，2011年税后是66亿元，2015年是136亿元，实际上我们盈利能力比这个更好。2013、2014、2015这3年，美的基本赚了400亿元的利润。正因为有这400亿元的支撑，才能投入未来，才能做并购，才能跨入新的产业。所以企业存在的根本，就是要有持续的盈利能力。

现金流净额的变化也非常大。过去4年，我们现金流量的净额是净利润的1.5倍，说明我们的盈利是可信的，是有现金流支撑的。2015年与2011年相比，人均效益增长了2.2倍，每一个员工所创造的效益变化很大。员工人数从2011年的19.6万人到2015年的9.3万人（月平均人数），减少了10万人，这充分体现了我们效率的提高。

资产结构优化。2015年总资产是1288亿元，这能说明我们企业有多少资源能使用，有多少资源可以去创造利润。我们的现金和类现金是726亿元，流动性非常高。固定资产下降了70亿元，也就是固定资产减少了，流动性非常高，说明资产结构的质量很好。此外，美的的1288亿元之中有560亿元是美的自己的钱。真正有息负债是47亿元，而且主要是境外，为了平衡流动，境内是没有的。

再看看我们5年来行业地位的变化。昨天我们已经突破了1700亿元市值，在沪市、深市2800多家A股上市企业中，排在前20位。若排除金融、石油能源产业，我们市值排在全中国前5位，收入排名第29位，盈利排在第24位。这样的变化，在5年前我们是想都不敢想的。

另外，在国际三大评级机构中，我们是中国制造业评级中最高的，都是给予 A－级。有了这个评级，我们在国外可以随时发行债券。

三、美的如何转型？

回到2011年，美的的转型是怎么开展的？

（一）转型靠“三大主轴”

2011年6月，我们提出三大主轴，就是产品领先，效率驱动，全球经营。到今天，这三大主轴仍然指导我们转型的方向，可以分成不同的阶段来抓。

1. 产品领先

在产品领先方面，我们主要是企业要抓商业的本质，要尊重基本规律，就是要为用户提供好的产品和服务。产品怎么做好？就是要通过一系列的研发技术的投入。我们在过去5年内建立了四级研发体系。

2011年6月后，我们没有在中国投资一亩土地，也没有新建一条生产线，还减少了大量的土地，我们还了7000亩土地给各地政府，这些资源全部投在研发和技术创新上来，每年要投几十亿。

另外我们在全球建立了11个研发中心，如美国、日本、德国、意大利、新加坡等。在美国以前有一个，最近又在美国旧金山硅谷成立了一个新的研发中心，专门研发人工智能技术和智能家居技术。利用全球最优秀的人才。另外，投资30亿，在顺德建立了全球创新中心。

到今年年底，这个创新中心会有4000名工程师，其中博士就要达到两三百名。科研人员占比，从2011年的27%提高至2015年的47%，预计2016年超过55%，2018年超过68%。美的对所有跟产品科研、一线没关系的管理类、辅助类的岗位进行了大量的优化，精简裁员。

近5年，美的申请的专利累计有3.2万件，申请专利数在全国所有企业当中排前10位。在去年发布的数据中，在全世界所有的家电企业当中，我们的专利数量排在第一位，超过欧洲和美国的家电企业。

2. 效率驱动

效率驱动方面，我们也做了大量的尝试，比如说产销模式等。自动化和信息化的投入，我们累计投了70个亿。

制造效率，我们每年提升15%，这就是员工从19.6万能够降到不足10万人的原因。过去5年，在我们的考核中，有一个指标是很关键的，一定要考核的，就是劳动生产力的增长速度一定要超过人工成本的增长速度，这是一个硬指标。

现金周期，2011年是30天，去年是6天，今年上半年是0天。我们目标是今年要成为负的，负1天到负3天。通俗来讲，现金周期就是你拿钱出去买原材料，生产出产品，到卖出去这个产品，收回现金的周期。现金周期为0，也就是说美的这样1000多亿规模的大企业，我们不拿自己的钱去做生意。

效率还有一个指标——人工成本率，也就是我们给每个美的员工发工资、奖金福利的费用占销售收入的比例。2011年这个数字是11.7%，也就是销售收入100亿，里面有11.7个亿是用来发工资的，去年这个数字是6.7%。

在制造效率方面，我们过去关闭了十几个生产基地，把很多当年搬回外地的，又搬回顺德了。我们还给政府7000亩土地以后，我可以给大家一个很诚实的数据，如今美的闲置的厂房面积还有90万平方米，不产生任何效益。除了90万平方米之外，我们现在使用的厂房面积，计划在未来5年再减少1/3。这就说明，还有很大空间可以去做效率提升。

3. 全球经营

有两个角度，以前是做代工，现在我们做ODM，最终逐渐要向

OBM 发展。去年 80 亿美金中，美的品牌或者自主品牌（收购的品牌）占比到 30%，未来我们要继续加大，只有有自主品牌才能掌握主动权，代工是用价格去竞争，没有持续性。第二个角度是美的通过这几年转型，有了积累，有了资源，要走向全球。在全球范围内配置资产、整合资产、经营资产。

这是我们说的转型三大主轴，换个角度看，这三大主轴其实就和今天供给侧改革的“三去一降一补”不谋而合。换个角度就是去产能、去库存、去杠杆、降成本、补短板。我们补了两个短板，一个是全球经营，一个是科技创新，思路是一致的。

（二）退一步，是为了进两步

从 2011 年到 2012 年，我们收入减少了 200 多亿，后来 5 年收入增加了 3 个点。表面上看我们是退了一步，但退了一步是为了进两步。今天我们就要向前迈两步，要更好地持续性的发展，我们的拳头收回来再打出去，就更加有力。

把美的这 5 年内的发展转型归纳一下，就是几个核心思路，发展模式上是减量提质，不再注重规模，要注重经营质量，要强身健体。

在经营思路上，先做减法再做加法。突出主业，2011 年、2012 年，我们关闭了 30 多个品类，把以前的家电业务、与主营业务不相关的业务都卖掉了，很多家电品类、低毛利的品类都关闭了。100 块钱以下的电饭煲不做了，500 块钱以下的微波炉不做了，当时占美的收入 30% 的低毛率、低单价的品类都一刀砍掉了。所以在 2012 年，收入下降，就是因为先做减法再做加法。加法就是加大科技投入。

进两步是进了哪两步？第一步是加快现有业务的全球化，加快海外扩张，在全世界范围内配置资产、经营资产。第二步是面向未来，经营新的产业，因为老做家电不行，家电业有它的天花板。

家电是劳动密集型行业，所以 2013 年我们就开始探讨，美的在家电业以外，还要做什么产业。经过不断摸索，后来我们就归纳了几个标准：第一个，劳动密集型的不能做，家电已经是劳动密集型，你再做没有意义。第二个，中国已有企业形成产业规模的不能做。第三个，我们做跟美的现有产业相关的，比如和我们制造业、家庭、楼宇等相关的，通过分析后，选定了工业自动化和机器人产业。

现在外面有些误解，说美的做机器人是不是要自己使用。我开玩笑说，不能因为自己喜欢吃火锅，就把海底捞买了，这是不可以的，我们是把它当成一个产业来发展。它是资本密集型和技术密集型产业，而中国目前没有一个企业能把工业自动化和机器人产业做得很大。这在中国未来有很大的市场潜力。每个制造业企业都要进入自动化和信息化的阶段。我们今天讲智能制造，不是黑灯工厂，也不是自动化，也不是机器人的运用。“工业 4.0”“中国制造 2025”“智能制造”的本质是数字化，是所有企业从产品开发，到供应链，到物品的采购，到制造、到物流……整个过程要用数字化连接起来，每个环节都会产生数据，把这些数据加工分析，建立模型，建立一个数字的世界。在数字的世界里，运用算法、模型，去进行加工分析，产生价值。然后再把新的价值，回馈到物理形态的价值链过程中。

也就是说真正的智能制造，要让每一台设备、每一个工人、每一个物品都能发挥高效率，不会闲置在那里。智能制造，就是通过数字化的世界把这些连接起来，极大地提升效率，这个是未来中国有无限发展空间的产业。

（三）“让我重来一次，客观地讲做不到”

美的这 5 年，我在公司内部和管理层开会的时候，我讲过如果让我重新来一次，客观地讲我做不到。因为转型太痛苦了。最痛苦的时候，我和核心管理层开会的时候，说要忍得住外在的非议，要忍得住销售收入的下滑，要忍得住内部员工的不理解。

第一点，在“新常态”大背景下，企业转型是必然选择，今天各行各业都面临巨大的挑战。早转早主动，看清未来大势，提前布局才是赢家。

第二点，就是要坚定转型，关键在于核心管理层的认识、决心和行动，要有壮士断腕的勇气。过程很困难，要忍得住，要敢于砍掉自己的胳膊，保全自己的生命。

第三点，转型是要有取舍的。随随便便转型成功是不可能的，有舍才有得。必须要付出代价，会有阵痛。

第四点，转型不是不发展，也不是要收缩。转型是为了更好地可持续发展，是为了今天的进两步，如果没有美的当时的退一步，就没有今天的进两步。

另外，关于转型的判断标准，体现在很多方面，比如科技能力、竞争力、盈利能力等核心关键指标。美的今天也不能叫转型成功，我们依然在路上，100 步才走了第 1 步，还有 99 步没走。

未来，美的在转型组合上，四大块将同时进行：区域性延展，从中国到海外；业务组合，除家电外要找到新业务；价值链重新定位，以前靠低成本，现在要靠产品创新、技术创新、效率驱动；最后是商业模式创新。

（资料来源：根据 2016 年 7 月 13 日“佛山微观察”同名报道整理而成）

第三章

看懂上市公司的盈利

一家公司能赚钱固然重要，但是对于投资者而言，更重要的是要看懂它为什么会赚钱、理解它是如何赚钱的，才可以预测它未来是否会继续赚钱。换言之，我们要的是“赚明白钱”。

第一节　能力还是运气？

知其然，知其所以然

上市公司股东价值的关键驱动因素是盈利能力、资产运营效率和成长性。与此相对应，上市公司财务数据在这 3 个方面的表现，也就是公司基本面分析的第一层面分析的重点。公司的成长性和资产运营效率，基本上是可以用数字说话的。通过以下一些关键指标的定量分析，就可以分辨出一家上市公司是否优秀。

（1）成长性：高于同行的增长率、持续的销售增长、稳定的利润增长等。

（2）资产运营效率：出色的应收账款周转率、存货周转率、总资产周转率等。

公司的盈利犹如一个学生一年学习完成后，期末考试的成绩单，是公司一年经营成果的汇总，是一家上市公司是否优秀的最表面、也是最重要的指标。相比公司成长性与运营效率分析，公司的盈利能力分析则要复杂得多，因此，上市公司的基本面分析，首先应该重点从看懂上市公司的盈利着手。

投资者选择投资标的时，也往往从筛选最能赚钱的公司开始。很多投资者以为这只是一个简单的财务分析问题：受益于电脑和互联网的广泛应用，投资者可以很方便地设置各种盈利选股指标，如毛利率、净利润额、净利润率、净资产收益率等条件，系统在几秒钟之内就可以把符合要求的上市公司筛选出来。

如果只要选出赚钱多的公司，投资就可以获得好的收益的话，那投资就真是太简单了。其实不然，这是因为：**值得长期价值投资的公司一定是很能赚钱的公司，但是，现在很能赚钱的公司未必就是（其实不少不是）值得长期投资的公司。因此，投资者需要看懂公司的盈利。**

看懂盈利的真正原因

说起看懂上市公司的盈利，其实跟理解投资者的投资盈利有很多是相通的。

回想起2007年的大牛市，在上证指数涨到5000、6000点的时候，不管是技术派还是价值派，又或是短炒还是长期投资，大部分股民都是赚钱的。因此，大家都对自己的投资水平、公司分析或投资技术信心满满，那时可以说是“股神满天飞”。

笔者也是其中一员。我的A股投资之旅始于2005年的宝钢股份，当时只是因为觉得便宜（股息率4%以上，市净率小于1），持有宝钢1年多后赶上2007年的大牛市，在宝钢股份盈利一倍多后，结合估值便宜和股改题材的思路，又投资了山东铝业和中国铝业，都获得了一倍以上的收益。出于管理工作的习惯，我当时也花了不少业余时间去学习钢铁、铝业的行业知识，研究所投资企业的运营情况，因此还颇为自己的“投资分析能力”自得。只是出于财务人员的保守和个人性格的风险厌恶本能，所幸在2007年底就几乎将股票清仓。虽然躲过了从6100点到3500点的断崖式下跌，但从3500点开始的“抄底”也还是让我感受到了30%～40%账面浮亏的熊市之痛。只是现在回过头看，当时所获得的收益都只不过是遇上大牛市的好运气罢了，与所谓的投资能力和水平完全没有关系。正所谓“站在风口上，猪也可以飞上天”。

关于这一点，《黑天鹅》的作者纳西姆·尼古拉斯·塔勒布在其《随机漫步的傻瓜》一书中非常直接地指出：“我相信金融交易行业错把运气当作个人能力的表现，这样的习惯甚为普遍，也最为明显……所谓幸运的傻子，正是这样的写照。幸运的傻子运气好得出奇，却煞有介事地把自己的成功归于其他特定原因（如技术）。”

其实，上市公司的盈利又何尝不是如此呢？

表3－1是4家2007年牛市中的“大牛股”，当年都是风光无限的盈利大户，将每家公司2007年的盈利情况和近两年的新闻头条并列摆在一起，强烈的对比是否有恍如隔世的感觉？

表3－1　2007年“大牛股”业绩变化

上市公司	2007年	近期情况
中国铝业	2007年实现营业额762亿元，截至2007年12月31日，中国铝业公司股权持有人应占盈利为人民币102亿元	亏损王：中国铝业2014年净利润亏损162亿元
中国远洋	中国远洋2007年收益超过180亿元	2014年净利润3.63亿元，扣非后亏近13亿元
中海油	2007年中海油实现净利润312.6亿元	中海油2016年中期净亏损77.4亿元
宝钢股份	2007年年度营业总收入创历史新高，实现利润总额193.1亿元，净利润134.2亿元	2015年净利润下滑超八成，创下18年以来新低，公司2015年1—12月实现净利润10.13亿元

时间回到2006、2007年，这些盈利大户每一家可都是利润超百亿元，每一家的总裁、CEO都侃侃而谈自己公司的核心竞争力之强、技术之先进、管理之进步，对未来可谓是信心满满、挥斥方遒。谁会想到这只不过是遇上了由中国工业化进程的鼎盛阶段所带来的大宗商品和重化工行业超级景气的最后狂欢和好运气呢？由此可见，即使是上市公司的CEO、管理层，也未必对自己公司的盈利源泉有清楚的认知。

因此，作为价值投资者，**选出高盈利的公司很简单，但看懂公司的盈利模式和可持续性却很不简单，可以说是公司基本面分析的起步和基本功**。

看懂上市公司的盈利，笔者认为应该从3个维度着手。

（1）国家及宏观经济层面：中国经济发展阶段及宏观经济政策；

（2）行业与竞争层面：盈利模式与“含金量”；

（3）公司管理层面：公司的竞争优势。

第二节　维度一：中国经济发展阶段及宏观经济政策

价值投资一般是采取“自下而上”的选股策略，即更多的是关注、研究公司的经营情况和竞争优势。但是，这并不意味着价值投资不需要关注宏观经济发展和经济政策——这是公司运营的大的外部环境，不仅对公司的盈利有重要影响，而且，理解中国经济过去 30 多年的发展变迁，可以帮助我们看清中国经济未来 5～10 年大的发展趋势和方向。对价值投资而言，看懂上市公司的盈利、选择正确的投资方向是基本的前提。

中国经济发展阶段的划分

基于市场供需情况、经济发展动力、劳动力变迁等因素，笔者把改革开放以来中国经济的发展大致分为 5 个阶段。

第一阶段：经济恢复期（1978—1988 年）

这十年，中国经济还谈不上市场化和现代化。前 5 年基本上只是对“文革”的修复和经济重塑，增长也不过是恢复性的。后 5 年更多的是对一些基本经济制度的改进。如1988年的“价格闯关”。这段时间更多解决的是“吃饱饭”的农村改革和城市的“价格改革”。从国内市场发展来看，是产品供给“极度紧缺经济时代”。

第二阶段：工业化初期（1988—1998年）

在此期间，工业化最具代表性的就是广东珠三角地区“三来一补”加工贸易的蓬勃发展和江浙一带乡镇企业的大发展。从国家竞争力来看，基本上靠的是低技术劳动力的“绝对成本优势”，更多解决的是就业问题。由于大量的农村剩余劳动力供给，在此阶段，劳动力的工资报酬基本没有上涨。除了1996、1997年广州、深圳的一轮房地产泡沫外，商品房在全国还是个陌生的概念，高等教育非常稀缺、高考录取率很低，因此大学生失业就是一个新闻。从国内市场发展来看，可以称为“短缺经济时代”：只要能生产，产品就不愁销路。

第三阶段：工业化中期及城市化初期（1998—2008年）

1997、1998年东南亚金融危机时期发力的基础设施投资（主要是高速公路），加上高校的大扩招，在2001年中国加入“世贸”后，显示出了对中国工业化、制造业的强大推动力。初级制造业、加工贸易在加入“世贸”两三年后的2003年左右大致达到了顶峰。随后，我们开始看到在珠三角、长三角出现“民工荒”“招工难”的新闻。与此同时，高端制造业，如家电、机械、电信等技术工人、工程师密集的产业开始发力。但我们也开始听到“大学生就业难”的新闻。此阶段，中国制造业的核心竞争力是低技术劳动力的“绝对成本优势”和高学历劳动力的“相对成本优势”并存。因此表现为中国制造的全面竞争优势。中国变成了全世界的制造工厂。与此同时，1998年启动的房改和商品房“按揭贷款”模式，让房地产市场如火如荼，如燎原之势发展起来。城市化成为经济增长的另一重要动力。

工业化和城市化的同步发展带来了大宗商品和重化工业的大繁荣，从国内市场发展来看，可以称为“基本平衡阶段”：产品供销从短缺逐渐达到平衡，部分产品开始出现过剩。

第四阶段：工业化后期及城市化中期（2008—2018 年）

身处 2016 年底，我们看到过去几年中国经济正进入“新常态”，经历着经济转型。随着劳动力成本的显著提升，低端制造业正逐渐失去竞争力，从沿海向内陆省份或者东南亚国家转移。可以预见，中国低技术劳动力的“绝对成本优势”会在未来几年逐渐失去。而同时，高校扩招所供应的大批大学毕业生将成为中国高端制造业“相对成本优势”的源泉。城市化进入中期（50% 左右）、房地产逐渐走向泡沫化。高铁和地铁是基础设施投资的主题。从国内市场发展来看，大部分行业都出现产能过剩，尤其是重化工产能严重过剩。可以称得上是“过剩经济时代”。

第五阶段：后工业化时期和城市化后期（2019 年—）

如无意外，中国在 2019 年达到人均 1 万美元 GDP 应是大概率事件。在此之后进入后工业化时期和城市化后期。经济增长将主要靠创新及国内消费驱动。

以上的中国经济五阶段发展论只是笔者个人的粗浅认识，宏观经济学家们当然会有更深入精确的研究分析。大家可以参考形成自己的判断。对此笔者有两点说明：

（1）在阶段划分上，笔者简单地以十年为一阶段，是否准确？见仁见智。但作为投资者的投资分析用途而言，前后相差二三年并没有多大影响，毕竟经济发展是一个延续的过程，各发展阶段本来也会有相互重叠的部分。

（2）研究日本、韩国、中国台湾、中国香港等国家和地区的经济发展史，大家会有一个“30年高速发展阶段”的观察。即一般经济的高速发展阶段只能维持30年左右。为什么笔者相信中国会有40年？主要有两点原因：其一，前面十年的恢复期是否应计算在内值得商榷。其二，中国幅员辽阔，其深度、广度和地域的差别，能否有多10年的高增长期？个人觉得是完全有可能的。毕竟，我们今天的城市化率只有57%，2016年人均GDP还只有8100美元左右。

美的发展过程的验证

在上一章关于美的转型的案例中，方洪波先生精辟地描述了珠三角地区家电行业盈利情况的演变过程：

> 20年前只要在顺德做家电，都可以活得很好；15年前，加入世贸组织，只要能够既做好国内市场又抓好国际市场，做家电日子也非常好过；七八年前，你某一个方面做得很精致，比如成本控制得好，供应链做得好，或者营销做得很好，你都能生存，也能很好的赚钱；但是5年前、今天，你在顺德，在佛山做家电，不是某一个方面好就可以，需要一个综合的优势。

把这个演变过程放在前面所述的中国经济发展阶段的大背景下，我们可以清晰地看到，家电行业公司的盈利演变与中国经济发展阶段的大背景是休戚相关的。

（1）1998年前：在极度紧缺和短缺经济时代，只要生产出来产品就不愁卖，由于工人工资极低且多年没有增长，公司利润主要来自低成本制造。

（2）1998—2008年，工业化中期及城市化初期：由于出口、房地产、基础设施（高速）同步拉动中国经济高速发展，工人工资开始上涨。犹如站在一轮大牛市的风口，“猪也可以飞上天”。公司能赚钱未必是由于公司能力强。

（3）2008 年后，工业化后期及城市化中期：受到 4 万亿元投资刺激后，大部分行业产能过剩，尤其重化工行业。国内消费市场从卖方市场变为买方市场，只有能力强、竞争胜出的公司才能挣钱。正如巴菲特所言：“当潮水退了，才知道谁在裸泳。”

未来，我们要关注什么

回头去看总是比较容易，对投资者来说，其实更重要的是对未来 5 ~10 年中国经济发展的方向和大趋势做出预判，因为这不仅有助于了解上市公司在未来一段时间内经营所需要面临的挑战，对于我们做出正确的投资行业选择，也是十分关键的。

站在 2017 年初的时间点上，笔者认为，未来 5 ~ 10 年，以下一些主要趋势和因素将对上市公司的经营和盈利产生重大影响。

中国人口结构的变化

第一，人口老龄化加速。如图 3 – 1 所示，从中国人口结构金字塔可以清楚看到，65 岁以下到 45 岁的人口占比逐次快速上升，这意味着未来 20 年，中国人口老龄化将快速推进。事实上，第六次全国人口普查数据显示，截至 2010 年 11 月 1 日，60 岁以上的老年人为 1.78 亿，占总人口的 13.26%。根据国务院发布的“国家人口发展规划（2016—2030 年）”，“十三五”时期，60 岁及以上老年人口平稳增长，2021—2030 年增长速度将明显加快，到 2030 年占比将达到 25% 左右，约 3.5 亿人。

第二，劳动人口数量及结构的变化。中国社科院副院长蔡昉的《警惕我国就业中的结构性风险》一文指出：“继 2011 年以来我国 15 ~

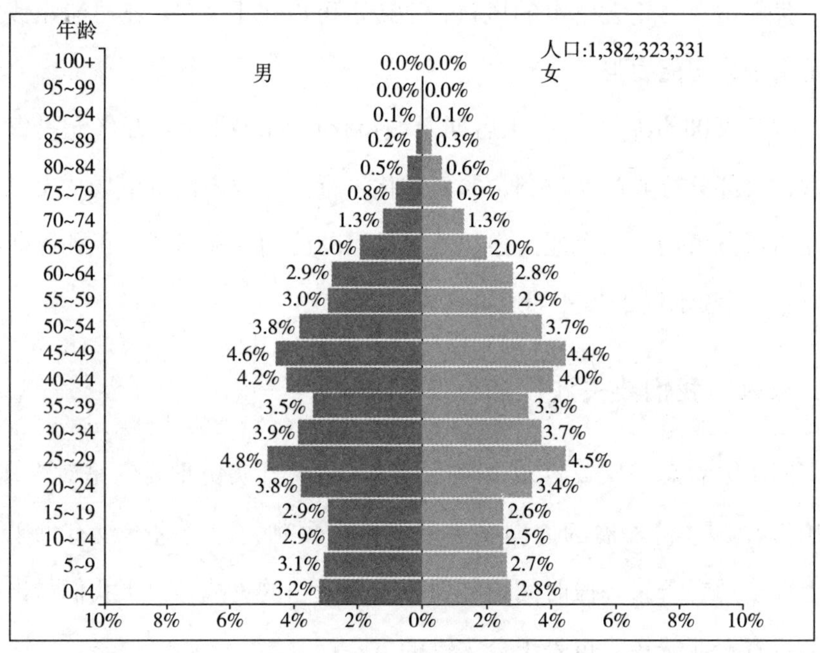

图 3-1　2016 年中国人口结构金字塔

资料来源：Populationpyramid. net 网站。

59 岁劳动年龄人口进入负增长时代，预计 15~59 岁经济活动人口（考虑到劳动参与率后的更准确劳动力概念）在 2018 年达到 8 亿人的峰值后，也将进入负增长。”事实上，自 2012 年以来，我国 15 周岁至 59 周岁的劳动年龄人口已经减少了 1500 万人，而且每年都在减少。这说明中国几年前就已经跨越了“劳动力无限供给”的刘易斯拐点，表现在劳动力市场上，就是最近几年农民工工资、低技术工人工资的显著上升。

与此同时，是新增劳动力结构的显著改善，自 2011 年起，如图 3-2 所示，每年普通高等学校毕业生人数都超过 600 万人，这意味着我国每年新增的劳动力（2016 年 1314 万人）中超过一半具有大学以上学历。事实上，2001—2015 年，我国已经累计培养了超过 6600 万名高校毕业生，而这个数据还将以每年近 700 万名的速度递增，这意味着到

2025年，还将有超过7000万名的高校毕业生参加工作，这样一个庞大的高校毕业生资源，意味着未来将有超过数以亿计的工程师分布于社会各个岗位，因此将形成所谓新的“工程师红利”。

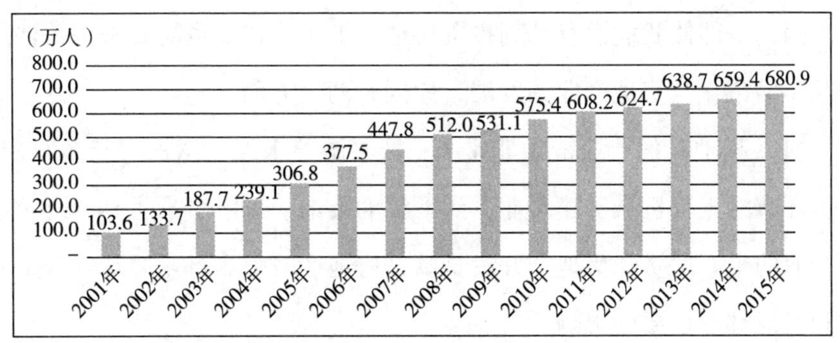

图3-2　2001—2015年中国高校毕业生人数

资料来源：中国国家统计局年度统计数据。

这一趋势，对投资造成的潜在影响主要体现为3个方面。

（1）人口结构的变化，尤其是劳动人口及年轻人口的减少，对未来5~10年中国消费者的需求变化可能产生重大影响，如啤酒、方便面、火腿肠等消费品的消费人群会减少，而医药、保健行业会显著受益于人口老化。

（2）鉴于人口老化加速的严峻形势，国家推出延税型商业养老保险、养老保险基金增加投资股市、部分国有资产划拨养老基金都将不可避免。

（3）由于劳动人口的减少，工资成本将持续上升，这将显著影响上市公司的盈利能力，尤其是对销售收入无法继续增长的公司而言，人工成本的上升会逐步蚕食资本的回报。比同行业竞争对手具有更高的员工产出效率、更早着手自动化、更多利用互联网技术提升效率的企业将会在竞争中胜出。

城市化与房地产业发展

在过去十多年时间里，房地产业的高速发展是推动中国经济高速发展的最重要的发动机之一，而城市化进程是房地产需求的一个重要变量。因此，即使我们没有计划投资房地产上市公司，也需要密切关注未来几年城市化与房地产业的发展，原因有两个方面。

（1）房地产的产业链条非常长：从上游的水泥、钢铁等建筑材料，建造环节的工程机械、建筑业，到下游的装饰、家电、家居等，乃至金融行业的个人房贷和房地产开发贷款，房地产对很多行业的景气程度和盈利情况都有重要的影响。

（2）从国外的历史经验来看，房地产泡沫的产生和破裂对整个国民经济，包括股票市场，都会产生重大的影响。世界各主要经济体，如英国、美国、日本、中国香港地区、中国台湾地区，都曾有类似经历。

从2016年的房地产销售情况来看，这一发动机依然动力十足。根据国家统计局发布的2016年全国房地产开发投资和销售情况数据，2016年全国商品房销售面积为15.73亿平方米，较上年增长22.5%。销售额方面，2016年商品房销售额达11.76万亿元，较上年增加34.8%，双双刷新历史纪录。在一线城市，如北京、上海、深圳，房价一年上涨20%~30%，一套住宅动辄五六百万元，甚至上千万元。可是，在这一片繁荣的气氛中，我想投资者应该保持一定的警惕：房地产业是否已经到达顶峰、面临拐点？房价泡沫是否会破裂？对此，笔者有如下3点基本认知。

（1）从城镇化进程来看，到2016年底，中国的城镇化率为57.35%，根据国务院发布的《国家人口发展规划（2016—2030年）》，从2016到2020年，户籍人口城镇化率年均要提高1个百分点以上，年均转户1300万人以上。预计到2020年，中国常住人口城镇化率将超过

60%，这将超过 2014 年 3 月国务院发布的《国家新型城镇化规划(2014—2020 年)》的 60% 的目标。这一城镇化的速度在过去十多年基本稳定，应该不会有太大意外。

（2）根据中国住房城乡建设部部长陈政高在第三届联合国住房和城市可持续发展大会上所言："现在中国城镇人均住房建筑面积达到 33 平方米以上，农村人均住房建筑面积达 37 平方米以上。"而根据联合国统计资料，关于住房水平的一般国际经验是：中等收入国家的人均居住面积约为 20 平方米，中高收入国家在 29 平方米左右，高收入国家约为 31 平方米，仅有少数最发达国家在 40 平方米以上。也就是说，中国目前的人均居住面积已经超过高收入国家水平。

（3）根据陈杰、胡明志先生在《中国城镇住房 2015—2030 形势分析及对策建议》所做研究的测算：2015—2020 年中国城镇住房需求的增量总量，下限为 52.1 亿平方米，中间值为 59.8 亿平方米，上限为 68.1 亿平方米；2015—2025 年的需求总量为 102.3 亿 ~ 134.7 亿平方米，中间值为 118.2 亿平方米，即每年约 10 亿 ~ 13 亿平方米。而 2015 年和 2016 年的房产销售量已经分别达到 12.8 亿和 15.7 亿平方米。

在笔者看来，以上研究、报告的数据和逻辑是扎实、可靠的，因此，笔者的个人基本判断是：房地产已经达到了发展的顶点，如果房地产销售量、价格再创新高，投资者需要高度警惕房地产泡沫破裂的风险。

这一趋势对投资的潜在影响主要表现在两个方面。

（1）由于房地产是投资和重化工行业的重要拉动力，如果房地产到了顶峰和拐点，这意味着包括钢铁、煤炭、水泥、有色金属（铜、铝)、航运、煤化工、平板玻璃等传统重化工产业都面临趋势性的衰落，类似煤炭行业在 2016 年下半年的反弹，都只不过是"回光返照"而已，不具有长期投资价值。

（2）与此同时，所有与房地产密切相关的行业，如黑白家电、空调、家居等，估计也很快会达到增长的天花板。

经济发展驱动力转变不可避免

如果说过去30多年中国经济发展的主要驱动力是投资和出口，那国内消费无疑将需要挑起今后经济发展主动力的重担。

（1）投资：如前所述，房地产发展已经到顶峰，面临拐点，除了城市内轨道交通（地铁、轻轨）和城镇化所需的城市基础设施投资外，高速公路、高速铁路已经基本形成网络，因此，基础设施投资很难再有大幅增长。估计未来5～10年整个投资的规模能够维持不下降就不错了。

（2）出口：由于劳动力成本的快速上涨，越来越多的低端制造业已经转向东南亚国家。2015年，中国出口占世界的比重已经高达13.8%。而今，又面临以美国新任总统特朗普为代表的国际贸易保护主义和摩擦的威胁。

（3）消费：受益于工资的持续上涨和城市化进程，消费将成为中国经济未来发展的主要动力和依靠，尤其是新一代消费者（90后、00后）的超前消费观念，将带来不小改变。

从供给侧来看，由于各种成本，尤其是劳动力成本的快速上升，创新和效率的提升将成为未来中国经济增长的关键。而互联网技术广泛的创新应用给了中国经济、中国企业在创新和效率提升上弯道超车的机会。这已经体现在过去几年中国电商爆发式的增长，在移动电商、移动支付、社交媒体、互联网金融等领域，中国的发展水平都已然走在世界的前列。

这一趋势对投资的潜在影响主要表现在两个方面。

（1）在工资的上涨及国家各种鼓励消费的政策的驱动下，消费品牌公司、娱乐、旅游、运动等行业将会是主要的受益者。

（2）主动拥抱互联网技术，应用互联网技术创新方式获取、服务客户，提升客户体验、提高企业运营效率、降低成本的企业将会获得新的竞争优势。

除了以上经济发展阶段和经济发展趋势的影响，国家一段时间里的宏观经济政策，尤其是产业政策对上市公司的盈利也会有重大影响，2009 年，4 万亿元刺激政策的影响就是一个典型的例子。在刺激政策出台后，工程机械行业在 2009、2010 年出现超级繁荣，三一重工、中联重科、徐工机械等工程机械主要上市公司都实现了年度高达 50% 的增长，导致这些公司都盲目乐观、大幅扩大产能。事实上，这只不过是严重透支了行业的未来需求，结果是过去几年整个工程机械行业严重供过于求、行业极度低迷，这些行业的龙头企业至今都还在亏损的边缘苦苦挣扎。

工程机械并不是个例，光伏、风电、新能源汽车……都曾经在国家产业扶持、补贴政策下实现短时间的突飞猛进。从市场经济的角度来看，这种扶持、补贴往往是扭曲了市场需求和供给关系，造成行业短时间的过度繁荣，往往随后就是严重的产能过剩。**这种在国家产业扶持、补贴政策下产生的超额公司利润，盈利是不具有持续性的，投资者如果按当时的盈利水平去买入公司股票，就会造成重大投资损失。**

第三节　维度二：盈利模式与“含金量”

常用的财务考量指标与方法

净资产收益率

从公司利润表来看，衡量公司盈利能力的主要指标包括毛利率、销售净利率。而净资产收益率（ROE，Return on Equity）也是在投资、管理中经常使用的一个重要盈利指标，净资产收益率的计算公式如下：

净资产收益率（ROE）＝净利润/股东权益（股东净资产）

由于公司净资产等于股东权益，净资产收益率又可称为权益回报率或净资产回报率。从净资产收益率的计算公式可见，ROE 综合反映了公司获取利润（分子）和运用公司资本/资产（分母）的效率，因此，净资产收益率其实就是资本的盈利能力指标。

在《股市长线法宝》一书中，西格尔教授详细研究了美国从 1801 年至 2001 年 200 年间各投资品种的回报，他发现“（股票）长期内相当稳定的复利实际年均回报率 7% 左右”，是所有投资品种中回报率最高的。因此 7% 也可以看作是所有上市公司给投资者的长期平均投资回报率。从衡量上市公司投资价值的角度来看，笔者采用以下的评价标准来评判上市公司的经营业绩，如表3－2所示。

表3－2　ROE选股标准

净资产收益率	评价标准	投资判断
>10%	合格	可以关注，跟踪
>15%	良好	值得投资
>20%	优秀	理想的投资标的

杜邦分析

杜邦分析是理解资本盈利模式的重要工具。杜邦分析就是从财务分析的角度，将净资产收益率层层分解为损益表和资产负债表的主要项目。杜邦分析的几个主要公式如下：

净资产收益率＝销售净利率 ×资产周转率×权益乘数

销售净利率＝净利润/销售收入

资产周转率＝销售收入/平均资产总额

权益乘数＝1/（1－资产负债率）

杜邦分析逐层往下拆分的逻辑关系见图3－3。

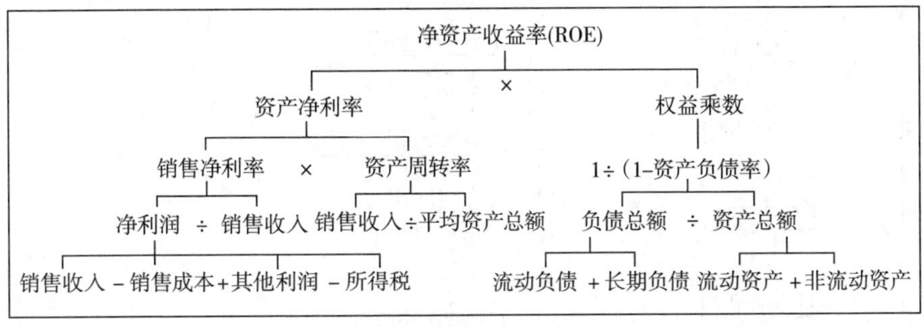

图3－3　杜邦分析逻辑分解

三种典型的盈利模式

基于杜邦分析原理，笔者改进形成了以下“多公司杜邦分析比较模板”，应用这一模板，不仅可以一目了然地显示多家公司的杜邦分析指标差异，也重点勾勒出了主营业务利润率和总资产周转率项下的主要影响因素（比率）。对资产负债率而言，笔者增加了“付息负债率”这一指标，因为相对于公司正常运营产生的负债，如应付工资、应付账款，投资者要重点关注的是需要公司承担利息支出的“付息负债”，即短期借款、长期借款和应付债券占总资产的比例。

以下为贵州茅台、永辉超市、国投电力 3 家上市公司 2015 年净资产收益率为例，进行的多公司杜邦分析，3 种截然不同的盈利模式一目了然，如图 3－4 所示。

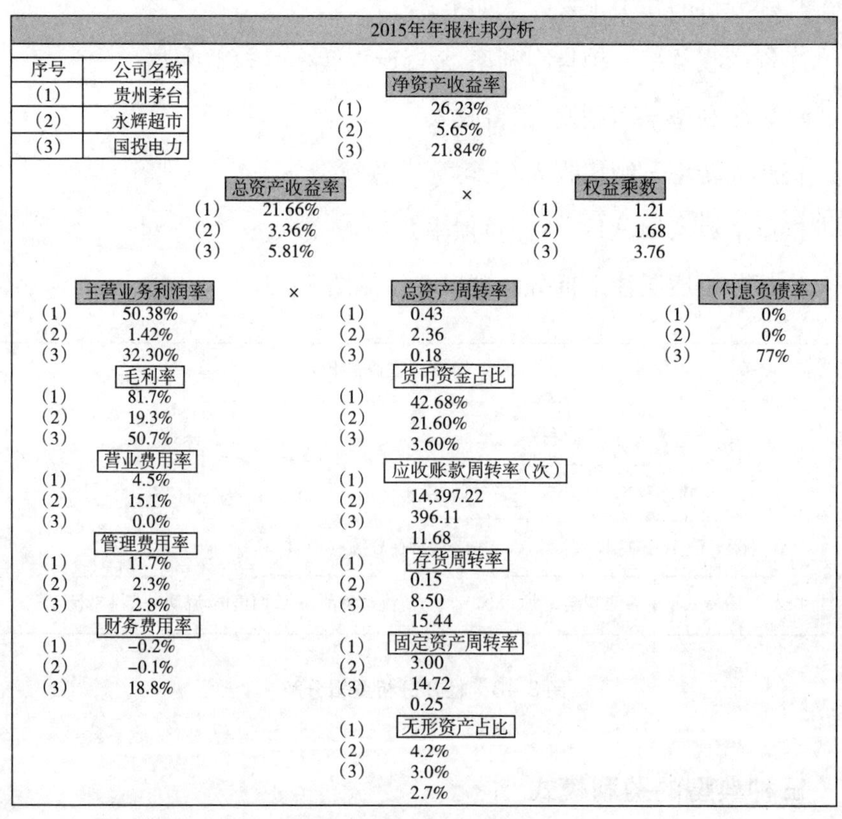

图 3－4　多公司杜邦分析比较

高利润率模式

以贵州茅台为典型，其主营业务利润率高达50.38%，这主要归因于其超高的毛利率（81.7%）。但其总资产周转率偏低（0.43），这主要是因为其手持大量的现金（资产占比42.68%）和茅台酒需要3年陈酿造成的低存货周转率（0.15）。而且由于其完全没有付息负债，权益乘数也不高（1.21）。

对这类上市公司而言，关键是要关注其高利润率是如何获取的、高利润率是否可持续。

著名的公司战略学专家、美国哈佛商学院迈克尔·波特教授的行业五力分析模型，是帮助我们理解一个行业、一家公司为何可以获得比其他行业、公司更好的利润的最实用的分析工具。波特教授认为，一个行业、公司的盈利能力是由5种力量决定的，包括行业目前的竞争者、公司的客户、供应商、行业的新进入者和替代者。波特行业五力分析模型及其主要影响因素见图3－5。

在中国的上市公司中，我们可以看到以下一些典型的影响公司、行业盈利能力的例子。

（1）供应商：如果公司的主要原材料只有少数几个寡头供应商，则公司和整个行业都很难有好的盈利。例如，全球铁矿石供应主要被三大铁矿石企业寡头垄断，因此，我国所有的钢铁厂在铁矿石采购谈判中都处于劣势地位。钢铁产业链的利润都主要被铁矿石供应商所攫取。

（2）客户：如果客户有很强的垄断性，则公司只能是价格的被动接受方。如电网对发电企业、政府对公用事业公司（高速、铁路、供水、供电等）的定价权（可以把政府看作公用事业公司的客户），就决定了发电企业、高速、供水、供电等公用事业公司不可能获得超出社会平均回报率很多的回报。

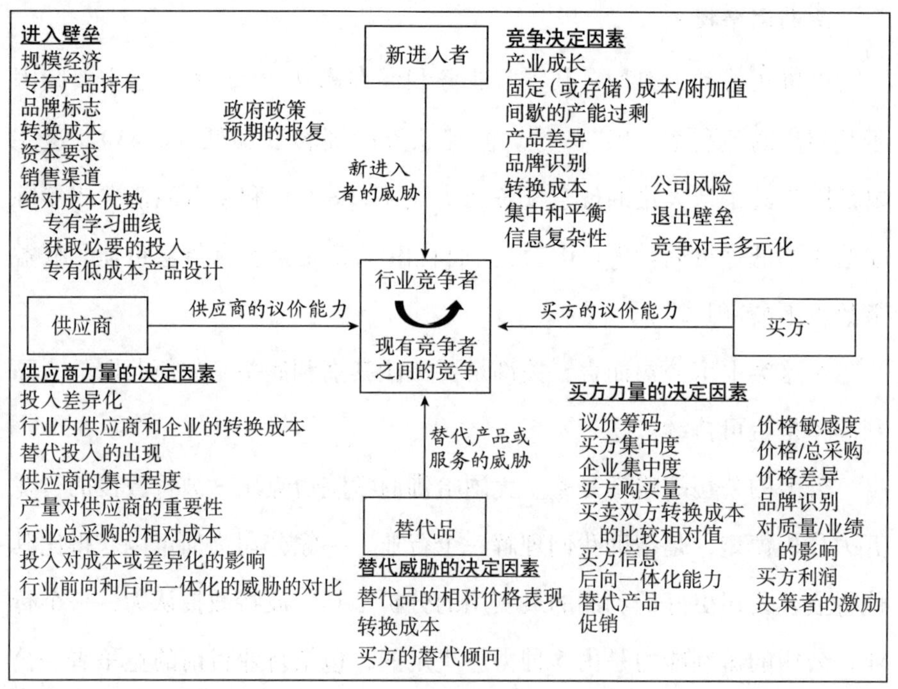

图3-5　波特行业五力分析模型

资料来源：迈克尔·波特．竞争优势［M］．北京：中信出版社，2014.

（3）新进入者：在低进入门槛的行业，短期的高利润率就会吸引众多的新进入者，如养猪业的周期就是典型例子。当猪价达到高峰、养殖户获利可观时，就会有很多新进入的养殖户，造成供过于求和随后两三年的低猪价、行业低谷，形成大约3年一轮的猪周期。

从投资的角度来看，我们更需要注意的是公司的退出壁垒：由于地方政府对税收和就业的考量，很多时候行业即使供过于求，竞争失利、亏损严重的企业受地方保护主义影响无法退出，导致行业产能长期过剩，亏损长期存在。过去两年中央政府只能通过行政手段去强制清理“僵尸”企业、去产能，就很能说明问题。退出壁垒会造成一个行业的所有公司，即使是有竞争优势的龙头公司，也长期无法获利。

（4）替代者：在过去几年的时间里，淘宝、天猫、京东等电商的快速崛起，就已经对传统的百货商场、商超渠道造成巨大冲击，曾经生意红红火火的各地百货商场、超市，或关店，或转型。即使还在运营的店铺，盈利能力也大不如前。

关于行业内目前竞争者的影响，我们将在后面的“公司竞争优势”部分详细展开讨论。

高周转率模式

高周转模式的典型是商贸型企业，如永辉超市、国药股份等。这类公司一般固定资产很少，存货周转很快，应收账款基本没有（主要是现金收入）或很少。因此，总资产周转率可以达到每年2次以上。

一般而言，资产周转率具有行业普遍特性，如白酒企业的陈酿工艺要求，决定了其较低的存货周转率。以贵州茅台为例，茅台酒的传统工艺是端午踩曲、重阳投料，1个生产周期要1年时间，再经过3年以上的陈酿窖存，加上原料进厂、勾兑存放的时间，从原料入厂算起，茅台平均需要至少5年时间才能出产品，这些生产工艺就决定了贵州茅台的资产周转率较低。而所有的电力企业、高速公路公司等公用事业类公司，都需要很大的固定资产投入，因此，总资产周转率也很低。

从2015年年报永辉超市的杜邦分析可以看到，在高周转率的模式下，合理的利润率是基本要求：如果净利率很低，无论周转率多高，都不会产生好的净资产收益率。正如如果没有“1”，后面再加多几个“0”都不会变成100分一样。

高杠杆率模式

高杠杆率的典型是公用事业型公司，如发电企业、高速公路、铁路和重化工一类的上市公司，如国投电力、宝钢股份等。高杠杆率的公司一般都是重资产公司。

从以上国投电力的ROE分析可以看到，高杠杆率公司也可能有很好的投资回报率，但是由于其高权益乘数的放大效应，其净资产收益率的波动是净利润率波动的几倍，因此，如果公司是属于周期性行业，盈利能力的波动就会非常大。

需要注意的是，公司的负债有无息和付息两种：无息负债就是应付账款、应付工资等在运营中产生的、无须付出利息的负债，一般而言，对公司现金流和净资产回报是好事。而付息负债主要是银行借款、应付债券等需要公司承担利息支出的负债。从投资分析的角度讲，我们要重点关注的是付息负债的金额和占比。

“理想”的盈利模式

那么，作为投资者，我们应该寻求具有何种特征盈利模式的上市公司呢?

纯粹从公式计算来看，“三高”，即高利润率、高资产周转率、高权益乘数（高资产负债率）应该会得到最高的净资产收益率。

但从公司财务管理实践来看，**高杠杆率往往是某些公司、行业在低利润率或低周转率下的被动（无奈）选择**：因为如果没有高杠杆率，这些行业、公司的资本将无法获得合理回报。**而低杠杆率则更多是上市公司的主动（保守）选择**：公司在盈利良好的情况下，往往财务管理也更加稳健和保守。因此，一般很少出现“三高”企业。

就高利润率与高资产周转率而言，一般投资者会认为高利润率的企业投资回报率一定更好，其实未必。如图 3 – 6 所示，以贵州茅台和海天味业为例，贵州茅台的毛利率几乎是海天味业的一倍，主营业务利润率（50. 38%）也远远高于海天的 22. 22%，可是，由于海天味业的存货周转率远远快于贵州茅台，其总资产周转率也大幅好于贵州茅台。因此，海天味业的净资产收益率（32. 00%）还要高于茅台（26. 23%）!

一家经营每瓶售价只有几块钱的酱油的公司，资本的盈利能力居然

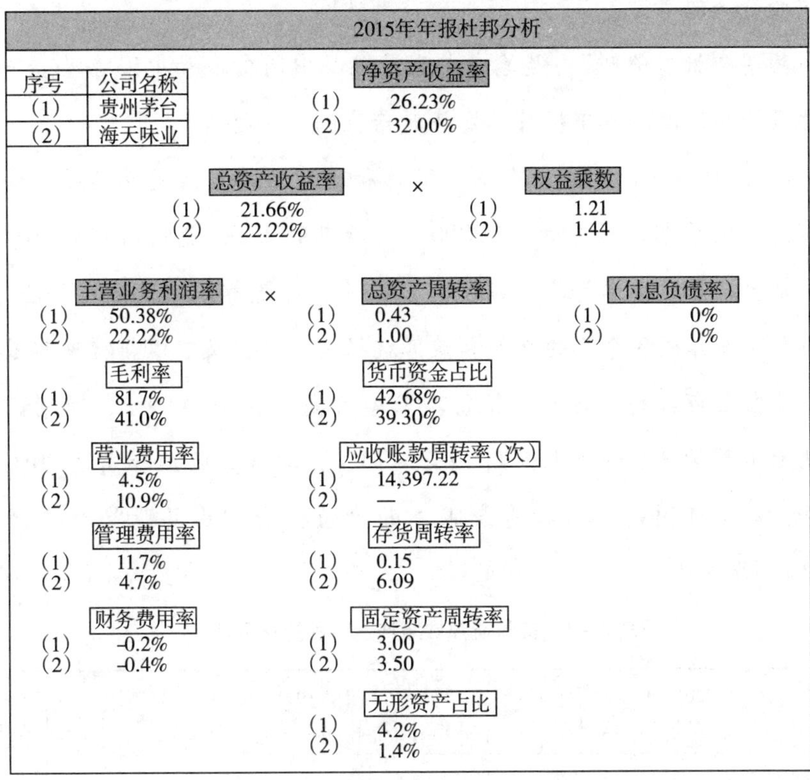

图3-6　贵州茅台VS海天味业：杜邦比较分析

比每瓶售价1000多元的茅台酒的贵州茅台还要好！由此可见，公司的资产运用效率（周转率）对资本的回报率的重要性丝毫不亚于公司的利润率！

其实，无论何种盈利模式，净资产收益率不是求其高就可以了，公司盈利的质量和可持续性更是关键的考量因素。

案例：投资要小心“批发陷阱”——美特斯邦威

价值投资往往是逆向投资，而逆向投资需要的是逆向思维。所以，说到海天味业的出色盈利能力，笔者也不由得有一些关于“批发陷阱”

的“投资冷思考”。

所谓“批发陷阱”，是笔者在业界观察中国内地和中国香港、中国台湾服饰和运动品牌市场营销发展时产生的一个思考。

过去20多年时间里，有不少服饰和运动品牌曾经发展迅速、知名度颇高。从早期的佐丹奴、G2000，到后期的I.T、美特斯邦威、李宁等，都曾经是风生水起、各领风骚三五年。可是都很快就衰退下去了，其中美特斯邦威和李宁的兴起和衰落就很具代表意义。以美特斯邦威为例，其在上市后的前几年，销售增长率都高达30%～50%，净利润率也从上市前的3%快速上升到12%～13%，净资产收益率高达20%～30%，当时可谓是众多投资者眼中的价值投资“白马股”和中国的ZARA、优衣库。

表3-3　美特斯邦威服饰上市后的财务指标

	2015年12月	2014年12月	2013年12月	2012年12月	2011年12月	2010年12月	2009年12月	2008年12月	2007年12月	2006年12月
营业收入（百万元）	6,295	6,621	7,890	9,510	9,945	7,500	5,218	4,474	3,157	1,984
增长率	-5%	-16%	-17%	-4%	33%	44%	17%	42%	59%	
净利润率	-7%	2%	5%	9%	12%	10%	12%	13%	12%	3%
净资产收益率	-13%	4%	11%	21%	33%	24%	22%	42%	—	—

与之形成强烈对比的是，以ZARA和优衣库为代表的国际快时尚服饰品牌，和以耐克、阿迪达斯为代表的国际运动品牌，其经营依然非常稳健，在中国市场依然快速发展。这是什么原因呢？

从生意模式来看，以ZARA和优衣库为代表的国际快时尚品牌和以耐克、阿迪达斯为代表的运动品牌是截然不同的。

从本质上来看，ZARA和优衣库是零售的业务模式，它们所有的店铺都是直营，其产品定位和定价都是“物超所值”，无论是ZARA的快速拷贝奢侈品、时装展最新款式的“垂直模式”，还是优衣库强调品质、面料科技的卖点，它们都有很强的货品采购及管理能力，同时，直接的零售管理、获得很有竞争力的店面也是其盈利的关键能力。

而耐克和阿迪达斯只在一线城市有很少的直营店铺，大部分的店铺都是加盟或经销商开发、经营。本质上耐克和阿迪达斯其实是消费品的品牌公司，品牌除了货品开发和管理以外，品牌营销能力和品牌管理能力是这一模式成功的关键。品牌也需要投入大笔资金进行市场营销活动，以不断强化其品牌号召力和在渠道终端的销售拉动力。

国内服饰品牌其实走的并不是ZARA和优衣库的零售模式，而更多的是耐克和阿迪达斯的批发模式。在这种模式下，在品牌发展的初期阶段，由于不断地开发新的销售点、新的销售区域和新的经销商，销售量和销售额就会呈现出爆发式增长。公司管理层往往会在这时被大好形势冲昏头脑，增加很多低产出、不盈利的新店，一旦开店到了顶点，就会反向出现关店、退货的双重压力。

这种批发模式成功的关键是公司要有很强的品牌号召力，因此，公司的品牌管理和营销能力是成功的关键，但这个能力并不是可以短期快速获得的。在公司没有意识到这一点，而且品牌营销投资依然不高的情况下，公司就会展现出非常强的盈利能力，表现为非常高的销售增速、较低的市场营销费用、很高的净利润率和净资产收益率，对投资者非常具有欺骗性，可以称之为“批发陷阱”。

其实类似的“批发陷阱”不仅出现在服饰行业，在国内的化妆品品牌、运动品牌和一些消费品的运营中都可以看到，如上海家化旗下佰草集这两年的调整，李宁这几年的痛苦转型，在笔者看来，都和调整前几年的“批发陷阱”有莫大关系。

海天味业这两年的盈利能力看起来也非常出色，可是看看海天上市后超市调味品货架上越来越激烈的品类竞争，和海天有限的市场营销投入，笔者不得不要多想想，海天的品牌力是否可以支撑如此高的净利润率？是否会是另一个“批发陷阱”？

盈利的“含金量”

如果说杜邦分析更侧重的是盈利的“数量”分析，上市公司的盈利还有更重要的一面——其“质量”分析——同样的净利润额或净资产收益率，对股东而言，其“含金量”可能是大相径庭的。

所谓盈利的“含金量”，就是要看净利润是否能实实在在地转换为公司的现金流，包括经营现金流和自由现金流。越高比例的净利润能转换为公司的现金流，说明公司的盈利“含金量”越高。以中联重科和贵州茅台2015年的年报数据为例，如表3－4、表3－5所示。

表3－4　中联重科（2015年报）利润与现金流

盈利指标	过去3年	过去5年	过去10年
净利润额（亿元）	46.8	203.7	307.9
经营现金流（亿元）	－102.9	－52.5	－21.5
占净利润比例	－220%	－25.8%	－7.0%
自由现金流（亿元）	－130.8	－114.5	－124.0
占净利润比例	－280%	－56.3%	－40.9%

表3－5　贵州茅台（2015年报）利润与现金流

盈利指标	过去3年	过去5年	过去10年
净利润额（亿元）	486.9	719.5	903.8
经营现金流（亿元）	427.2	648	843.2
占净利润比例	87.7%	90.1%	93.3%
自由现金流（亿元）	308.3	465	604.1
占净利润比例	63.3%	64.6%	66.8%

对中联重科的股东而言，过去10年账面上公司是赚了307.9亿元的净利润，可谓是盈利颇丰。可是，过去10年的经营现金流是负21.5亿元，也就是说，公司的盈利都被存货和应收账款占用了，除此之外，股

东还要倒贴 21.5 亿元现金去维持生意。更糟糕的是，公司在此期间还有 102.5 亿元的资本支出，因此，自由现金流为负 124 亿元。也就是说，实际上过去十年中联重科不仅没有为股东赚取一分钱现金，股东还要额外投资或借款 124 亿元现金，让公司维持生意。

而贵州茅台的盈利质量就高得多了，过去 10 年的净利润几乎全部转化为实实在在的经营现金流，即使扣除 30% 左右的资本支出，股东还是可以获得 604 亿元的净现金。

因此，笔者要再次强调：没有现金流的盈利可以说对股东是毫无意义的。

第四节　维度三：公司的竞争优势

考量公司的盈利能力，尤其是超越行业和竞争对手的盈利能力时，我们必须要思考其未来的可持续性。公司盈利能力的可持续性直接取决于公司的竞争优势。

同行业直接竞争对手的杜邦分析是揭示公司竞争优势的起点。以客车行业的“老大”宇通客车和“老二”金龙汽车为例，其2015年年报的杜邦分析如图3－7所示。

虽然两家公司的规模相差不大：2015年宇通销售6.7万辆客车，销售额312亿元；金龙汽车销售8.7万辆，销售额268亿元。但杜邦分析显示：

（1）宇通客车的盈利能力显著高于金龙汽车。

（2）金龙汽车的权益乘数显著高于宇通客车：从资产负债表可以发现，这主要归结于金龙汽车的股东权益远低于宇通客车，而且，其应付账款周转率也大幅低于宇通客车。

宇通客车不仅盈利能力远远好于主要竞争对手，而且财务更加稳健，具有明显的竞争优势。

公司与竞争对手的杜邦分析可以从定量的角度展现公司的竞争优

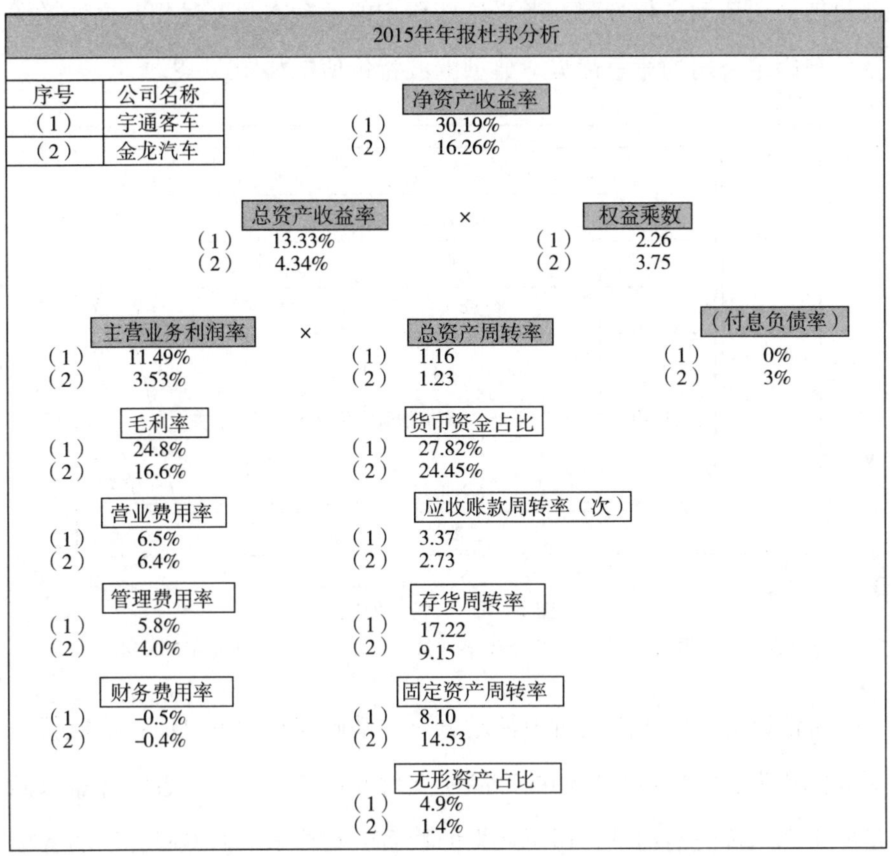

图 3－7　宇通客车 VS 金龙汽车：杜邦比较分析

势，以下结合宇通客车和金龙汽车的案例，从 3 个不同的角度去定性理解公司的竞争优势。

角度一：公司价值链分析

除了波特五力模型，迈克尔・波特教授在其《竞争优势》一书中提出的公司价值链分析，也是一种理解公司的经营活动的附加价值、确定企业竞争优势的重要工具。

公司作为一个整体来看，整合了许多资源、人力去开展众多的日常经营活动，投资者要从整体上识别这些竞争优势并不容易。价值链分析通过把公司活动进行分解，考虑这些单个的活动本身及其相互之间的关系，来确定公司的竞争优势。典型的波特价值链如图 3－8 所示。

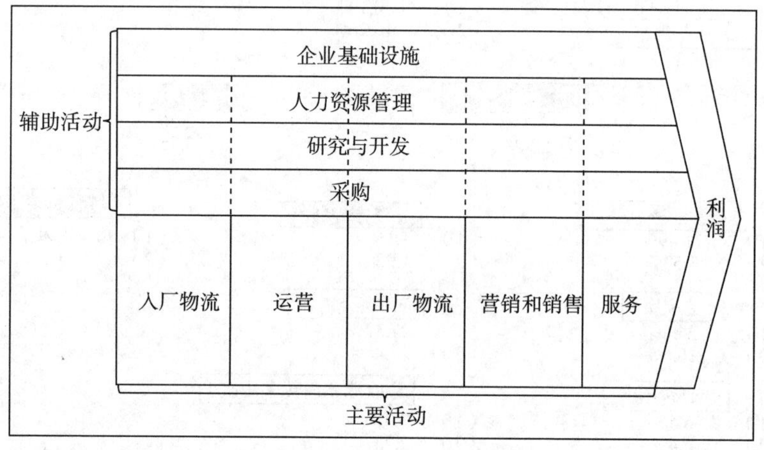

图 3－8 波特价值链

资料来源：迈克尔·波特．竞争优势［M］．北京：中信出版社，2014.

价值链分析的重点是价值活动分析，基础在于理解价值：价值就是买方愿意为公司提供给他们的产品所支付的价格，也代表着顾客需求满足的实现。价值活动是公司所从事的物质上和技术上的界限分明的各项活动。它们是公司制造对买方有价值的产品的基石。公司的各种价值活动构成价值链。

迈克尔·波特教授把价值活动分为两种：基本活动和辅助活动。基本活动是涉及产品的物质创造及其销售、转移给买方和售后服务的各种活动。辅助活动是辅助基本活动并通过提供外购投入、技术、人力资源以及各种公司范围的职能以相互支持。

但我们对公司进行投资分析时，需要根据公司业务及行业特点去理解公司的基本活动与辅助活动。例如，对零售商贸型企业而言，采购就不是辅助活动，而是其重要的基本活动；对于很多制造企业，尤其是制药、科技型企业，研究与开发也是基本活动，而不是辅助活动。

波特价值链分析可以让我们了解、理解所研究上市公司的基本经营活动。但是，不同上市公司的基本活动的“附加价值”是有很大区别的，这可以根据微笑曲线来理解、区分。

角度二：微笑曲线

微笑曲线（Smiling Curve）理论是中国台湾著名的高科技企业宏碁集团的创办人施振荣先生，在1992年为“再造宏碁”而提出的关于产业竞争的理论，以一条微笑嘴型的曲线、两端朝上来表示（见图3－9）。微笑曲线的中间是制造，左边是研发和知识产权，右边是营销、设计和销售。营销主要是当地性的竞争，而一般研发是全球性的竞争。由于全球制造能力早已供过于求，处于中间环节的制造产生的附加值最低，而研发与营销产生的附加价值更高。因此公司应该致力于朝微笑曲线的两端发展，也就是在曲线左边加强研发以创造知识产权，在曲线右边加强以客户为导向的营销与服务，从而获取更高的附加价值。

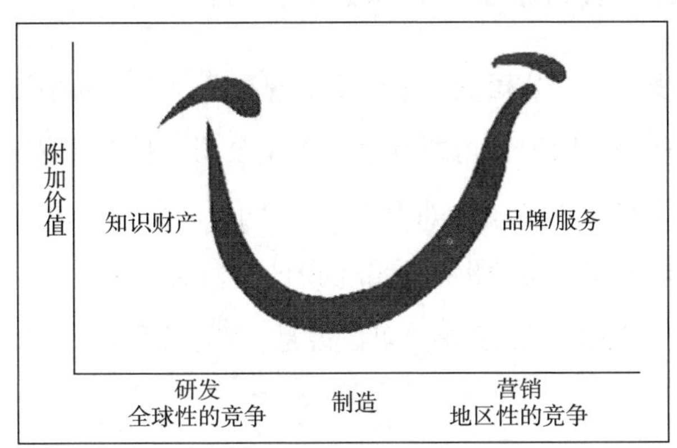

图3－9　微笑曲线

资料来源：施振荣．微笑曲线［M］．上海：复旦大学出版社，2014.

微笑曲线理论给我们寻求具有更高的“附加价值”的上市公司提供了很好的指引。根据微笑曲线理论，结合不同行业的基本活动特点，我们可以大致归纳不同行业的高附加值的基本经营活动，如表 3 – 6 所示。

表 3 – 6　不同行业“高附加值”基本活动

行业	高附加值	低附加值
制药企业	研发活动（创新药）	制造活动（仿制药）
消费品	营销管理（品牌消费品）	制造活动（无品牌消费品）
零售	货品、开店（品牌零售）	一般百货、商超
制造企业	研发（技术导向开发）	一般低技术含量制造
银行	服务和营销（零售业务）	批发业务

虽然一般而言，制造环节不是高附加值的基本经营活动，但也要基于不同行业和公司特质来看。例如，对于贵州茅台而言，其酿酒制造环节就应该是其重要的高附加值基本经营活动。这一方面是因为其制造地（茅台镇）的唯一性和制造工艺的独特性；另一方面，由于供不应求的状况，能否保证高质量的酿酒，就成为公司持续盈利的关键。

角度三：“公司系统”价值链分析

更进一步来看，公司竞争优势来源现在已经不只局限于公司本身的基本经营活动了，因为公司的竞争不再是公司个体与个体之间的竞争，而是“公司系统”的竞争。如图 3 – 10 所示，“公司系统”就是以公司为中心，囊括公司上游的供应商和下游的经销商、客户，一个有机整合的体系。“公司系统”的竞争，可以说是一群公司对另一群公司的整体竞争。

在这一竞争理念下，上市公司对供应商和经销商的整合、协作能力，每一家供应商和经销商相对于竞争的“公司系统”的相应供应商和经销商的竞争优势和效率，都会决定“公司系统”是否可以最终获得竞争的优势。

一般来说，公司在供应商方面的紧密协作更多地是为了实现成本的

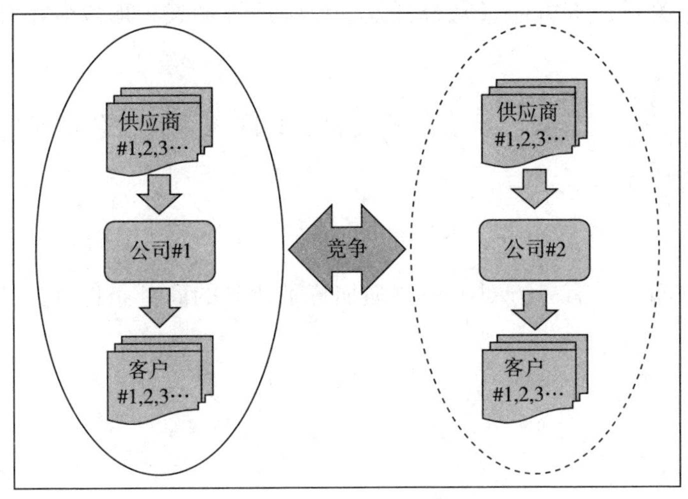

图 3－10　公司系统示意图

节省，而公司在客户、经销商管理上的创新更可能产生较强的竞争优势。格力电器和娃哈哈就是很好的例子。

2004 年，在其他家电公司都受制于国美、苏宁的强势，不得不接受苛刻的商务条件（众多费用和很长的付款期）时，格力电器敢于与国美、苏宁对抗，建立自己紧密管控的经销商体系和专卖店系统，奠定了其后 10 年的领先优势。反过来，从国美和苏宁的例子也可以看到，对供应商、客户强加过于苛刻的商务条件，而不是从“公司系统”的角度来平衡发展，也是不可持续的。

娃哈哈也是早在 1994 年就开始建立“联销体”的销售模式，基于让营销链中的每个人都有钱赚的理念，通过与经销商结成利益共同体的“联销体”模式，达到了其他快消品公司无法比拟的分销深度，其产品几乎覆盖中国的每一个乡镇，获得了极大的渠道竞争优势。

从选择投资标的来看，理想的有竞争优势的“公司系统”应该有以下特征。

（1）公司的供应商都是行业的龙头公司，公司与供应商有紧密的战略合作关系，双方通过联合开发、厂中厂等形式，形成效率和成本的优势。

（2）公司对客户、经销商形成利益共同体关系，公司对经销商有很强的管控能力。

（3）公司及公司上、下游的供应商、客户（经销商）都可以获得合理的利润，没有一方对另一方强加特别苛刻的商务条件。

第五节 “可持续”的竞争优势：以宇通客车为例[①]

在《巴菲特的护城河》一书中，作者帕特·多尔西详细论述和总结了巴菲特口中的护城河，具体包括以下5个方面。

（1）无形资产：品牌、研发所形成的商标权、专利权。

（2）转换成本：客户从A公司产品转向B公司产品省下的钱，低于进行转换所发生的成本，它们的差额就是转换成本。

（3）网络效应：随着用户人数的增加，他们的产品或服务的价值也在提高。

（4）成本优势：比竞争对手更低的成本。源自低成本的流程优势、更优越的地理位置、与众不同的资源和相对较大的市场规模。

（5）规模优势：和竞争对手相比相对规模更大，可以带来成本优势。

笔者以宇通客车为例，详细探究一下公司的竞争优势是如何产生的。

① 本节数据、引文等均来源于两家公司2015年年报。

从基本经营活动来看，宇通客车与金龙汽车并没有太大差别，其基本经营活动都包括：（1）制造，不同于大规模、标准化的轿车生产，客车的制造更加依靠技术工人；（2）采购，大部分（超过80%）的客车部件都是外购，因此，采购是两家公司的重要功能；（3）研发，近几年客车行业的增长主要依赖于新能源客车，领先一步的研发是竞争制胜的关键；（4）销售和服务，由于客车主要用于商业运营盈利的属性，及时的售后服务和服务网络对客户和销售都非常重要。

由于客车主要是B2B销售，而且两家公司的品牌知名度、销售服务网络都不相上下，因此，宇通客车的竞争优势主要体现在制造、采购和研发。

制造

如表3－7所示，由于先天不足的股权及公司架构，金龙汽车分为金龙联合公司、金龙旅行车公司、苏州金龙公司、金龙车身公司等多家公司，生产制造分布于厦门大中型、厦门轻型、绍兴公交/前置客车3个主要生产制造基地以及金龙联合汽车工业（苏州）有限公司、南京金龙客车制造有限公司两家控股公司下辖的多个工厂。相比之下，宇通客车的股权和公司架构简单得多：基本就一家公司，一个城市（郑州），两个生产基地（传统客车和新能源客车）。反映在效率上：宇通以7877名生产技术人员，实现了312亿元的销售，而金龙汽车的销售只有268.3亿元，生产技术人员反而比宇通客车多3428人！

表3－7　宇通与金龙制造指标比较

项目	宇通客车	金龙汽车
生产技术人员（名）	7877	11305
制造工资（百万元）	999.4	754.8
人均工资成本（千元）	126.9	66.8

续表

项目	宇通客车	金龙汽车
销售额（亿元）	312	268.3
工人人均销售额（千元）	3961	2373

以生产技术人员人均销售额计算，宇通要比金龙高出67%，而宇通生产技术人员人均工资收入比金龙要高出近90%。

采购

以下为2015年报管理层讨论中，宇通客车对其采购活动的描述：

绝大部分物资采购自玉柴、綦江、宝钢等国内知名供应商；少部分的进口物料从康明斯、博世等国际知名零部件供应商采购。

稳定可靠的供应商，动态、严格的管理机制，单厂最大的采购规模，形成了公司领先的成本优势和交付效率。

而金龙汽车的描述则是：

采购协同方面，成立了供应链管理部和集中采购委员会，推进集团集中采购，建立健全集团战略供应商合作机制，推进供应链的整合优化；2015年完成了车用钢材、发动机、变速箱、缓速器、离合器、减速器等重要原材料及零部件的集中采购。

与宝钢、采埃孚、法士特、时代新能源等具有国际先进水平的汽车零部件供应商建立了战略合作关系，双方也通过战略合作深入到产品研发的前端。

可以看到，在金龙汽车还在“推进集团集中采购，整合优化供应链”时，宇通客车早已经形成了稳定可靠的供应商体系，达到“单厂最大的采购规模”。从两家公司所提及的主要供应商来看，宇通客车的供应商明显为业界龙头企业。

我们也可以从商务合作条件来看看两家公司与供应商的关系，如表3－8所示。

表3－8　宇通与金龙商务条件比较

项目	宇通客车	金龙汽车
应付账款（亿元）	62.1	80.7
销售成本（亿元）	193.3	202.4
应付账款天数（天）	100	124
应付票据（亿元）	41.7	71.0
应付票据天数（天）	67	109

从两家公司的应付账款和应付票据金额和天数来看，金龙汽车对供应商的付款大致要比宇通客车长30%～40%。可以推测，宇通客车与供应商的合作关系一定会更加融洽、更加紧密、更具有持久性。

研发

如表3－9所示，这是年报中两家公司对公司在研发方面的能力和投入的描述。

表3－9　宇通与金龙研发比较

项目	宇通客车	金龙汽车
研发人员（人）	2842	1414
研发人员比重	17.98%	8.1%
研发支出（亿元）	12.29	6.2
占营业收入的比例	3.94%	2.32%
拥有专利数量（项）	910	329

在所有的研发关键指标上，宇通客车都几乎是金龙汽车的2倍，而且，据宇通年报，“2015年当年共申请专利438件，其中发明专利114

件；获得授权专利 310 件，其中发明专利 23 件。公司共参与完成 55 项国家及行业标准制定工作，其中 43 项已经发布；2015 年形成国家、行业标准 9 项”，可以看出，宇通 2015 年一年的获得授权的专利数（310 项），就几乎是金龙汽车拥有的所有专利数（329 项）！

由于客车产品订单有很多客户定制的内容，因此不容易直接比较两家公司在产品价格上的差异。但是，从宇通的研发投入、研发成果可以推断，宇通客车的科技含量、性能和价格都应该具有竞争优势。

由此我们可以确认：宇通客车在杜邦分析中显示出的远高于金龙汽车的毛利率和净利率，主要来自于宇通在制造、采购、研发上形成的综合竞争优势。

第六节　何为核心竞争力？

现在与未来

如果根据本章关于公司盈利能力的分析就可以找到有“可持续竞争优势”的企业，从而投资获利，投资就并不算太复杂，我们的公司基本面分析也可以到此为止了。问题在于，以上所有的盈利能力分析都是静态的、基于历史数据形成的。正如我们前面所说：往回看总是比较容易的，而要看清楚未来就复杂多了。

公司的内在价值是由公司未来的现金流决定的，因此，影响投资价值更关键的因素是公司未来的盈利能力。公司历史的或现在的盈利可以为我们选择好的投资标的提供线索和参考。但是，公司的内部资源和外部经营环境，以及行业竞争情况，都在不断变化，因此，过去虽然是高盈利，将来却未必可以维持同样的盈利水平。

正如我们前面所述，**“成长性”也是一个重要的公司内在价值驱动因素，而成长性和公司过去、现在的盈利能力更是没有太大的相关性。**例如，成熟行业的公司盈利会较高，但是，由于行业增长已经触及天花板，未来的成长空间就可能非常有限。

一切都在变化

在《巴菲特的护城河》一书中，帕特·多尔西把经济护城河解释为“企业抵御竞争对手的可持续竞争优势”。有很多公司在年报中也会把这些方面的竞争优势描述为公司的“核心竞争力”。但是，在笔者看来都是不准确的。笔者的认知是：**公司的竞争优势都只是相对的、暂时性的**。不是吗，在多尔西书中归纳总结的每一类竞争优势下，我们都可以发现曾经自以为是具有“可持续竞争优势”的著名公司、品牌倒下的身影。

（1）无形资产（品牌、研发形成的商标权、专利权）。曾几何时，诺基亚、爱立信、摩托罗拉三大国际手机品牌几乎垄断中国手机市场，哪一个当年不是声名显赫，以拥有众多商标、专利权称霸业内？

（2）转换成本。多尔西认为金融机构，如银行、券商，容易产生转换成本的竞争优势，可是，随着网上、手机银行/证券，第三方支付的快速发展，银行、证券账户的网上开户、转移变得非常容易，即使账户不变，由于网上/手机转账、交易的免费，原来的竞争优势也会荡然无存。

（3）网络效应。多尔西在书中所提及的 Ebay 公司的网络效应所产生的竞争优势，在阿里巴巴和京东面前，就完全不曾存在过。曾几何时，微软的 IE 浏览器、腾讯的 QQ 大概也是大家认为的具有网络效应的产品，仅仅几年后的今天，大概没人想到其用户人数会消减如此之快吧？

（4）成本优势。戴尔（Dell）电脑的低成本直销模式曾经势不可挡，可是在联想的更低成本冲击下，在中国市场也只能拱手称臣。

（5）规模优势。家乐福、沃尔玛两大国际超市巨头，10 年前的规模还远远超过国内竞争对手，可如今，华润、永辉超市等国内超市巨头已然与其并驾齐驱，甚至超越。同样，华为公司也在短短10年时间里，经营规模就大幅超越其全球主要竞争对手。

真正的核心竞争力

在笔者看来，**根本就没有“可持续的竞争优势”**！公司在经营层面的战略、创新和执行力，可以为公司在一段时间内形成一定的竞争优势，但是，在市场竞争条件下，超出平均回报率的盈利必然会像花蜜吸引蜜蜂一样吸引竞争者——行业目前的竞争对手、新进入者、替代者，都会想方设法去消减公司的竞争优势，一旦公司稍有懈怠，这种经营上的竞争优势就可能不复存在。正如巴菲特把公司的竞争优势形象地比喻成城堡的护城河：**投资不仅是要发现一条护城河，更重要的是公司要有不断把护城河挖宽、挖深的能力和机制**。

这种把护城河（公司竞争优势）不断挖宽、挖深的能力和机制，才是公司真正的核心竞争力。这种核心竞争力，不是来自于第四、五章分析的公司经营层面，而是源自于更深一层的公司组织能力和公司治理机制，也就是公司基本面分析框架的第三层，笔者将在第六、七章中继续探讨。

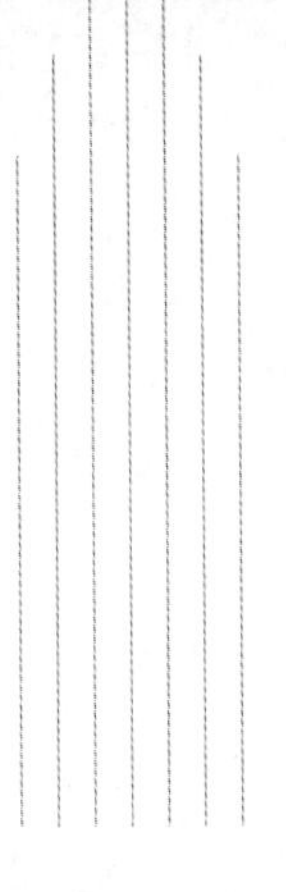

第四章

公司营运分析（1）：经营战略

公司营运分析可以用“一个脑袋两只手”来比喻。“一个脑袋”指公司的经营战略；“两只手”指公司的创新与执行力——脑袋想清楚、看清楚了，还需两只手去实现计划，否则就只是空想。

不同于大股东或者在董事会里有董事席位的重要股东可以通过董事会直接参与、影响公司战略的形成、编制过程，中小股东不能直接参与、影响公司的管理，我们分析公司经营战略的出发点和目的，主要是理解管理层的经营战略，评估其经营战略的质量水平和成功的概率。要做到这一点非常不容易，因为作为外部投资者，我们所能获取的相关信息非常有限。因此，投资者需要具备相关的管理知识和一定的分析研判能力，包括：

（1）学习、理解公司的战略管理流程，了解公司战略编制的主要步骤和内容；

（2）了解公司战略编制的基础分析，主要是行业分析和SWOT分析；

（3）了解公司战略的主要组成部分及优秀公司在战略及战略管理上的特质。

第一节　公司战略管理流程

一个完整的公司战略管理流程包括 3 个阶段：战略形成阶段、战略执行阶段和战略评估阶段，如图 4－1 所示。

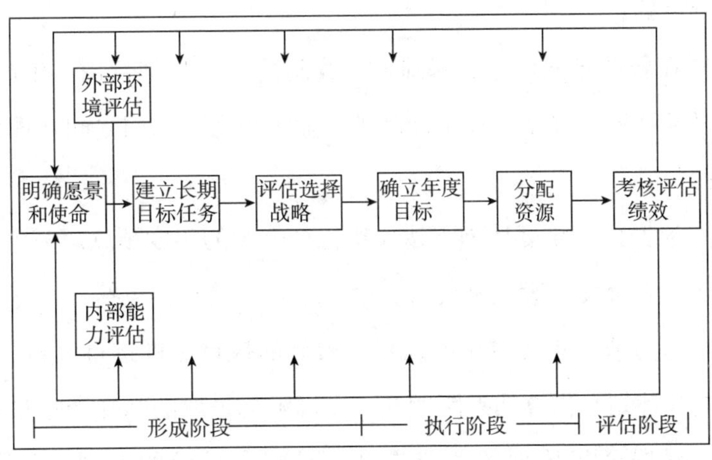

图 4－1　战略管理流程

资料来源：Fred R. David. 战略管理（第六版）［M］. 北京：清华大学出版社，1997.

战略形成阶段的内容，就是编制公司战略计划的主要流程，具体而言，编制公司战略计划包括以下主要步骤：

（1）明确公司的愿景和使命；

（2）通过评估公司的外部经营环境和公司的内部能力，明确公司在经营中所面临的机会和挑战；

（3）设立公司战略计划期的长期经营目标；

（4）通过头脑风暴、研讨会、外部顾问参与等工具和方法，产生各种备选的战略方向和主要战略举措，通过团队评估，做出正确的战略选择；

（5）建立相应的财务计划模型，形成战略计划的主要财务数据和关键考核指标。

战略执行阶段一般就是公司的年度计划及预算管理流程，主要包括：

（1）根据战略计划目标和上年计划执行的反馈和评估，确定新的年度经营目标；

（2）在公司年度目标的基础上，编制公司的品牌营销、生产供应、人员及财务计划，并据此在不同品牌、业务单元、部门之间合理分配公司资源；

（3）根据公司年度计划下达、执行全公司的年度预算。

战略评估阶段一般就是公司的动态预测与调整，包括：

（1）每月或每季度对年度计划、预算的执行进度进行分析、评估，找出业绩与计划、预算的差距所在，发掘可能采取的弥补措施并调整运营部署，根据全年计划的达成进度，对剩余月份的计划、预测做出调整；

（2）战略执行、评估阶段的动态预测、分析、评估，以及执行的结果，又可以反馈到下一周期对战略计划的修订。

公司的战略计划时间周期一般为 3 ~ 5 年，具有规范战略管理流程的公司一般会在每年的 4—5 月重新评估、更新公司的战略计划，随后在8—10月着手编制下一年度的年度计划。战略执行、评估阶段的动态预测、分析、评估的内容，则在此期间反馈到下一周期的战略计划和年度计划的编制中。

3~5年的长期战略计划、每年的年度计划/预算和月/季度的滚动预测和调整，构成了一个完整的“计划、执行、反馈、修正、再计划”的管理循环。

第二节　公司战略的基础分析

公司战略的基础分析，是公司战略编制的出发点和基础，主要包括行业分析和SWOT分析。公司对外部经营环境的分析、对公司内部能力的评估是否完整、客观、准确，将直接影响公司战略判断的正确性和战略计划的质量。但作为外部投资者，无法直接获得公司的内部分析报告，因此，**投资者必须从“管理层”的视角出发，自己收集资料，形成相似的行业分析和对公司的SWOT分析，这是投资者正确理解、评估公司战略的前提和要求**。投资者如果对此缺乏了解，就不可能理解和判断上市公司战略的质量和可行性。

行业分析

巴菲特在投资时坚守的其中一个重要原则，是只在自己的“能力圈”范围内投资。所谓的“能力圈”，就是投资者基于自己的学识和经验可以看得懂的行业和公司。

投资者往往很容易高估自己的投资“能力圈”，也就是低估看懂公司的生意和获取相关行业知识的难度。“隔行如隔山”，投资者从发现一家有兴趣投资的上市公司，到研究清楚，敢于重仓持股，以笔者自己的投资经验来看，一般起码需要 2~3 年的时间。有些投资者只是看了一两份年报、几份券商的研究报告，就以公司、行业的专家自居，其实很可能是“伪价值投资”。

对投资者而言，行业分析的主要目的是理解公司所面临的机会与挑战，也就是本节 SWOT 分析中的 O（机会，Opportunities）和 T（威胁，Threats），因此，行业分析要侧重 3 个方面。

行业发展阶段与潜力

根据市场营销学的产品生命周期理论，产品典型的生命周期一般可分为 4 个阶段，即导入期、成长期、成熟期和衰退期，如图 4-2 所示。

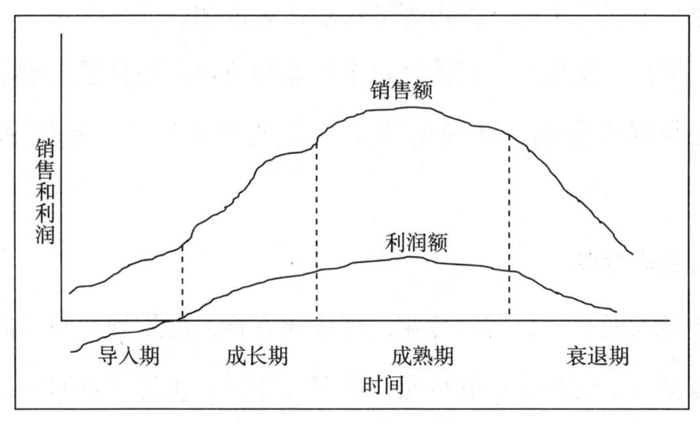

图 4-2　产品生命周期

资料来源：Philip Kotler. 营销管理（第九版）[M]. 北京：清华大学出版社，1997.

与产品生命周期相似，一个行业也具有生命周期，而对于行业的生命周期，投资者可以参考美国、日本、中国香港和中国台湾等国家和地区相关产业的发展演变过程，结合中国经济发展阶段和未来发展趋势的思考，就可以有比较正确的判断。

（1）**导入期**：从人均机器人拥有量与德国、美国、日本等先进国家的差距，可以看出机器人、生产服务智能化等目前还处于产业引入期。由于劳动力开始短缺，劳动力成本的不断上升，相关产业还有很大的发展空间。

（2）**成长期：**受益于人口老化、工资上涨，可以预见品牌消费品、医疗保健、文化娱乐、保险等行业正处于成长期。

（3）**成熟期：**从人均消费量来看，中国人均消费啤酒35升，已经高于世界平均水平，而城镇人均住房面积已超越发达国家平均水平，可以判断啤酒、房地产已经进入成熟期。

（4）**衰退期：**由于固定资产投资的一个主要支柱——房地产已经进入成熟期，另一个重要支柱——基础设施投资也空间有限，而中国经济已经进入工业化后期，可以预见资本密集型的重化工相关行业，如钢铁、石化、煤炭、水泥、铜铝等都将步入衰退期。

以上只是举例说明，具体到每个行业和公司，还是需要根据相关行业的专业数据去全面、准确地评估行业的发展潜力、规模和发展阶段等。

行业经济特性

处于导入期和成长期的行业，往往还有很大的发展空间，但这并不意味着就是一个值得投资的行业，投资者还需要了解行业的经济特性。

行业的首要经济特性是盈利潜力：并不是所有的行业都具有相同的盈利能力，有些行业就具有特别高的盈利能力，如制药、快速消费品行业，而另一些行业里的所有公司都很难赚钱，如钢铁、零售。除了行业的盈利潜力，需要注意的其他一些主要的经济特性有3方面。

（1）**分散性：**分散性的行业，如洗衣、烘烤面包、家政服务等，由于产品、服务很难标准化，或者由于服务半径的限制，具有产品、服务本地化的要求。处于具有分散性特质行业的公司一般很难做大，除非公司有颠覆性的创新，如新的互联网技术的应用。

（2）**周期性：**周期性行业的需求和价格往往呈现巨大的波动，相应地，公司在周期顶峰和低谷的盈利会有天壤之别。一般投资者最好规避投资于周期性行业，除非投资者对行业的运行规律，尤其是价格波动有足够好的预测能力。事实说明，很多行业内公司的管理层都曾经以为自己可以预测价格波动，但实际上也做不到。典型的周期性行业包括水泥、玻璃、生猪养殖、航运、造船（长周期）等。

（3）**重资产 VS 轻资产**：以固定资产、投资在公司总资产的占比分类，行业也可以分为重资产和轻资产行业。典型的重资产公司包括电力、钢铁、化工、水泥等，轻资产公司如快速消费品、药品、零售、文化、娱乐等公司。

行业竞争格局

按一般的投资思维逻辑，投资者应该选择行业发展空间大、增长潜力高的行业，从行业生命周期分析来看，这些行业一般是导入期或成长期的行业。其实未必，因为对上市公司的发展和盈利有重大影响的因素是行业的竞争格局。**在行业生命周期的导入期和成长期，一般是群雄争霸的混战期，众多的竞争对手都在跑马圈地，鹿死谁手还难以确定，投资者选对最后的胜出者的概率很低，投资风险巨大，而且，在此阶段激烈的市场竞争下，为了夺取更多的市场份额，行业里的公司大都盈利甚微，甚至亏损**。最典型的例子就是此前的滴滴、快的、优步的补贴大战，现在还处于一场混战阶段的共享单车——摩拜、OFO、小鸣单车、优拜单车等。

相反，到了行业生命周期的成熟期，经过多年的残酷竞争和淘汰赛，胜负已经一目了然，行业往往只剩下三五个主要公司，进入“三国演义”式的寡头竞争阶段。这时虽然行业增长放缓，但行业龙头公司还是有可能通过提升市场份额继续增长，由于竞争激烈程度大幅降低，行业的盈利和现金流都会大幅提升，这时反而是最安全、投资回报最好的时间。大概从3～5年前，中国的家电行业就呈现出类似的竞争态势。目前竞争胜出的三大家电巨头——美的集团、格力电器和青岛海尔，每一家的销售规模都上千亿元，盈利也比5年前、10年前大幅改善。表4－1总结了4种典型的市场竞争格局的特点。

表4－1　4种典型的市场竞争格局

竞争格局	公司数量	产品和服务差异化	价格差异	进入退出容易程度	行业生命周期阶段	典型代表
完全竞争	很多	很小	没有	很容易	导入、成长前期	煤炭、钢铁、农产品
垄断竞争	比较多	有差异	定价差异化	比较容易	成长期后期	品牌消费品、医药
寡头竞争	少数几个	有或无	差异比较大	相当困难	成熟期	家电、电信、石油
垄断	唯一	唯一产品	很大	很困难	NA	公用事业

投资者如果理解公司在行业导入期、成长期和成熟期的成长潜力与盈利能力的演变逻辑，就可以理解为何在价值投资者眼中，创业板高达70～100倍市盈率的中小公司的估值充满“成长泡沫”，投资价值其实远不如主板的蓝筹股。

投资者大概也以为具有垄断地位的上市公司是最理想的投资标的吧？其实未必，还要看垄断是如何获取的。

大部分的垄断都是源自于政府政策或管制，如公用事业的水、电、煤、高速公路等，公司取得垄断的代价是丧失定价权，政府对公用事业定价政策的变化是投资者所无法预测的。例如，几年前政府对高速公路法定节假日免费通行的政策，2015、2016年为工商企业减负而调低电价等政策变化，对高速公路和电力类上市公司的盈利都有很大影响。**这类没有定价权的公用事业“垄断”公司，长期而言应该只能获得略高于社会资本平均回报率的投资回报。**

而真正具有投资价值的，是由于资源禀赋的稀缺、唯一性所产生的“垄断”，例如，茅台酒只能在贵州省茅台镇的一定范围内才能生产，相对于有众多竞争对手的浓香型白酒品牌，如五粮液、泸州老窖、剑南春等，贵州茅台在酱香型白酒的“垄断”地位要强大得多。其实严格意义上来说，贵州茅台的竞争优势并非出于“垄断”，而是其产品的独特性和唯一性形成的竞争优势。

但毕竟像贵州茅台这种“垄断”型的公司太少，退而求其次，处于寡头竞争和垄断竞争的公司，如果公司有很强的核心竞争力，也是理想的投资标的。而处于完全竞争格局下的公司，一般都不值得投资。

SWOT 分析

在对公司经营的外部环境和内部能力进行评估时，SWOT 分析框架是最常用的公司战略分析工具，可以一目了然地归纳、总结有关的分析结果。SWOT 分别取自 4 个英文单词的头一个字母，其中，S 代表 Strength（优势），W 代表 Weakness（弱点），O 代表 Opportunity（机会），T 代表 Threat（威胁）。其中，优势（S）、弱点（W）是公司的内部因素，机会（O）、威胁（T）是公司的外部因素。公司战略其实就是在一个公司“能够做的”（组织的优势和弱点）和“可能做的”（外部环境的机会和威胁）之间的选择和组合。简单而言，SWOT 分析就是要从公司自身的内在条件和外在的市场竞争态势出发，分别进行分析，找出公司的优势、弱点及核心竞争力之所在。如图 4－3 所示，SWOT 分析的结果可以用四象限形式有效地呈现出来。

投资者要重点看什么

作为外部投资者，一般而言，公司的优势和机会都比较容易找到，因为在公司的年报中，管理层都会有一大段的内容谈到公司的竞争优势、核心竞争力等。在平日的新闻报道、CEO 访谈中，管理层也多会谈及此类内容。只是对于公司或管理层宣称的“竞争优势”和“核心竞争力”，投资者要具有过滤和分辨信息、判断其真实性的能力。

S：Strengths（内在优势） 公司相较于竞争对手所具有的独特之处，如： 品牌优势 渠道优势 研发、新技术 组织能力等	W:Weaknesses（内在劣势） 公司内部有待提升之处，如： 客户服务 公司机制灵活性 组织能力不足 技术、品牌的劣势等
O:Opportunities（外部机会） 公司外部出现的发展机会，如： 新的细分市场 新产品、服务 新技术及应用 产业政策变化出现新机会 国际市场发展等	T:Threats（外部威胁） 公司外部因素对公司运营的威胁，如： 产业政策变动 竞争对手的新动向 行业替代者的出现 客户、消费者需求的巨变 渠道的变革等

图4－3　SWOT分析

相对而言，公司的弱点和威胁，尤其是公司的弱点，获取会比较困难或者容易被忽略。这一方面是由于管理层不大会谈及，另一方面，很多投资者也会“爱上”所投资的上市公司，所谓“情人眼里出西施”——看公司都是完美无瑕的，有意无意地忽视了公司的弱点和威胁。尤其是对众人口中“伟大”的公司，如贵州茅台、中国平安等。

其实，正如“人无完人”一样，也没有完美无瑕的上市公司，即使是“伟大”的公司，同样会有弱点和威胁。对于投资者而言，看清楚上市公司的弱点和威胁非常重要，因为只有这样，你才能对所投资的公司做出全面、客观、公正的评估。

以贵州茅台为例：SWOT分析

（1）优势（Strengths）：著名的品牌、卓越的品质、悠久的文化、独有的环境、特殊的工艺。

（2）弱点（Weaknesses）：国资控股、国企的机制，对长远发展的不利影响；管理层、员工没有股权激励，与股东利益一致性存疑。

（3）机会（Opportunities）：行业调整、整合给公司提升行业地位带来机会；中国国力提升、“一带一路”战略助推公司国际化；提升茅台系列酒占比所带来的增长潜力。

（4）威胁（Threats）：潜在国家政策的负面影响，如反腐败、更高的消费税等；年轻一代消费者消费习惯的改变，如更关注饮酒健康；食品安全事件威胁。

以上公司的优势直接取自贵州茅台 2015 年年报，而弱点、机会和威胁就要靠投资者自己总结了，自然也是见仁见智。

第三节　公司经营战略主要组成

一个完整的公司战略应该包括 5 项主要组成部分：愿景和使命（Vision & Mission）；战略目标（Strategy Objectives）（有些公司将目标包含在公司愿景中）；战略方向选择（Where to Play）；主要竞争策略（How to Win）；考核指标与沟通（Measurements & Communication）。

愿景和使命

犹如我们小时候树立的理想和志向，表达了我们希望自己长大后成为怎样一个人。公司的愿景和使命也就是公司的远大理想，表达了公司希望发展成为一个怎样的组织。

公司的使命代表的是公司的信念，它表达了公司作为一个社会组织的存在价值、信念和业务原则。用著名的管理大师德鲁克的话来说，公司的使命就是要回答**“我们的业务是什么”**。一个清晰、明确的公司使命陈述是有效建立公司运营目标和形成公司战略的基本前提。

有些公司不仅有使命陈述，也有一个愿景宣言，公司的愿景宣言是要回答**“我们要成为一个什么样的公司”**的问题。在很多公司，公司的使命陈述和愿景宣言是合二为一的。

一个好的愿景和使命应该很好地概括公司的价值信念、客户、产品、服务或市场。一个好的愿景和使命陈述应该可以做到：（1）明确公司的目的和公司的梦想，（2）明确公司专注的业务而又留有成长的空间，（3）使公司从竞争对手中脱颖而出，（4）可以作为公司评估现在和未来业务的框架，（5）表述清楚，可以使公司内外人人明白。

公司的愿景和使命陈述虽然内容、长度、形式和具体程度会各不相同，但一般使命陈述主要围绕以下 9 个部分展开。

- 客户：公司的目标客户是谁？
- 产品和服务：公司主要的产品和服务是什么？
- 市场：公司瞄准的是哪些细分市场？
- 技术：公司以技术出色取胜？
- 关于成长性和盈利能力：公司对成长和利润的期望。
- 经营理念：公司的基本信念、价值观、梦想和道德底线是什么？
- 自我认知：公司的核心竞争力是什么？
- 公众形象和社会责任：公司对公众、社区和环境的态度与承诺。
- 员工关怀：公司对员工的贡献、重要性的认知和态度。

一个好的愿景和使命陈述并不需要四平八稳地包括以上所有 9 个部分内容，而是根据公司的实际需要，重点阐述对公司战略至关重要的部分。公司的愿景和使命陈述是公司战略管理流程中要经常向各利益相关方传达的部分，因此需要在公司集思广益，提炼出适合公司战略的内容，并明确、精炼地表达出来。

战略目标

公司战略目标是在 3 ~ 5 年的战略计划期内，公司规划达成的长期目标和任务，一般可以从内部和外部两个维度定义。从公司内部来看，可以确定为公司未来要达到的一定财务指标，如“公司到 2018 年实现销售10亿元人民币，利润1亿元”。从公司外部来看，公司的目标和任务在很多时候都会定义为公司未来要实现的市场份额或排名。确定公司的长期目标和任务，首先要定义好公司确定的竞争细分市场，合适的细分市场可以使公司上下有明确的目标，如“公司到2018年成为碳酸饮料的市场前3名”。

最好的目标和任务应该是“可实现但又不容易实现的”。“可实现”是指目标和任务不可以定得过于激进，过于激进则公司员工不会相信，等于没用。“不容易实现”是指目标和任务不可以定得太保守，太保守则对公司员工不具挑战性，不会激励公司发展。

以下是一些A股上市公司的愿景、使命和目标的例子。如图4－4所示，就笔者近几年的观察，中国平安的战略计划可以说是非常优秀的范例，因此，本章主要选取中国平安的战略作为“优秀”样本，同时与其最大的直接竞争对手中国人寿、中国人保的战略作一对比。而贵州茅台与五粮液的战略也很有直接可比性。

中国平安

图4－4　中国平安的战略目标

（点评：具有非常明确的业务范围和战略目标陈述。）

中国人寿

愿景：建设国际一流金融保险集团。

（点评：四平八稳，乏善可陈。）

中国人保

使命：人民保险，服务人民。

愿景：做人民满意的保险公司。

（点评：作为公民，非常感动；作为股东，有点担心。）

贵州茅台

愿 景：受人尊敬的世界级企业，享誉全球的国酒茅台。

释义：我们致力于成为中国酒业的持续领先者，并积极参与经济全球化，建立广泛的国际影响力，立志成为世界一流的以酒为主，多种经营的企业集团。

（点评：“受人尊敬”和“享誉全球”都太模糊，释义倒是比较明确。）

五粮液

愿景：成为生产经营世界名优酒的全球知名公司，确保行业综合效益第一，竞争力第一。

（点评：知名公司如何定义？今天五粮液不知名吗？综合效益、竞争力第一好像都缺乏明确指标可衡量。）

战略方向选择

公司的战略方向选择就是要回答“公司在哪些市场竞争”的问题，也就是要定义公司的细分市场，清晰地选择公司要参与竞争的目标细分市场。

具体而言，公司的市场细分和选择，一般可以从以下几个维度来划分和选择。

目标客户/消费者

公司对客户或消费者的细分可以有很多的维度，典型的细分方法包括：

（1）按地理条件细分，包括国家、地区、城市、农村、气候等。

其中一种比较普遍的细分方法是按照城市的购买力和消费引导力，把城市分级为：

一级城市：北京、上海、广州、深圳、杭州……

二级城市：成都、重庆、天津、南京、武汉、哈尔滨……

三级城市：东莞、苏州、无锡、大同……

县镇市场：人口小于20万的县镇市场。

农村市场：广大的农村市场。

（2）按人口特征细分，包括年龄、性别、职业、收入水平、教育背景、家庭人口、家庭类型、国籍、民族、宗教、社会阶层等。

（3）按消费心理细分，包括生活方式、个性、态度、兴趣、活动等。

（4）按消费行为细分，包括消费时机、追求利益、使用者地位、产品使用率、品牌忠诚度、购买准备阶段等。

（5）按消费者需求细分，包括追求的具体利益、产品附带的益处，如质量、价格、品位等。

由于中国市场非常大，很多公司上市新产品时都很难一下子覆盖到全国，因此，按照一定的城市或地区分类，去规划新产品的渠道策略是有效的方法。与先期开发的发达城市“一元市场”相对应，中国平安把欠发达的县域市场定义为“二元市场”并把其作为下一步战略发展的重点，就是一个按城市/地区经济发展程度规划战略的典型案例。

公司对客户和消费者的细分一定要结合公司产品和所处行业的特点来进行，一般比较常见的细分方法是：性别、年龄、收入水平、品牌忠诚度等。

客户和消费者细分的目的是要选择和确定公司的目标客户群和目标消费群。

品牌

在公司同时运营多个品牌和品类的时候，需要明确每一个品牌在不同品类的定位和角色，这一方面可以避免公司内部品牌的竞争和内耗，更重要的是给消费者明确的品牌形象。如图4－5、图4－6所示，品牌定位可以通过绘制品牌金字塔或品牌定位图来明确每一个品牌的目标消费者和品牌的不同定位。

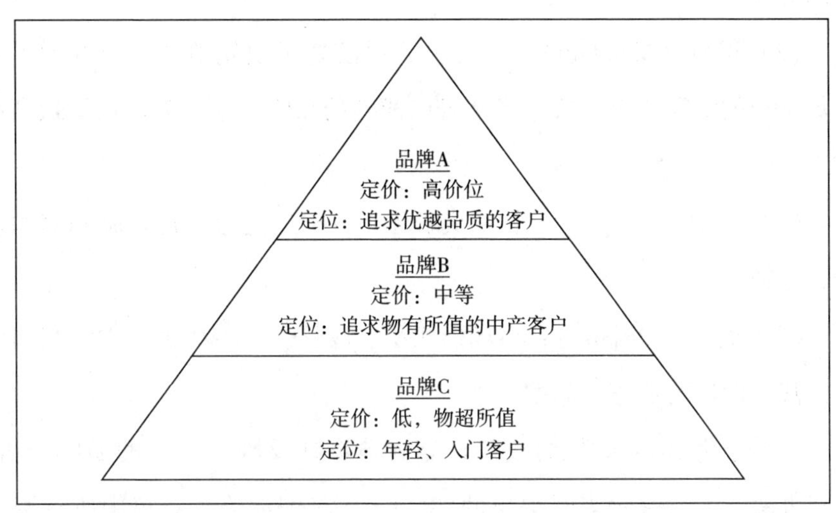

图4－5　品牌金字塔

如图4－7所示，在品牌分析完成后，公司需要根据每个品牌的不同发展阶段和发展潜力，配合战略计划的目标，确定每一个品牌的策

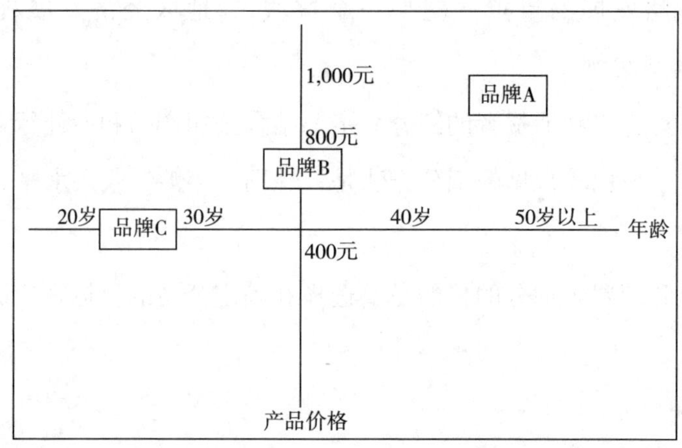

图 4－6　品牌定位图

略，可能的选择包括：

（1）投资成长（Invest to Grow）：一般是目标市场潜力巨大，而公司品牌市场份额小的品牌，或者是公司已处于领先地位，市场空间还很大的品牌。

（2）保持（Maintain）：适合于公司已处于领先地位，但继续提升市场份额的空间不大，或市场本身已成熟的品牌。主要为公司贡献利润和现金流。

（3）收割（Harvest）：长期成长无望，但还能为公司贡献利润的业务、品牌。

（4）处理（Dispose）：市场份额小、成长差、占比小、贡献利润也小，甚至亏损的业务、品牌。

上海家化 2014 年版的战略计划就典型地反映了以上的品牌分析、选择方法。上海家化当时提出的“5＋1”品牌战略是：集中所有资源大力巩固其超级品牌“佰草集”与“六神”的地位，进一步扩大其主打品牌“美加净”与“高夫”的市场占有率，大力发展新兴品牌“启初”，继续推广差异化品牌“家安”，属于其保持和投资增长的重点品

投资增长	保持
品牌　A 品牌　B	品牌　C 品牌　D
收割	**处理**
品牌　E	品牌　F 品牌　G

图 4－7　品牌策略

牌，而其他的品牌如“玉泽”“茶颜”“恒妍”等则是在收割或处理之列。反映在品牌策略图上，如图 4－8 所示。

投资增长	保持
高夫 美加净 启初 家安	佰草集 六神
收割	**处理**
玉泽 茶颜	恒妍

图 4－8　上海家化品牌策略图

渠道

由于市场广阔，销售渠道在中国市场营销中的作用尤其重要，所以有“渠道为王”一说。高效、合理的销售渠道安排，不仅可以使公司的产品和服务迅速传递到终端、消费者，销售渠道的变革也可以成为公司的重要竞争优势。销售渠道的安排因行业、公司的不同而显著不同，但一般需要考虑以下一些主要问题。

（1）直接与间接渠道（Direct vs Indirect）。直接渠道，简单来讲就是公司直接开专卖店、开销售专柜，由公司销售人员直接面对顾客和消费者销售公司的产品和服务。其优点是公司对终端销售点直接掌控，价格控制力强，新产品上市、营销活动执行可以很快到达销售终端。但公司要有很大的投入，人员管理、执行能力也可能是很大的挑战。

很多公司都需要借助间接渠道才能达到销售的广度和深度要求。间接渠道可以有多层，从总代理、省或地区代理，到城市经销商、小批发商等。层次越多，越可以使公司的分销更深入，但也可能导致分销成本过高。

有越来越多的公司在尝试减少渠道层次，或部分转为直接渠道，都取得了不错的效果，比如格力空调 2004 年与国美、苏宁等电器大卖场分道扬镳，建立自己的格力专卖店体系，反而取得了渠道的优势。贵州茅台、五粮液等也竞相转为开旗舰店、专卖店，以取得对渠道、价格的更强控制力。

（2）现代通路与传统通路（Modern Trade vs Distributor）。现代通路，指的是大卖场和连锁超市，如家乐福、沃尔玛、联华超市等。在一、二级城市里，现代通路所占比重越来越大，对很多快速消费品公司的营销越来越重要。传统通路，指的是代理商、经销商和批发商等。传统通路，对于确保公司的分销深度，尤其是在三级城市、县镇和农村市场的覆盖，还是有非常重要的意义。

（3）新渠道（New Channels）。随着网络的普及，在很多行业里，网络销售、电话销售都成为越来越重要的新渠道。公司应该在战略计划里充分考虑新渠道对传统通路的影响，以及如何发展新通路，让新通路成为公司新的竞争优势。中国平安先于竞争对手发展电销、网销，取得行业领先地位就是一个很好的例子。

（4）重点客户管理（Key Accounts Management）。在很多公司，重点客户、战略性客户的管理在公司的营销计划中占据很重要的位置，在很多时候，重点客户、战略性客户多是现代通路的大卖场、超市集团。

在规划公司的渠道战略计划时，要注意以下三点：

- 尽量使渠道的各利益相关方与公司结成利益共同体；
- 不同渠道间应避免矛盾、冲突，尤其是价格和货品要协调一致，
- 要勇于尝试新渠道。

我们在上一章中提到的格力空调建立独立的空调专卖店体系、娃哈哈通过“联销体”建立深度分销网络，都是成功的渠道战略的案例。

需要说明的是，以上的细分市场方法虽然广泛运用于消费品公司，但在公司管理实践中，不同行业、公司对市场的细分方法可能是很不相同的。作为行业基础知识，投资者需要对投资标的公司所在行业的市场细分方法有全面了解。

对以上按照不同维度（客户/消费者、品牌/品类、渠道）划分的细分市场，公司在编制战略计划的过程中要仔细评估每一个细分市场的市场规模、盈利潜力、竞争格局，结合公司所具有的优势（技术、品牌、研发能力等），通过一些量化分析工具，综合评估后做出取舍。一个好的战略方向选择应该是建立在公司的强项和优势之上，并体现公司对行业发展趋势的前瞻性预判和领先于竞争对手的布局。

主要竞争策略

在明确公司对目标细分市场的选择之后，战略计划还需要确定公司的主要竞争策略，就是“怎样去赢得竞争”的问题，有些公司直接把这称为“必须赢取的战斗”。决定公司的主要竞争策略，要综合考虑公司选定的目标细分市场、渠道和在 SWOT 分析中确定的公司内在优势、劣势和公司外部竞争环境的机会和威胁，从“强化公司优势，提高公司能力，发掘市场潜力，防范市场风险”4 个原则、方向去确定公司主要的竞争策略。

强化公司现有的优势，确立公司品牌的领导地位

公司的现有优势一般体现在品牌、渠道、区域、客户上。经过上面“明确公司发展方向”的详细分析，管理层应该对公司要着重发展的品牌、渠道、区域或客户有比较深入的理解和考虑，尤其是对一些处于行业领导地位的公司，这看起来是比较容易的。可是对于一些处于行业弱势、落后地位的公司，这可能就比较困难了。其实，这个选择对处于弱势、落后地位的公司更加重要，因为越是弱势的公司，越要集中资源发展自己相对有优势的地方，这可以通过进一步细分市场达到。例如，长城汽车就通过在战略上集中资源、专注于发展 SUV 这一细分市场，取得了很好的成效。

品牌：公司如果有多个品牌，可以重点发展 1～2 个相对市场份额领先的品牌。

渠道：如果公司品牌整体市场份额落后，可以重点发展公司重要的渠道，如“重点发展现代通路，使现代通路的占比超过 50%”。

区域：如果公司品牌在全国份额落后，可以重点发展公司有优势的区域，如“重点发展广东市场，在广东市场的市场份额超过 40%”。例如，洋河股份在江苏市场具有很强的实力，其通过把有潜力、值得重点开发的县市定位为“新江苏市场”，复制江苏市场的成功经验的方法，取得了很好的效果。

客户：公司可以重点为某些重要战略客户制订长期发展计划，而放弃一些小客户。

发展有潜力的产品/品牌或细分市场，培养新的增长点

对于公司判断有较大市场潜力，而公司和竞争对手都还没有取得领先地位的产品/品牌或细分市场，公司需要投入更多的资源，将其培养成公司未来的新增长点。例如，几年前的男士化妆品市场、液晶电视市场等。

开源还须节流

前面的两大策略都意味着更多的资源投入，这对于公司的业务发展是必需的，可是，开源还须节流，否则，更多的市场投入，意味着公司的利润受到压力。因此，战略计划还要回答“钱从哪里来”，节流的策略一般有以下 3 个途径。

- 削减其他品牌的市场投入或出售一些品牌。
- 提升公司的毛利率，尤其是如果公司的毛利率低于业界平均水平时。
- 控制公司的管理费用甚至削减富余人员。

强化公司的内部能力和流程

在 SWOT 分析阶段，公司应该已经对公司内部流程和能力有了比较清晰的认知，相应地，在明确公司的发展方向和确定以上 3 个方面的发展战略时，公司管理层需要评估要实现这些发展目标和战略时，公司所需要具备的组织能力和所需要改造的公司内部运作流程，对其中存在的差距，应在战略计划中有相应的提升规划。

战略考核指标与沟通

管理学有一句名言：“你所考核的就是你所得到的。”公司的战略计划如果没有相应地设立关键考核指标（KPI）并加以跟踪考核，公司的战略就可能只是一张废纸。因此，关键考核指标也是公司战略的一个重要组成部分。公司战略的每一项主要目标，主要竞争举措和具体实施计划、项目等，都应该对每一项目设定具体项目负责人和预计的完成时间，并在最后形成的战略计划文件中加以跟踪考核。

公司战略的一个重要功能是协调整个公司的各部门和员工步调一

致去努力达成战略目标。因此，公司战略不应该只是公司管理层保险柜里的一份秘密文件。公司战略，不仅要对公司员工广泛宣讲，也应该与公司股东等公司外部利益相关方及时沟通，获得公司股东及各利益相关方的认同和支持。对于中小股东而言，这种公司战略沟通不仅是获取公司战略主要内容的机会，也是判断公司管理系统规范程度，公司管理层的管理水平的好机会。例如，2016 年 12 月 9 日，中国平安在福建厦门举行“策略日”活动，对中国平安的战略、平安寿险的价值、平安集团个人业务的商业模式及经营成果都进行了详细阐述，该活动不仅仅是针对媒体，中小股东通过网上直播也可以身临其境地参与。

第四节　公司战略案例

投资者该如何看战略

本章介绍了公司战略管理的流程和战略的主要内容，就投资者对上市公司基本面分析而言，公司战略分析最需要关注以下两点。

首先，公司是否有健全的战略管理流程，包括年度计划和预算流程等，这关系到投资者对公司是否具有健全的管理体系和相应的组织能力的判断，相信本章内容可以给投资者提供一个判断依据。

其次，公司制订的战略计划是否优秀、具有远见、是否具有可行性。不同于公司盈利能力分析可以借助于各种成熟的财务分析工具，如杜邦分析、各种财务指标等，公司经营战略及随后几个章节的基本面分析都是以定性分析为主，并没有可以具体量化的评估标准，很多时候要依靠投资者的“生意头脑”和商业判断去评估公司战略的质量高低、是否可行等。笔者总结管理、投资经验，在此后四章中每一章的最后部分，尝试提供一个“检查清单”，其中列举的“正面信号”和“负面信号”，可以作为读者评判的一个参考。

但是，这种投资所需的“生意头脑”和商业判断是无法用一个“检查清单”来完全代替的，尤其是评估公司战略的质量高低和可行性。同样的公司战略，在不同投资者眼中可能有完全不同的解读，可以说是一个没有标准答案的投资测试：正确与否完全取决于投资者对公司所在行业及竞争态势是否有足够的了解，对市场营销、企业管理是否有相当的知识储备和经验，正确与否也只能等到几个月、几年以后从公司的经营业绩和投资结果来加以印证。因此，投资者需要在投资过程中不断学习提高，在不同的行业、公司间借鉴、参考。出于此目的，笔者对以下一些公司的战略做出了一些优劣点评，一家之言，仅供参考。

“优秀的战略”

中国平安

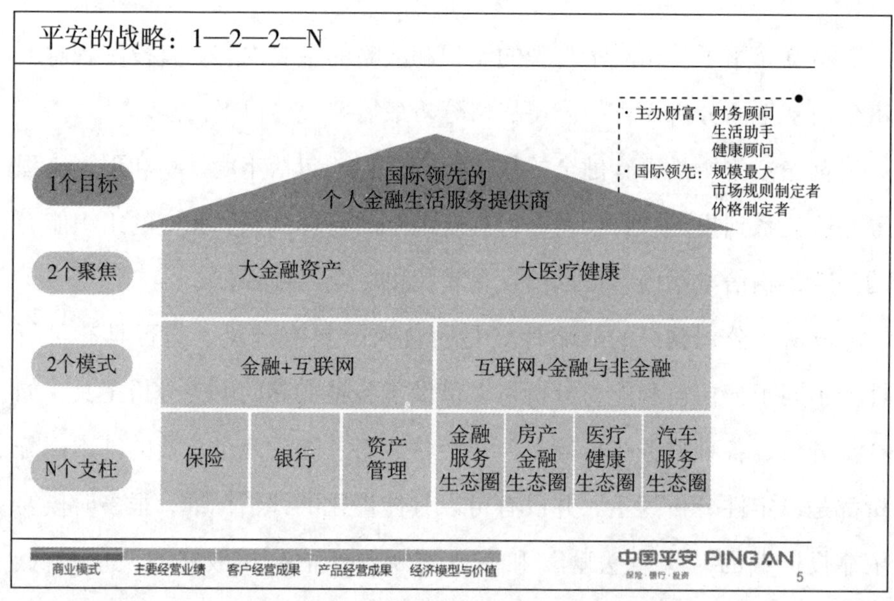

图4-9 中国平安战略

公司愿景：成为国际领先的个人金融生活服务提供商。

整体战略：

- 坚持科技引领金融，金融服务生活的理念，推动核心金融业务和互联网金融业务共同发展，成为国际领先的个人金融生活业务提供商；

• 打造“一个客户、一个账户、多个产品、一站式服务”的综合金融服务平台，推动交叉销售；

• 核心金融业务：推进“金融超市”和“客户迁徙”，同时积极推动“保险客户向银行、投资客户”，“线下金融客户向线上服务用户”的迁徙和转化；

• 互联网金融业务：在“流量为王、生活切入、价值驱动”的指导思想下，持续围绕“医、食、住、行、玩”等需求，搭建互联网金融平台；

• 积累活跃客户和高质量资产，树立独特竞争优势；

• 获得持续的利润增长，向股东提供长期稳定的价值回报。①

（点评：愿景宏伟，目标远大，战略路径明确、可行，沟通清晰。）

招商银行

发展愿景：创新驱动、零售领先、特色鲜明的中国最佳商业银行。

战略目标：紧密围绕打造“轻型银行”的转型目标，实现效益、质量、规模均衡发展，经营结构持续优化，轻型银行体系基本构建，数字化招行初具规模，国际化、综合化深入推进。

战略定位：坚持“一体两翼”的战略定位，聚焦基础客群和核心客群建设，构建基础产品和专业产品两大产品体系，形成优势显著的零售业务和特色鲜明的公司业务。②

发展策略：

• 积极打造未来战略制高点。一是持续推进结构调整与经营转型，实现轻型银行目标；二是强化对风险的主动性管理，稳健经营，应对经济增速下行；三是推进全面数字化，打造数字化招行，实现跳跃式发

---

① 资料来源：中国平安官方网站。

② 资料来源：招商银行 2016 年度报告（A 股）。

展；四是打造“投资银行－资产管理－财富管理”专业化体系，形成新核心竞争优势。

• 深入推进业务模式转型：力争融合“体验”与“科技”，打造领先数字化创新银行＋卓越财富管理银行，塑造互联网时代零售服务新模式，推动零售金融体系化竞争能力再上新台阶。以“促转型、调结构、提质量”为方向，推动公司金融发展模式深度转型，着力打造差异化竞争优势。坚持投商行一体化，全方位发挥公司金融整体优势，深入推进“交易银行”“投资银行”两大转型业务协同发展，构建领先的交易银行和投资银行业务体系。进一步加强业务协同，发挥“一体两翼”独特优势；稳步推进综合化，为客户提供全方位金融服务；深入推进国际化，持续提升海外经营管理水平。

• 打造强有力的战略支撑体系：一是实现“双模IT”（不断优化和提升传统IT支撑的能力及建立驱动数字化创新的IT能力）转型，提升数字化创新能力；二是从管理向服务转型，构建轻型人力资源管理体系；三是优化资源配置，进一步强化资产负债和财务管理；四是大力提升风险管理水平，打造专业、独立、垂直的全面风险管理体系；五是建立一体化内控管理体系，夯实内控合规基石；六是深化组织体制改革，建立灵活高效的运作机制；七是推进运营与流程体制改革，构建轻型运营体系；八是优化渠道建设管理，提升渠道经营效能；九是强化招银文化品牌，培育持续发展动力源。

（点评：愿景、目标、定位、策略构成完整、优秀的战略计划，竞争策略非常翔实、具体。）

“基本合格”

中国人寿

围绕“集团化发展、专业化经营”的轴心，实施“创新驱动、主业提升、综合经营、资源整合、海外拓展、人才优先、科技先导、文化引航”等战略措施，着力巩固寿险、资产管理、财产险、企业年金等现有主业竞争优势，使之成为驱动集团发展的主增长极；积极拓展非保险金融业务、互联网金融等新业务领域，使之成为驱动集团发展的新增长极；牢牢把握稳中求进的总基调、抢抓机遇的总策略、主动作为的总要求和创新驱动的总战略，进一步推进综合化的经营、机制的市场化、管理的现代化和业务的国际化。①

（点评：可以隐约看到中国平安几年前“综合金融”战略的影子。）

贵州茅台

以“酿造高品位的生活”为使命，以“健康永远，国酒永恒”为愿景，以“做强茅台酒，做大系列酒”为战略定位，着力实施“133”品牌战略，努力创新营销模式，巩固高端白酒优势地位，抢占中低端产品空间，形成品牌强势、销量增加、业绩增长的发展格局，确保国际国内市场的领先地位，巩固和提升茅台酒世界蒸馏酒第一品牌地位，打造享誉全球的国酒茅台品牌、受人尊敬的世界级企业。②

（点评：战略还算完整，清晰。奇怪的是其年报愿景和公司网站上的不一样。）

“有待提高”

中国人保

公司网站、年报均无法找到对公司战略的描述，在2016年年报的投资者推介材料中找到一些蛛丝马迹，如图4－10所示，勉强算是

① 资料来源：中国人寿官方网站。

② 资料来源：贵州茅台2015年年报。

其战略吧。①

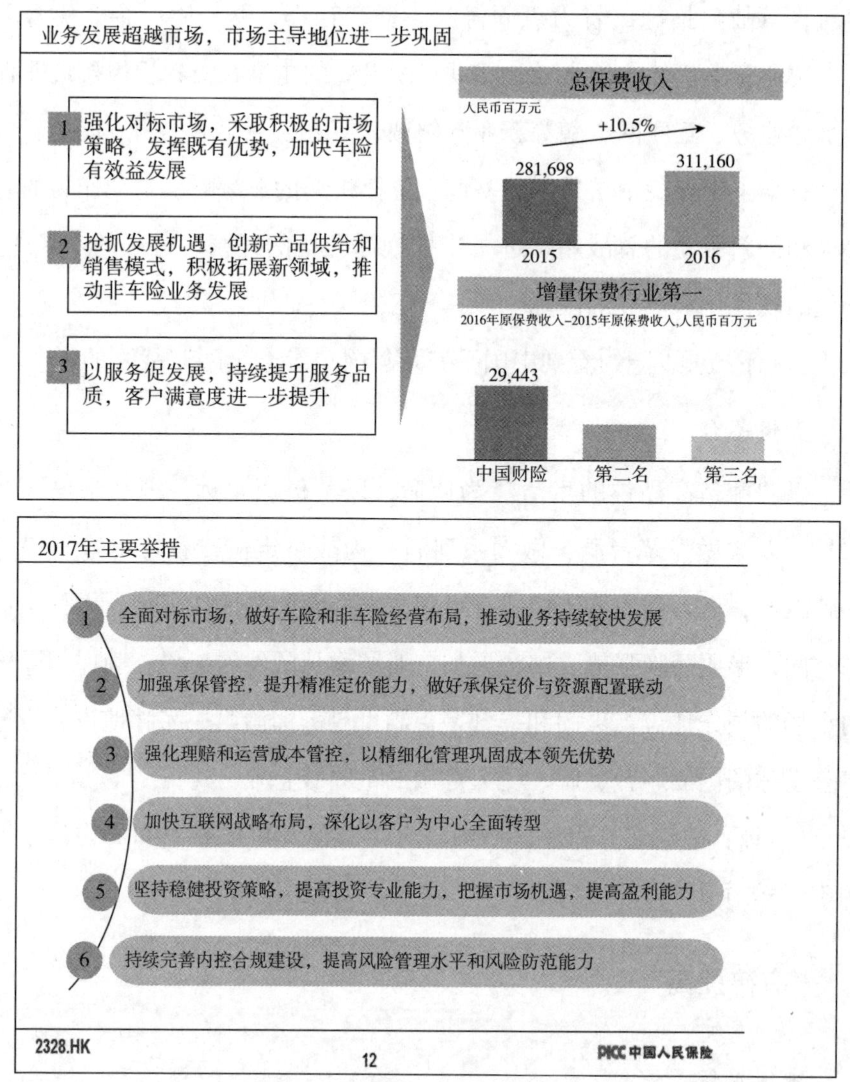

图 4－10　中国人保的战略

（点评：增量保费第一？重要的是增长率是否高于行业平均。不了解行业竞争的还真以为是“超越市场”了呢。）

① 资料来源：中国人保公司官方网站。

五粮液

逐步提高高中价位品牌的市场占有率，逐步降低低价位品牌的市场占有率，实施（1+5+N）工程。①

（点评：笔者还是第一次听说公司要降低自己产品的市场占有率的，猜想应该是降低低价位品牌的占比吧？逐步是多长时间？也许是慢慢来吧。“1+5+N”的“N”应该是指非主要品牌吧，反正N是几可以以后定。）

上海家化战略变迁

同行业公司的对比固然可以让投资者看出上市公司的公司战略质量。而同一家上市公司的公司战略的演变、比较，则更可以让投资者看出一家公司在经营、管理上的变化。以上海家化为例，在2013年发生大股东与管理层激烈冲突并导致更换管理层后，公司在2014年初曾高调推出到2018年销售达到120亿元的战略计划。在2016年底公司CEO再次发生了更迭。在以其2014版战略为基础完成本章初稿的内容后，笔者注意到其网站上的最新战略表述已悄然发生变化，对比如表4-2所示。

表4-2　上海家化战略调整

上海家化	2014年版	2017年新版
企业愿景	将上海家化建设成国际一流的伟大企业	成为美容护肤、个人护理、家居护理最佳提供者
企业使命	帮助人们生活得更加美丽、健康、自信	让每个人美丽健康、让每个家庭洁净幸福
企业价值观	公开透明、奖惩分明、勇于创新、客户满意、诚实进取、互助友爱	诚信、务实、共赢

① 资料来源：五粮液官方网站。

续表

上海家化	2014 年版	2017 年新版
5 年战略目标	2018 年营业收入：120 亿元，市场份额跻身日化前 5	没有披露
聚焦三大领域	化妆品、个人护理用品、家居护理用品	美容护肤、个人护理、家居护理
四大核心竞争力	中国文化的差异化体系 高效、快速的市场反应 完善的渠道覆盖、有效的终端掌控 新经济模式下与消费者的互动	完善的研发系统和实力 源远流长的品牌资产、有效地运用中国文化元素 完善的渠道覆盖和强大的客户资源 一流的生产能力和供应链管理能力
品牌战略	“5 +1” 品牌战略。 超级品牌：佰草集、六神。 主力品牌：美加净、高夫。 新兴品牌：启初。 差异化品牌：家安	美容护肤：双妹（高端，彩妆），佰草集（中高端，护肤），茶颜（年轻彩妆，CS 渠道），一花一木（年轻护肤，CS 渠道），玉泽（药妆） 个人护理：高夫、美加净，六神、启初、Tommeetippee 家居护理：家安

注：根据公司官网及年报资料整理。

可以看出，其主要变化包括：

• 新版战略更加“务实”：这不仅体现在价值观的文字上，从其愿景、使命描述上都可以看出变化，包括低调未披露的战略目标。

• 新版战略最大的变化在品牌战略上：原来的“5 +1”品牌战略更多是聚焦主要品牌的策略，而新的品牌战略显然是期望用独立的、更年轻化的“茶颜”“一花一木”品牌去开发 CS（化妆品专卖店）渠道，设想不错。

• 四大核心竞争力，无论是老版还是新版，在笔者看来都只是“期望的竞争优势”罢了。

笔者认为，上海家化的股权及公司治理目前来看都有很大的进步，无论新战略还是旧战略，都还不错。其最大的挑战是组织能力建设还在半途中。因此，运营层面的创新和执行力还没能体现出战略和公司治理的优势。如果新管理层所倡导的“务实”是要加强“执行力”和“组织能力”建设，则新的战略就很值得期待。

附录　公司战略检查清单

序号	战略内容	正面信号	负面信号
1	公司是否有战略计划?	有	没有或找不到
2	与直接竞争对手相比，战略质量如何?	远好于对手	差于竞争对手
3	公司是否有规范的战略管理流程?	是	没有或不规范
4	公司是否有年度经营计划和预算?	董事会或股东会审核	没有或找不到
5	公司的愿景、使命是否远大、清晰?	志向远大、定义清晰	愿景、使命模糊不清
6	公司的愿景和使命是否经常改变?	多年保持一致	经常改变
7	公司的战略目标是否具体、明确?	目标具体	目标模糊
8	公司的竞争方向选择是否符合 SWOT/行业分析?	是	有疑问
9	公司主要竞争策略是否具体可行?	是	不确定
10	公司战略是否设立具体的考核指标?	是	没有
11	公司的战略是否与员工、股东深入沟通?	是	没有或很少
12	公司管理层的战略沟通内容是否全面客观?	也谈劣势和威胁	只谈优势、好消息
13	整体而言，如果公司能按计划实现其战略，是否是你心目中的优秀公司?	是	不确定

第五章
公司营运分析（2）：创新与执行力

如果说战略是公司营运的大脑，那么创新和执行力就是实现战略的两只大手。在公司经营实践和管理研究中，公司营运分析大多从3个角度展开：（1）经济活动及业务功能分析，不同的行业由于产品和服务的特性不同，可能会有不小的差别；（2）营运流程分析，建立标准化的营运流程是提升公司执行力和营运效率的一个关键举措；（3）营运能力分析，侧重于分析公司营运资产的运用效率与效益。

作为外部投资者，我们所说的营运分析，关键是要理解什么是优秀公司在营运层面所具有的特质，什么因素导致了有些公司具有更优秀的营运能力指标，从而在搜集、解读公司公开的经营活动信息时，在尽可能了解公司的业务活动、功能和流程的同时，侧重于发掘公司在这些关键特质上的“正面信号”与“负面信号”。因此，投资者应该从另一个视角来探究上市公司的营运，即公司营运层面的关键差异是什么？

第一节　公司营运的关键差异

公司是如何运转的

作为外部投资者来看公司营运，可以忽略公司营运的细节，把公司营运过程简化为一个“公司营运盒子”：输入的是资本、原材料、人力资源；经过公司营运后，转变为输出，即公司为客户提供的产品或服务。其实这就是公司的“实物流”，如图 5－1 所示。

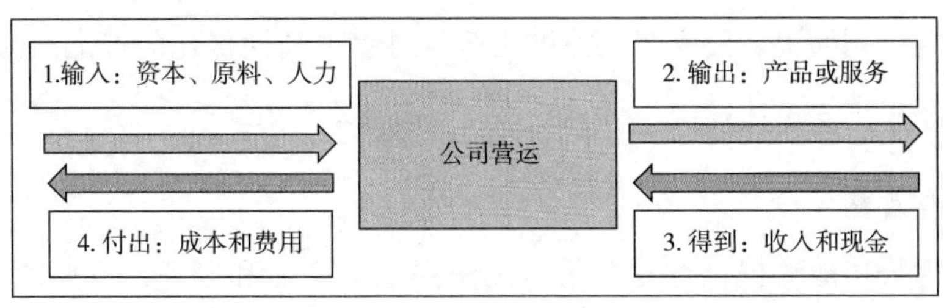

图 5－1　公司营运示意图

而公司的营运能否循环起来，还要看公司的“实物流”是否能转化为“现金流”，即图 5－1 中的第三步——“得到：收入和现金”与第四步——“付出：成本和费用”。在市场经济的竞争条件和竞争压力下，一般买方都具有更大的选择权和决定权，因此，公司运营能否从

“实物流”顺利转换成“现金流”，从而使营运活动可以重复循环起来，关键在于步骤三——“得到：收入和现金”，也就是实现对客户/消费者的销售。

如图5－2所示，从客户/消费者的角度来看，客户/消费者选择公司的产品或服务，一定是因为相较于竞争对手，**公司为客户提供了具有更高性价比的产品或服务**，换言之，公司运营能够持续循环进行的首要条件是：**为客户创造价值。**

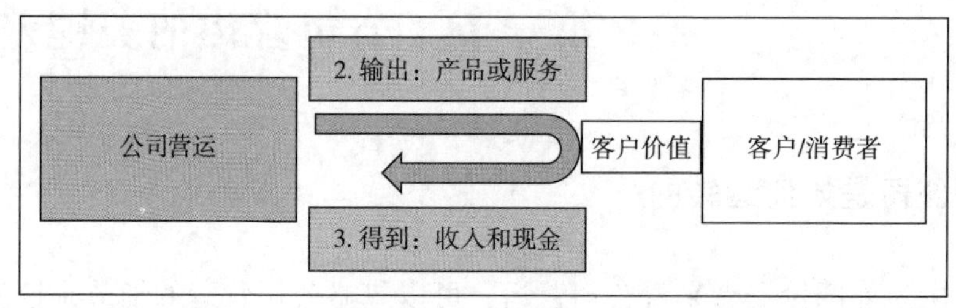

图5－2　公司营运循环关键：客户价值

如何为客户创造价值

对公司而言，要为客户提供比竞争对手更高性价比的产品或服务，不外乎以下3条途径。

人无我有

即公司能够提供竞争对手所无法提供的产品和服务，典型的“人无我有”的情形包括：

（1）垄断，不管是公用事业型的政策性垄断，还是产地、配方唯一性获得的自然垄断地位；

（2）研发投入所产生的受知识产权法律保护的发明、专利，如制药厂研发的新药就有20年的专利保护期；

（3）领先一步的创新，设计、研发的新产品比竞争对手更早、更快上市，从而赢得一个时期的“人无我有”的竞争地位。

除了垄断的情形，在其他两种情况下，公司都只能通过更快、更多的创新，才可以获得一段时间内的竞争优势，在这段时间里，由于产品和服务的唯一性，公司在销售、定价等商务条件谈判中处于主动、优势的地位，可以获得较高的盈利。

但是，在市场竞争条件下，较高的盈利必然会像蜂蜜吸引蜜蜂一样吸引更多的竞争者，随着公司专利的到期或竞争对手类似新产品的研发、上市，公司的“人无我有”的地位必然会演变为“人有我优”。

人有我优

在竞争对手能够以相同价格提供相同的产品和服务的竞争条件下，公司要继续保持竞争优势，获取比竞争对手更多的市场份额，就必须做到“人有我优”：性能更优、服务更优。只有这样，才会使公司产品和服务在客户眼中依然物有所值，比竞争对手的产品和服务有更高的性价比。

在此阶段，市场一般还在发展阶段，公司间的竞争就是服务的竞争，能够为客户提供更多、更便利的售后服务的公司可以保持较长时间的竞争优势。这需要公司在客户服务上能够创新、高效率，才有可能在提供更优服务的同时保持公司的盈利水平。

人优我廉

更激烈的竞争将会使竞争对手也能提供与公司同样优质的产品和服务，在此情形下，公司要为客户增加价值，只能是“人优我廉”：价格更便宜。竞争到这一阶段，在运营流程上勇于创新、内部运营更有效率，或率先取得规模效应的公司，总体运营成本会更低，可以在更低的价格上也保持其竞争优势。

迈克尔·波特在其《竞争优势》一书中给出了“差异化战略”和

“成本领先战略”两个公司基本竞争战略，其中的“差异化战略”可以说就是我们所说的“人无我有”，而“成本领先战略”也就是我们所说的“人优我廉”了。其实，在笔者看来，这两个战略并不是非此即彼的关系。在绝大多数的公司的产品线中，以上 3 种类型的产品和服务应该都是同时存在的：公司不断地推出新产品，而市场竞争的结果是使公司的新产品的竞争情形不断从“人无我有”到“人有我优”，再到“人优我廉”，只是优秀的公司通过源源不断的创新，因此有更多、更高比例的“人无我有”“人有我优”的产品。

创新和执行力：优秀公司必备的特质

在为客户创造价值的同时，对于股东而言，公司存在的唯一理由就是为股东创造价值，这就意味着在我们前面的营运示意图中，在为客户创造价值的同时，必须做到：营运输出 > 营运输入，并且（收入 - 成本）最大化。

在股东和客户双重的价值诉求压力下，公司只有在不断创造出更多的新产品、新服务的同时，保持更高的运营效率和更低的成本。要做到这些，公司必须在创新和执行力上比竞争对手更胜一筹。

大家一般以为，创新可以为公司创造差异化的产品，更多是为了提升销售收入，而执行力是为了提高公司的运营效率，从而降低成本。其实不尽然。

（1）创新不仅对差异化重要，对降低成本也非常重要。公司可以通过管理和业务流程的创新，实现效率的提升，降低成本。例如，中国平安建立的目前业界最大规模的张江后台共享服务平台，不仅使公司业务具备很好的可扩展性，而且使公司具有很大的由规模效应带来的成本优势。

（2）执行力不仅仅是提高效率，执行力也是公司在战略上领先一步、创新上抢先一步的关键。只有执行力强的公司，才能有源源不断的创新产生。

（3）创新和执行力对实现员工价值同样非常重要。创新和执行力不强的公司，竞争压力就会直接转化为成本压力，公司只能通过压缩员工工资成本与竞争对手竞争。而创新和执行力强的公司，在员工收入、待遇比业界竞争对手更高的同时，依然可以获得高于竞争对手的盈利。

从实证的角度来看，业绩表现优秀的公司，无论是国外的通用电气、苹果、亚马逊、百事，还是国内的华为公司、腾讯、中国平安、招商银行、美的集团等，虽然分布于不同的行业，但在公司运营上都具有很强的创新能力和执行力。

由此可见，优秀的公司与一般的公司在营运方面的差异主要体现在创新和执行力上。我们在跟踪分析公司的营运时，不管是营运活动、流程，还是营运能力分析，所要关注、判断的是，从这些有限、零散的信息中所揭示、透露出来的，公司在创新和执行力上与众不同的优秀特质。

在本章中，笔者将主要以中国平安为例，说明优秀公司的创新和执行力特质，为此，笔者根据中国平安官网所载“中国平安大事记”及公司公告等公开信息，整理成“平安创新大事记”，作为本章附录，供读者参考。

第二节　优秀公司的创新特质

优秀公司所表现出来的优秀的创新特质主要体现在以下 4 个方面。

全面的创新

优秀公司的创新是全方位的，包括产品、服务、营销、管理、业务模式、组织能力、公司治理等方方面面。

产品创新

公司要做到“人无我有”，就需要在产品研发上领先竞争对手一步推出新产品。除了公司每年推出的新产品数量和销售额外，新产品贡献的销售占比也是衡量公司新产品创新的重要指标。从“中国平安创新大事记”的“产品创新”部分可以看到，中国平安的创新产品每年都持续不断地涌现。

公司新产品的质量和成功比例不仅可以反映公司的研发、技术水平，很多时候也反映了公司对客户、消费者需求的洞察力，乃至管理层的战略远见和水平。以下三大白酒公司的新产品创新就是一个典型的对比案例。

案例：三大白酒公司的新产品创新

2014 年，中国高端白酒业陷入低迷期，行业领先的三大白酒公司贵州茅台、五粮液和洋河股份都推出了新产品以应对。

- 五粮液上市了中价位产品五粮头曲和五粮特曲：“五粮特曲”的价格带锁定在 300～500 元之间，“五粮头曲”的价格带则在 200～300 元之间。公司宣称：五粮液要巩固高端市场地位，更要壮大“腰部”产品，因此要布局中价位市场。
- 贵州茅台推出了“特供”概念的黄瓷瓶茅台酒：其卖点在于这原来是专门为北戴河打造的一款具有相当高的品鉴及收藏价值的佳酿——“贵州茅台酒北戴河暑期特供”，延续并保持了国宴茅台酒的品质标准，采用小批量勾兑技术制作而成。黄瓷瓶茅台酒由茅台酒厂定量生产并由贵州省特需商品供应公司作为全国唯一总代理商，产品定价 1899 元/瓶，年计划销售 300 吨。
- 洋河股份则推出了健康白酒“微分子酒”：一个白酒行业从未有过的概念产品，卖点在于低度（33.8 度）、健康（微分子）、绵柔。洋河股份把这款产品定价在 400 元以上，价格直逼五粮液。

投资观察：

短期来看，五粮头曲、五粮特曲部分弥补了五粮液普五的销量缺失，但实际上是削弱了普五的高端酒品牌定位和品牌力。结果，五粮头曲、五粮特曲的销量也没有做起来，壮大“腰部”只是管理层的一厢情愿罢了。

贵州茅台的黄瓷瓶茅台酒则既填补了飞天茅台价格回归后超高端市场的缺口，又进一步提升了品牌的高端形象，与五粮液新品的管理水平差别高下立见。

洋河股份把“微分子酒”作为战略产品储备培养，虽然目前还看不出是否成功，但其对消费需求变化（健康、低度）的洞察力和战略远见，还是让人刮目相看。

服务创新

由于保险卖的只是一纸保单和承诺，产品条款设计也不会有专利保护等竞争障碍，保险产品的创新技术门槛其实是很低的，因此保险产品“人无我有”的竞争窗口期相对而言更短。对于中国平安来说，服务创新，可能与产品创新一样，甚至更加重要。因此，我们可以看到中国平安的服务创新的举措也是年年不断、步步升级，正是典型的“人有我优”：通过不断提升客户投保、索赔、客服的便利和快捷程度，提升客户的服务满意度和忠诚度。

事实上，**好的服务创新不仅可以提升客户的满意度和忠诚度，也可以同时降低公司的运营成本**。在本章附录“中国平安创新大事记”的“服务创新”部分，我们可以看到很多利用网站、电子保单、自助服务、微信等最新互联网技术的例子，这些都是既让客户感到方便、快捷，又可以使公司降低运营成本，提升整体竞争力的“一箭双雕”的服务创新。

营销创新

营销创新包括在销售渠道、销售方式、市场营销活动、广告等方面的创新。近几年最成功的营销创新大概要数阿里巴巴的“双十一”购物节了：从淘宝商城（天猫）2009年11月11日首次举办“光棍节”的促销活动时大家还感到有点无厘头算起，到2016年11月11日24时，天猫“双十一”全天交易额超1207亿元，仅仅才7年的时间！

创新并不一定要是100%原创，从其他行业、公司快速地模仿、“山寨”其实也是创新，中国平安对此就是深得其精髓：中国平安2014年12月仿照“双十一”购物节打造的首届“财神节”，总成交也达到了2097.75亿元，2015年又接连推出了“女神节”“518抱抱节”，中国平安的营销创新能力由此可见一斑。

管理创新

管理创新包括公司的业务流程、办公管理、IT 系统、共享中心等领域的创新。好的管理创新可以简化工作流程，显著提高公司内部的工作效率、降低成本。例如，中国平安的张江后援共享中心，是平安集团综合金融战略的关键管理支持之举，不仅强化了风险管控，而且相较于竞争对手，具有显著的规模效应和成本优势。

业务模式创新

业务模式创新，除了现存业务的创新外，也包括进入新的业务领域。中国平安在这方面提供了很好的案例。如：

（1）“传统金融 + 互联网”就是在保险、银行、投资、证券等业务中充分利用互联网技术，实现产品、服务、营销的互联网化，是现存业务的业务模式创新。

（2）“互联网 + 传统金融”则是从社会大众的“医、食、住、行、玩”等消费需求入手，搭建互联网平台、吸引新客户、转换为传统金融的客户。中国平安近年还不断创立新的互联网公司和平台，如平安好医生、陆金所、平安好房、平安好车，等等。

公司的创新还包括组织能力和公司治理机制的创新，事实上，这也是优秀公司的创新可以源源不断涌现的根本原因。关于这一点，后文会继续展开讨论。

聚焦战略的创新

战略是运营的大脑，创新和执行力是运营的两只大手。因此，是先有战略，后有创新。创新是为了实现战略，必须围绕战略展开。由于企业的资源，尤其是创新的资源总是有限的，因此，好钢要用在刀刃上，公司创新的资源只有集中、聚焦在公司的战略上，才可以使创新资源的效用最大化。如果公司的创新是随性、随意的，不仅会导致公司创新资源的浪费，也可能分散公司的战略专注力。

从附录“中国平安创新大事记”中可以清晰地看到，平安的主要创新都是聚焦于公司战略展开。十多年前的张江共享中心、奥林匹克工程等都是为了“综合金融”战略，而自从4年前确定“综合金融+互联网”战略后，陆金所、平安好车、平安好房、平安好医生，一个接一个的业务创新都围绕此战略展开。

华为公司也是如此，在《陈春花与任正非围炉日话：解密他的“立业”之本》一文中，有以下陈述：“华为是一个有战略耐心的公司，所有的创新和尝试，都是在主航道上做出的选择，由战略做出界定。所有创新项目的选择，已经通过战略做出筛选，任先生张开双手慢慢收拢做一个形象地比喻，就是把所有的信息广泛纳入到战略框架下，然后筛选出与战略相适应的项目，这些筛选出来的项目才会进入到公司创新项目集群中，组合各种资源去实施。”

而读者从下文的“青岛海尔的颠覆式创新”案例中也可以看到，青岛海尔的颠覆式创新则似乎有“先创新、后战略”之嫌：“人单合一”的创新在过去10多年是不变的，而战略反而是几年一变。从这个意义上说，青岛海尔的创新还真有点像张瑞敏所言的“试验田”。

以客户/消费者为中心的创新

为客户创造价值是公司营运能够从“实物流”转换成“现金流”，从而使公司营运循环不息，为股东创造价值的前提和关键。因此，公司的创新毫无疑问应该以客户和消费者为中心，关于这一点，华为公司的创始人任正非有一段很精辟的讲述：“西方国家认为，最重要的是管理而不是技术。在我们国家，很多人认为最重要的是技术。因此，国内重技术轻管理，重技术轻客户需求，是比较普遍的。但主宰世界的是客户需求，我希望大家改变思维方式，要做工程商人，多一些商人味道，不仅仅是工程师。要完成从‘以技术为中心’向‘以客户为中心’转移的伟大变革。”

以客户和消费者为中心，意味着一切创新都要以提升客户和消费者对公司产品、服务的使用体验感为目的。但是知易行难，能够在公司运营、创新中真正做到，需要公司有强烈的市场竞争意识和文化。如笔者在使用某国有大行的网上银行时，其付款验证的设计，就犹如12306网站的验证码一样复杂，安全性固然很强，但用户体验极差。相比之下，招商银行的网上银行、手机银行的使用非常便利，投资者从中可以体验到招商银行的零售银行的领先不仅仅是在IT技术上，还有更深层次的原因。

持续的创新

说起创新，很多投资者可能首先想到的就是iPhone、3D打印、VR这样的革命性的创新产品。颠覆性、革命性的创新固然可以为股东带来丰厚的投资回报，但这种革命性的创新毕竟是极少数，对投资者而言，更重要的是关注上市公司创新的持续性。

在价值投资中我们经常强调复利的威力：稳定、持续回报的复利效应是巨大的。以100万元本金为例，5%的回报要15年才翻一倍，而10%的回报则15年后是418万元！更不要说20%的年回报会变成1541万元！（见表5－1）

表5－1　复利的强大威力　　单位：万元

	投资年限及对应金额					
年回报率	3年	5年	10年	15年	20年	30年
5%	116	128	163	208	265	432
10%	133	161	259	418	673	1745

续表

	投资年限及对应金额					
年回报率	3 年	5 年	10 年	15 年	20 年	30 年
15%	152	201	405	814	1637	6621
20%	173	249	619	1541	3834	23738
25%	195	305	931	2842	8674	80779

看起来不起眼的 5 个百分点的差异，15 年后就是一倍的回报差距！

对公司而言，持续的创新与“持续的改进”是一脉相承的，每天进步一点，其累积效应同样具有价值投资的复利效应的巨大威力。如果公司每周进步（效率提升）1%，一年（54 周）下来就是 71% 的效率提升，而两年下来就是 193% 的效率提升！

原通用电气的超级 CEO 杰克·韦尔奇对此有一段精辟的论述：“在商业领域，最好将创新定义为每个人都可以做到的‘渐进式改进’，只有这样，才最有可能实现创新。创新可以是、也应该是一个循序渐进的、持续不断的、正常的事情。创新可以是，而且应该是一种心态，每个员工，无论位于哪个级别，在每天早上踏进公司大门的那一刻都应思考如何创新，心想‘我今天要找到一个更好的工作方法’。”

因此，创新应该更多的是持续的改良，而不是革命，尤其是对公司的管理创新更是如此：这一方面可以让公司较快速地推出创新的举措，公司可以在创新过程中迭代演进，不断改良。以平安的 MIT（移动展业模式）为例，其从 1999 年推出“电脑建议书系统”，到 2010 年推出“E 行销系统”，2011 年推出 MIT 二代，期间经过了多次、多个版本的迭代演进。

另一方面，革命性、颠覆性的创新，尤其是管理创新，由于涉及公司人员、流程的巨大改变，创新风险很大。

案例：青岛海尔的颠覆式创新

说起管理创新，青岛海尔的张瑞敏是不得不提的引领时代潮流的代表性人物。从最初的砸冰箱惊人之举，到后来提出“日清工作法”。管理创新，无疑是使青岛海尔从一个濒临破产的集体小厂发展到如今的中国家电三强之一的重要动因。

而青岛海尔过去十多年探索的“人单合一”的模式，可谓是颠覆式管理创新的典范。

从2005年起，青岛海尔即开始推行“人单合一”制度，即允许个人可以跨职能部门发起项目，就某一新品或新项目组成一个自主经营体，其目的是要将管理聚焦在员工和用户两大要素的“端到端，零距离”，让每一个员工找到自己的市场和用户。在过去10多年时间里，海尔的组织架构、管理模式经历了几轮的重大改革，创新地提出了包括SBU（战略事业单元）、倒三角－自主经营体、并联协同－利益共同体和“战略损益表、顾客价值表、共赢增值表”3张表等一系列实行“人单合一”的新概念、新管理工具。如表5－2所示，该表概括了青岛海尔“人单合一”模式变迁的发展路线。

表5－2　青岛海尔“人单合一”模式变迁

公司战略	管理理念	“人单合一”体现	组织创新举措
名牌战略	“高标准、精细化、零缺陷”	人人都管事，事事有人管	自主管理班组
多元化战略	OEC管理模式	人人都有一个市场，人人都是一个市场	战略事业单元（SBU）
国际化战略	以市场链为纽带的业务流程再造		微型公司，或项目团队（MMC）
全球化品牌战略	“人单合一”双赢模式	人人都有单，单单都超值	自主经营体（倒三角）
			利益共同体（并联协同）
网络化战略	“人单合一”共创共赢模式	人人创客，引爆引领	创客小微（互联节点）

2012年底，青岛海尔又再推出网格化战略：海尔把公司运营的底层架构，包括采购、研发、生产、销售、人力资源、财务等职能部门完全打破，去掉中间管理层，将海尔变成一个个创业平台——原有的中层管理者变为平台主，海尔员工转化为创客，平台主为创客提供人事、财务等服务、支持，最终将转化为创客所组成的小微企业的股东，而平台扶持的小微企业则借助于海尔平台运行。8.6万人的海尔因此变成一个只有3层结构的扁平公司，形成几千个有各自财务报表的虚拟小微公司。小微主和平台主都需竞聘上岗，并且这一平台是开放的，除了海尔员工，有兴趣的创业者都可以进入海尔的平台创业。用张瑞敏的话来说，“（海尔）不再是一个指令性组织，而是变成了一个创新性平台”。“和市场、时代不符合的东西都是错的，你必须要改，不能自以为是。我们从上到下知道，海尔不再是一个企业，而是试验田。”（2016年8月《第一财经周刊》专访）

投资观察：

张瑞敏认为，企业的核心存在目的是服务用户：技术、战略、组织架构、管理流程……所有的一切，都是为了创造别人创造不了的用户需求。“如果没有考虑用户需求，单独定一个战略，没有意义。”“如果和用户间不是零距离，战略、技术，可能都是空的。”这一点和我们前面所说的“创新必须以客户/消费者为中心”是完全一致的。

在提出“人单合一”之前，有感于其先前参加达沃斯论坛的所见所闻，张瑞敏在2000年就提出了“不触网，就死亡”的说法，并聘请IBM定制了公司的IT系统，发起“市场链变革”，让研发、采购、生产、营销、销售等职能部门之间相互虚拟结算，尝试把市场的压力传导至企业内部，推动企业内部对市场快速反应。应该说这也是非常有创新的变革，回到20世纪初的时间点，其战略远见和视野可谓高远。

但是，为了和用户零距离、更好地洞察客户需求，是否公司就需要分解到“人单合一”的程度呢？我们看到，虽然同样是大公司，华为、中国平安、美的电器，虽然没有进行类似的“人单合一”的革命性变革，其产品开发、服务创新依然能够做到敏感地反应消费者、用户的需求变化。

从经济学原理来说，“人单合一”可能颠覆的不仅是管理模式，也是传统的经济学理论，尤其是科斯的交易成本理论。按照科斯的交易成本理论，市场和企业是资源配置的两种可互相替代的手段。由于市场交易必然存在交易成本，而市场合同的高费用使一些交易更适于采用企业内部交易方式，即，资源的配置通过企业管理当局的管理协调来完成，从而减少交易成本。事实上，过于细致的内部核算，例如“人单合一”，其产生的“内部交易成本”可能已经在挑战“企业的存在是减少交易成本”的企业本质了。

从过去10年青岛海尔的市场份额、财务业绩和股价表现来看，海尔的“人单合一”模式并没有给青岛海尔带来比竞争对手更大的竞争优势。相比之下，可能还略逊于美的集团和格力电器。当然，海尔的这种超前的创新现在也很难判断成败，也是值得尊敬的。不过，如果你是持有青岛海尔股票的小股东，我想你大概会对这种颠覆式的管理创新“实验”感到有些忐忑不安吧？

当创新成为企业的DNA

优秀公司的所有创新特质凝结在一起，就会使创新成为一种企业文化，使创新成为企业的DNA。中国平安2017年新年创新——高管发红包的案例，就从一个很小的细节里体现出创新思维、互联网思维已经渗透到了中国平安日常运营细节和整个公司的血液中去了。

案例：中国平安2017年新年创新——高管发红包

“2017年，我们撸起袖子一起干……新的一年，希望大家继续拼搏、挑战新高……现在我要开始发红包啦！”在600米地标建筑——平安金融中心，平安产险董事长兼CEO孙建平变身“网红主播”向员工拜年、发红包。来自全国各地的10多万员工同时在线抢红包，“天下平安，红包心愿”“谢谢领导，平安永伴”“长沙人民发来贺电”等弹幕不断刷屏，不少员工给“主播”送上鲜花、矿泉水、润喉糖、掌声等礼物。

这是中国平安节后开工，高管通过知鸟网络直播平台发红包的一幕。红包、直播等各种新颖的互联网玩法被公司采纳，并与公司管理和日常运营“完美”结合在一起。

第三节　优秀公司的执行力特质

一般而言，**创新能力强的优秀公司往往都有很强的执行力，而执行力强的公司则未必创新一定很强，**典型的如大规模代工制造企业——富士康，执行力很强，但创新力未必很优秀。

所谓执行，按照拉里·博西迪和拉姆·查兰合著的《执行》一书的定义，就是“如何完成任务的学问，是一门将战略与实际、人员与流程相结合，以实现预定目标的学问”。公司的执行力将商业的3个主要流程，包括人员、战略和运营有机地结合成一个整体，形成公司的战斗力。对提升公司执行力而言，建立运营标准是执行的基础，纪律是执行的核心，而人员能力则是执行的保证，因此，**在公司建立标准的运营流程是强化执行力的重要举措。**当然，如何建立、强化公司的执行力是一个大学问，也是一个企业家能否将企业从普通带向优秀的关键。对于投资者来说，这是公司管理层应该去操心的，不是我们在这里讨论的重点。投资者所需要的是一双火眼金睛，去看清楚上市公司是否已经具备优秀公司的执行力特质。

优秀公司所表现出来的强大的执行力主要体现在战略执行力、营销执行力、变革执行力和执行力文化上。

战略执行力

在战略与执行的关系上，管理实践有曰“一流的战略、二流的执行”不如“二流的战略、一流的执行”：一个出色的战略，如果没有办法执行或执行到位，最终只是一纸空文；而一个不太完美的战略，如果执行到位，反而可以在执行过程中不断修正、改善战略，最终达成战略目标。当然，对于优秀的公司来说，我们希望公司应该是“一流的战略，一流的执行”。

在《平安心语》一书中，中国平安的董事长、CEO 马明哲毫不掩饰地表达了他对执行力的重视：“一家企业的成功不只在于战略，更重要的是执行力。良好的执行力是企业战略得到实施的必要条件，执行不到位，再完美的战略也是空中楼阁，再恢宏的愿景也是镜花水月。”

公司的战略执行力，就是可以清晰地看到公司宣布的战略计划能够言行一致地落实到随后的运营中，并且能清楚地看到执行的显著效果反映到公司的业绩表现上。以中国平安为例，在其 2012 年正式提出“互联网 + 金融”战略后，陆金所、平安好车、平安好房、平安万里通、平安好医生、平安财富宝等新业务创新一个接一个地推出，而且大部分都非常快速地取得了重大进展：只用了短短 3、4 年时间，中国平安的互联网服务用户数已超过 3 亿人，其中陆金所用户 2300 万人，平安好医生 APP 上线一年即用户过亿人。中国平安的互联网战略执行的成效可谓显著。

而战略执行不到位的情况，在上市公司并不少见，而且，反映的可能还不只是执行力的欠缺。张裕先锋酒业的千店计划搁浅就是一个很好的例子。

案例：张裕先锋酒业千店计划搁浅

2012 年，张裕公司在 120 周年庆上宣布了其未来 10 年的公司战略：为应对进口葡萄酒大幅增长的冲击，公司在 2012 年初对销售组织架构进行了战略调整，成立了自有品牌葡萄酒、白兰地、进口葡萄酒三大销售公司，期望通过这“三驾马车”驱动张裕未来 10 年的增长。

张裕为此专门成立了张裕先锋国际酒业公司，开展进口葡萄酒业务。在供应链方面，张裕先锋国际酒业公司与多家国际葡萄酒巨头签约合作或签订合作意向。“最终，我们只会选择全球十家左右大的葡萄酒企业集团合作，获得合作企业在国内的独家经销权，旗下的全部或主要品牌由张裕独家引进中国。”另一方面，从 2012 年开始，张裕在全国启动张裕先锋国际酒庄联盟专卖店项目，公司总经理周洪江曾公开表示：“2012 年我们计划在全国拓展 300 家专卖店，未来 3 年达到 1000 家，我们打算用 6 年时间打造 3000 家联盟专卖店。”

遗憾的是，4 年后在 2016 年 5 月 26 日的股东大会上，张裕承认旗下专门做进口酒业务的先锋专卖店遇到困难，暂停扩张步伐，当时张裕先锋酒业自建店才只有 312 家，其中还有 51 家店长没有到位。因此，张裕宣布放弃其早前战略——2016 年 1000 家专卖店的计划。对其发展陷入困境的原因，张裕在股东大会纪要里表示：“根据自建店当时的经营环境，当初做决策的实际情况，公司有良性的预期，但当时的消费环境和现在不一样了。”

投资观察：

在 2012 年提出千店计划一年后的 2013 年 8 月 23 日，张裕就在交易所的投资者互动交易平台上表示：目前张裕先锋国际酒庄联盟专卖店已开设约 80 家，该数据远低于计划预期。而张裕先锋国际酒业有限公司董事长孙健在 2015 年还曾表示，张裕拟在 2015 年新开 500 家连锁店。张裕先锋酒业千店计划搁浅凸显了张裕的多个管理问题。

(1) **战略的远见及计划质量不高**。张裕的管理层作为资深的业内人士，没有预见性地采取措施应对进口葡萄酒的冲击，已经是先输一着。在制定先锋酒业专卖店战略4年后才宣称因“消费环境”变化而放弃战略，不能不令人怀疑管理层的战略远见和战略计划的质量。

(2) **执行力及应变能力欠缺**。在2012年计划公布后，其后每年的执行情况和进展都远远落后战略计划，公司的战略执行力欠缺可见一斑。公司也没有任何针对计划的修订和完善。

(3) **管理层诚信存在问题**。公司管理层在进度远远落后的情况下，在2015年依然宣称要开500家店，而一年后即宣布放弃计划，令人不得不质疑管理层在沟通上的诚信。

营销执行力

公司在营销活动中所表现出来的速度、灵活性和精细程度，也是公司执行力的一个重要表现，公司的营销执行力主要体现在以下4个方面。

新产品创新对消费者需求、市场竞争的反映

优秀公司的新产品创新能够洞察消费者、客户需求的变动，及时反映市场竞争的变化。中国平安在业内率先推出的“雇主责任险SARS特别条款”，因应三鹿奶粉事件推出的“食品安全责任险”，首创的“完片保险”等新产品创新，都体现了中国平安及时感知市场的脉动，创新及时反映客户需求变化的能力。

公司的销售能力：销售渠道的深度和广度

公司对销售渠道的掌控，尤其是销售的深度和广度，最能体现公司在销售上的执行力差别。例如，从洋河股份无处不在的店招广告，投资者就可以看出洋河股份对于销售终端的覆盖深度和广度是远远超出其他白酒品牌的。

营销活动的内容、速度和灵活性

优秀公司的营销活动能紧扣当前的时尚和流行趋势，营销活动反应迅速而又具有灵活性，因此，营销活动的效果明显、结果显著。例如，中国平安推出的“平安财神节”“女神节”等活动就很好地体现了这些特点。

客户服务水平

由于客户服务的烦琐和零碎，客户服务水平很能体现公司的管理精细程度和客户满意度。优秀公司的执行力往往还体现在其高于同行的客户服务水平上。

组织变革执行力

公司在发展壮大的过程中，往往需要因应战略、市场竞争的变化而不断地改变组织架构。因此，公司的组织变革的执行力，也就是每次组织架构的调整、重组能否快速地执行和实现，是体现优秀公司的执行力的一个重要方面。

以中国平安整合“平安普惠”为例，2015 年 3 月，中国平安宣布，旗下多个相关业务，包括集合了平安直通贷款业务、陆金所辖下的 P2P 小额信用贷款以及平安信用保证保险事业部 3 个模块的业务管理团队，将整合成一个统一的“平安普惠金融”业务集群，从而打通天、地、网资源，集合各业务线前、中、后台优势，大力发展“普惠金融”。仅仅过了 4 个月时间，到 7 月 22 日，中国平安宣布“普惠金融”业务集群已经完成公司组织架构与业务模式的整合。而同期平安普惠的业务规模依然保持快速增长，牢牢把控其中国最大的消费金融公司的竞争地位。类似的组织变革在平安银行、平安产险等都曾多次快速、高效执行。中国平安的组织变革执行力之强可见一斑。

执行力文化

如同各种创新的特质会形成优秀公司的创新 DNA 一样，优秀公司的执行力特质最终将成为公司文化的一部分。例如，华为的“狼性文化”，中国平安的“重在执行”文化。中国平安在其 2003 年大事记中的记叙完美地解析了这一点：“2003 年 2 月，中国平安将执行力确定为公司的核心竞争力，开始大力推行执行文化，这是自平安新价值管理文化以后平安企业文化的又一次重大发展。公司上下在‘品质优先、利润导向、遵纪守法、重在执行’的经营方针指引下，以利润为导向，狠抓业务品质，严格推行‘法规 +1’，使公司执行力显著提升，业务品质明显改善，各项业务稳健增长。”

创新也好，执行力也好，优秀公司这些在运营层面所体现出来的与众不同的优秀特质，最终还是要归结到更深处的公司的组织能力和公司治理能力上。这也是我们进行公司基本面分析的第三层。我们将在随后两章里讨论。

附录 1　创新检查清单

序号	内容	正面信号	负面信号
1	公司每年上市新产品的数量	高于对手	数量少
2	公司的每年新产品销售占比	占比高	占比低
3	公司的研发、创新是否应用业界新技术	是	否
4	与直接竞争对手相比，公司的研发投入（人员、经费）	远高于对手	投入少
5	与直接竞争对手相比，公司的研发水平	专利、发明更多	知识产权少
6	除了新产品，公司在其他方面的创新	很多，各方面	少见
7	公司的创新与战略的关系	围绕战略	随意
8	公司的创新是持续的，还是颠覆性的	持续性	颠覆性的
9	公司创新是否以客户、消费者为中心	以客户为中心	否

续表

序号	内容	正面信号	负面信号
10	公司的营销活动质量	新颖、创新	缺乏新意
11	公司的商业模式创新	持续出现	墨守成规
12	公司是否体现创新文化	是	否

附录2　执行力检查清单

序号	内容	正面信号	负面信号
1	公司战略是否大幅变更	微调	大幅改变
2	公司的战略执行效果	与计划一致	延误、取消
3	公司新产品的市场洞察力	反映消费者需求变化	落后市场需求
4	公司的营销活动表现	快捷、敏感、灵活	无新意、比对手慢
5	公司销售的深度和广度	覆盖更深、更广	比竞争对手差
6	公司的客户服务水平	很好	一般或差
7	公司组织变革执行情况	快速到位	拖沓
8	公司组织变革是否影响业绩	无影响或影响小	影响很大
9	公司执行力文化	业界闻名	少听说

附录3　中国平安创新大事记①

产品创新

时间	创新产品
1994年9月	中国平安保险公司率先推出“少儿终身平安保险”险种
1994年11月	中国平安保险公司率先推出“递增养老年金保险”险种
1995年12月	中国平安保险公司率先推出“医疗事故责任险”险种
2000年7月	中国平安保险股份有限公司在我国首家推出注册会计师执业责任保险
2002年1月	中国平安保险股份有限公司与美国丘博保险集团合作推出中国第一个“公司董事及高级职员责任保险”险种
2002年2月	由中国平安保险股份有限公司PA18网站开发的国内首个网上全自助式平安旅行意外保险正式面市
2002年10月	平安信托投资有限责任公司新产品“优秀汽车消费贷款集合资金信托”面市
2003年5月	中国平安推出“雇主责任保险附加非典型肺炎特别保险条款”，这是国内产险公司的首批抗非典保险条款之一

① 资料来源：笔者根据中国平安官方网站“中国平安大事记”及公司公告整理而成。

续表

时间	创新产品
2003 年 7 月	中国平安在国内率先推出通过手机投保的保险产品——交通意外险和旅游意外险
2003 年 8 月	中国平安在国内率先推出多倍保障的分红型人寿产品——平安鸿鑫终身寿险
2003 年 11 月	中国平安产险推出企业国内贸易短期信用保险服务，该产品填补了中国保险市场上国内贸易信用保险的空白
2003 年 12 月	中国平安首家在北京、上海、广州、深圳试点销售自助式旅行意外保险
2005 年 3 月	中国平安专为广大中小企业精心设计推出的新产品“恒利达”企业综合保险隆重上市，成为中小企业获得财产保障的首选产品，成功填补了市场空白
2005 年 6 月	中国平安在广州正式推出“财富人生团体年金保险（万能型）”产品。该产品是在中国保监会颁布《人身保险新型产品精算规定》对新型投资类保险产品进行规范后，首只针对团体客户的万能保险产品
2005 年 10 月	平安产险的电话直销新产品——平安一线通车险在北京试点销售，该款车险产品是国内首款只通过电话和网络直销的车险产品
2006 年 3 月	中国平安首创“健康万能”概念，推出“智富人生万能 + 重疾保险计划”
2006 年 10 月	平安人寿售出国内首张外汇保险保单——中国平安“好搭档留学外汇保”
2007 年 1 月	平安产险推出了“和谐人生”住房抵押贷款保障保险产品
2007 年 7 月	由平安产险开发的、服务于电话销售的电话车险专属产品首家获得中国保监会的批准，国内首个专用于电话销售的车险产品由此诞生
2008 年 10 月	三鹿奶粉事件的发生，给中国的食品行业带来巨大影响，极大地打击了消费者的消费信心。平安产险在同业中首家推出了针对此类事件的专项责任险产品——食品安全责任险
2009 年 4 月	平安产险率先在全国推出一款覆盖全球绑架勒索保障及危机管理的全新产品——公司绑架勒索保险
2009 年 5 月	平安产险率先在国内推出首款个人责任保险产品，保险责任为被保险人因过失造成的第三者人身伤亡和财产的直接损失。填补了国内相关产品领域的市场空白
2009 年 9 月	平安健康险正式推出一款名为“员工健康管家”的医疗保险创新产品
2010 年 1 月	平安健康险推出一款卡式健康服务产品——“平安健康通”。该产品是国内首创的集健康体检和健康评估于一体，全国通用的新型健康服务产品
2010 年 2 月	平安养老险在国内率先推出全能型团体养老保险方案“账户通”
2012 年 3 月	平安产险积极贯彻落实国家政策，在业内率先推出小微型企业贷款保证保险业务，帮助企业从合作银行获取贷款

续表

时间	创新产品
2012 年 12 月	平安健康险推出“健行尊享”医疗保障及健康促进组合计划，一站式解决健康和医疗问题，这是业内首个推出包含健康奖励回报的全面高端保障方案
2013 年 1 月	平安产险在国内市场率先推出专为少儿和孕妇两个特殊群体设计开发的 4 款全新健康保险产品
2013 年 4 月	H7N9 禽流感疫情蔓延，平安产险率先开发并向市场推出“平安甲型 H7N9 流感综合保险”
2013 年 7 月	为了使用户更轻松、便捷地使用平安手机银行，平安银行对手机银行进行一系列改版升级，并提出了“口袋银行”的概念
2013 年 8 月	平安产险个人账户资金损失保险正式上线，业内首创三合一账户保障
2013 年 9 月	针对广大业主装修漏水困扰，平安产险业内首推创新产品“平安装修综合保险”
2013 年 9 月	平安产险推出了平安少儿手足口病健康保险，化解少儿罹患手足口病的风险
2013 年 10 月	平安人寿推出首款寿险费率市场化产品——平安福健康保障计划（简称“平安福”）
2013 年 10 月	平安产险推出预订酒店、机票取消保险以及地震保险两款创新产品
2013 年 12 月	平安人寿推出银行保险产品“平安福满盈两全保险”。这是寿险费率市场化后，平安人寿在银保渠道推出的首款自主定价、固定收益保险产品
2014 年 1 月	平安产险推出“春运保障险”，定价仅为 2 元
2014 年 1 月	平安产险再次推出互联网创新产品，业内首推电影票务预订取消保险，观众在线购买电影票时只需支付两元
2014 年 1 月	平安养老险个人养老产品创新受认可。在《中国保险报》“2013 年度保险产品”评选中，平安养老险实利派养老保障管理产品获得年度养老保险产品大奖
2014 年 5 月	中国平安旗下移动支付应用壹钱包 2. 0 版上线，这是壹钱包面向用户的首个版本，具备金融增值（活钱宝、借钱宝）、消费支付（线上线下）、聊天（友钱）等功能。在壹钱包 2. 0 上推出现金增值产品“活钱宝”。活钱宝上线后便吸引大量资金涌入，收益率领先同类产品
2014 年 9 月	平安产险业内首推子女关爱老人的专业保险产品“老年人防骗宝”
2014 年 11 月	在广州举办的第七届中国保险文化与品牌创新论坛暨第九届中国保险创新大奖颁奖盛典中，平安产险连续 6 年蝉联产品创新奖。其中，平安非机动车综合险、中老年人银行账户资金诈骗损失保险分别荣获最畅销保险产品和最具市场潜力保险产品两项综合产品奖；签证拒签保险、“宠物险”系列产品荣获最佳财产保险产品奖，育肥猪价格指数保险荣获最佳农村保险产品奖。此次平安产险获奖的 5 款产品覆盖了出行、旅游、账户资金安全、宠物、农业等多个领域

续表

时间	创新产品
2014 年 11 月	平安银行旗下创新网络银行子品牌——橙子银行正式上市
2014 年 12 月	平安集团旗下网络综合资产账户管理工具——一账通移动端正式上线。这也是国内金融机构推出的首个一站式移动金融服务平台
2014 年 12 月	平安信托推出平安财富宝 APP。是国内首个面向高净值、富裕和青年精英人群所打造的高端互联网金融品牌
2015 年 1 月	中国平安旗下的个人创新金融 APP 壹钱包 3.1 版全新上线。该版本新增独家发售创新的航空保障和航延保障
2015 年 1 月	平安产险商业车险电子保单系统获北京市保监局验收通过。同日，平安产险在北京签发国内首张商业车险电子保单，电子保单的推出不仅更大程度节省保险公司运营成本。还让客户真正体验到足不出户即可享受保险购买、保单查询下载、自助批改及自助理赔等一站式服务
2015 年 1 月	平安集团创新推出免费 WiFi APP——平安 WiFi
2015 年 6 月	平安银行联合深圳光启推出全新的移动支付技术——光子支付。通过光子支付，用户可在无卡、无网络的情况下进行无额度限制的安全支付
2015 年 6 月	北京产险业内首创险种“完片保险”首单实现破冰，成功签约承保中央新影集团旗下 3D IMAX 纪录电影《长城记》，保额超 2000 万元，迈出为电影制作领域提供完善金融保障的重要一步
2015 年 6 月	平安养老险也推出了首款完全通过移动互联网销售的个人癌症医疗保险产品
2015 年 7 月	中国平安旗下专业公司首单可挂牌转让的企业资产证券化产品在深交所举办挂牌仪式后正式挂牌交易。开创了平安集团在标准企业资产证券化领域的先河

服务创新

时间	服务创新
2001 年 9 月	中国平安保险股份有限公司正式开通国内寿险业首条全国统一的客户服务专线 95511，并实施 24 小时、365 天的“全年全天候无间断”的即时服务
2004 年 5 月	中国平安国内首家推出了保险公司用自己的网站（WWW. PA18. COM）支付续期保费这一服务项目
2004 年 8 月	中国平安产险第一届客户服务节在全国隆重开幕。中国平安率先在寿险市场引入客户服务节，引领了客户服务的潮流
2005 年 8 月	中国平安人寿股份有限公司与中国移动通信有限公司联合推出“手机短信投保”业务。只要通过发送短信，就可以轻松投保
2007 年 6 月	平安产险在行业内首推全国标准的 VIP 服务，在优化理赔服务之外，还精心为客户提供多项特色增值服务

续表

时间	服务创新
2008 年 6 月	中国平安在深沪两地推出平安万里通客户忠诚度积分计划，成为国内首家由综合金融集团主导推出的通积通兑的客户忠诚度积分计划
2008 年 12 月	平安产险将根据系统内被保险人提供的驾驶证、行驶证相关信息，为年审到期客户发送短信提醒。这是继电话车牌批改服务之后，平安产险推出的又一创新服务内容
2009 年 3 月	中国平安隆重推出产险、寿险、银行的 3 项客户服务承诺
2009 年 9 月	平安产险在全国范围内首次推出产险代办年审、违章服务
2010 年 2 月	中国平安在北京举行“承诺升级”新闻发布会，宣布平安车险万元以下案件理赔结案时效将从 3 天大幅缩短至 1 天，平安寿险全面推出“保单 E 服务”
2010 年 6 月	中国平安再次升级官方手机网站，正式推出手机购买保险服务
2010 年 10 月	平安人寿正式在全国 46 家机构推广电子保单业务，成为国内首家对传统业务员销售渠道的客户提供电子保单服务的保险企业
2011 年	平安产险创新服务模式，客户满意度达 94%：3 月 1 日，平安车险提升服务，推出“万元以下 1 天赔付”和为 VIP、新渠道客户提供免费道路救援的新承诺；并于 9 月 5 日，面向所有客户提供免费道路救援，推出覆盖全国的“一袋式理赔”，率先实现“快、易、免”3 项全能服务。截至 11 月，产险万元以下服务承诺达成率为 99.94%；享受“一袋式理赔”服务的客户达 32 万人次；2011 三季度综合满意度为 94%，理赔满意度为 91%
2012 年 4 月	在金融业内首次推出“简单”金融生活概念的中国平安，在北京举办“专业，让生活更简单”新闻发布会，宣布旗下车险“快易免”服务再次重磅升级
2012 年 6 月	平安车险推出了目前车险业内唯一的“一个号码，既是电话也是网址”的车险整合直销平台
2012 年 7 月	由平安数科开发的“团体客户网上自助理赔”顺利上线，并在平安养老险杭州、深圳分公司等机构进入试点阶段
2012 年 7 月	平安产险第九届客服节在北京开幕。开幕式上，平安产险推出“快易免”服务方程式，旨在为客户提供“一站式”便捷服务，这是业内首个将投保、查勘、理赔等全流程融为一体的创新服务理念，引领中国保险业服务新风尚
2013 年 4 月	中国平安召开“心服务，快体验”快易免服务升级发布会。平安产险连续第五年引领同业升级服务承诺，在业内首次推出包括赔款即时到账、零查勘简易理赔、微信实时查询理赔进度、APP 客户自助免费救援等 4 项创新服务，这些创新举措被外界称为“极限升级”
2013 年 5 月	平安养老险将推出面向企业客户的“团体保险 1357 服务时效标准”，旨在为客户提供“专业、领先、便捷、高效”的消费体验。据了解，这是养老险首次对团体保险的服务时效标准进行严格清晰的界定

续表

时间	服务创新
2013 年 9 月	平安人寿续期二维码交费系统上线，客户可以使用该方式交纳续期保费。交费后即可收到费用成功缴纳的短信通知。平安人寿是业内首家将二维码扫描引进续费手段的保险公司
2014 年 1 月	平安首推最方便航班延误在线理赔服务
2014 年 7 月	平安产险践行低碳理念，优化整合车险理赔，推出了“一纸化”理赔，客户只需填写一张单证即可完成理赔。该举措在为客户提供理赔方便的同时，为社会每年节省下约 250 万张纸
2014 年 12 月	平安人寿推出“医疗电子信息交互理赔金直结”试点服务，符合条件的客户只需在住院时提交理赔申请，便可尊享在出院日即时收到理赔款项的理赔金直结服务。该服务改变了事后理赔的传统模式，大大简化了住院客户的理赔流程，避免了客户出院排队交费、后续理赔金申请的烦琐手续
2015 年 1 月	平安人寿在业内首次推出柜面客户预约服务
2015 年 2 月	平安人寿提升客户服务体验，联合滴滴打车推出“享柜面预约服务”
2015 年 6 月	平安人寿“新智享”门店在深圳开业，“新智享”门店采用了全球领先的金融门店设计理念，由苹果体验店设计团队一手打造，以 E 服务、健康服务、综合金融理财、业务办理 4 大服务区域为主体，为用户提供专属“智享”服务；凭借无声叫号、三免服务、预约服务 3 项业内创新举措，打造至佳客户体验
2015 年 7 月	平安产险在全球车险领域内首推“电话直赔”服务，为客户提供“呵护无限”的极致体验。据悉，符合适用条件的客户可通过一个电话完成理赔全过程，截至目前电话直赔平均时效为 0. 39 天，最快完成理赔的案件时效仅为 7 分钟
2015 年 8 月	平安养老险发布了行业内首个 B2B2C 互联网服务平台——平安“好福利”APP。此举标志着公司 B2B2C 战略进一步推进，逐步实现由团体客户经营向团体和个人客户全面经营的战略转型，客户服务能力得到大幅提升

营销创新

时间	营销创新
1996 年 3 月	中国第一家推行人寿营销的保险公司
2000 年 6 月	中国保险业与银行业首次联合发行的 VISA 卡——广发平安联名 VISA 卡正式在广州面世
2002 年 9 月	平安首次采用网上路演的方式进行新产品发布“自助保险卡”产品
2003 年 9 月	中国平安产险与科特勒营销集团达成合作协议，全面引进科特勒营销策略，对当前平安产险的销售体制进行深化改革

续表

时间	营销创新
2004 年 3 月	平安航意险及其替代产品网络销售系统亮相，成为同业中最早实现网络销售航意险的公司
2006 年 1 月	中国平安与中国建设银行在国内首推保险理财顾问合作模式，平安首批专业的保险理财顾问陆续进驻深圳建行网点，开创了中国银保市场的新时代
2012 年 6 月	平安车险推出了目前车险业内唯一的“一个号码，既是电话也是网址”的车险整合直销平台
2012 年 10 月	平安电销渠道业务提升 30 倍，喜迎 5 周年华诞：平安电销成立 5 周年。成立 5 年来，平安电话车险建立了覆盖全国的服务网络，电话坐席队伍规模保持成倍的年均增长，保费提升 30 倍，已成为平安产险的重要渠道；平安寿险电销已连续 3 年稳居市场第一，市场份额超 30%。平安电话车险目前是车险业内唯一的车险整合直销平台，客户通过电话网络渠道，仅需几分钟即可获得车险报价并完成投保
2013 年	中国平安持续贯彻“专业，让生活更简单”的品牌理念，积极致力于改善客户体验。1 月 9 日，中国平安在北京召开主题为“服务领先科技金融”新闻发布会，连续第四年宣布服务升级，平安人寿升级三大服务举措，开通手机 WAP、微信、移动柜面、95511 服务热线等多渠道服务。平安产险业内首家推出赔款即时到账、零查勘简易理赔等创新服务。平安养老险、平安银行、平安证券等也大力推动 E 化服务平台建设
2014 年 5 月	平安产险官方微信“微门店”面向广大车主推出“低碳游侠，巾囊妙集”客户互动活动。作为官方微信的升级版，这一创新平台在保留了“平安产险”官方微信自助服务的同时，融入产品购买、特色活动等诸多内容。车主们只需动动手指即可开展保险购买、保单管理、自助理赔。据统计，截至 4 月 17 日，已有超过 33 万人次访问平安产险微门店并绑定验证，近万人次通过这一平台购买保险产品，超过 19 万人次享受微门店提供的自助服务
2014 年 5 月	备受业界关注的平安好房网（pinganfang. com）正式上线，上线之际立即推出“520 低价购房节”活动，以秒杀的形式抢购低价房。这种具有浓厚互联网电商色彩的营销活动，正体现出平安好房打造房产界“纯电商”的目标
2014 年 6 月	平安直通贷款服务在业内率先推出网上直通贷款服务，客户只需登录平安直通贷款服务网站或关注“平安直通贷款服务”官方微信，即可按照提示一步步完成网上贷款咨询、申请、材料递交、初审的流程
2014 年 11 月	平安集团旗下的“平安金融旗舰店”上线。平安金融旗舰店以“专业、全面、便捷、安全”为理念，植根于平安集团官网，集服务、商品导购于一体的综合性互联网财富管理平台，提供保险、银行、信托、贷款等金融产品，以及基金、证券等金融业务

续表

时间	营销创新
2014 年 12 月	平安集团面向全体网民推出“金融交易狂欢节”——“财神节”，传统金融及互联网金融主力产品将陆续上线限时发售返利。这是金融业首个囊括保险、银行、投资等产品于一体的赚钱节。“财神节”18 款主力产品的总销量突破百亿，达到 114.32 亿元。其中，首日推出的高收益爆款产品“一账通 1 号”限额 2 亿元，开放销售不到 1 天时间，已经被疯抢 1.1 亿元。截至 2015 年 1 月 9 日 24 时，“财神节”正式落幕，总成交达到 2097.75 亿元
2015 年 2 月	陆金所与腾讯微信联手，在中央电视台春节联欢晚会的直播期间向全国人民派发新春红包。陆金所的品牌形象直达数亿春晚观众，进一步强化了自身在互联网金融投融资领域第一品牌的形象，为相关业务拓展更大的市场创造了良好环境
2015 年 3 月	平安人寿推出了“平安绿行家”生态圈项目，运用 O2O 模式，在客户活动中，融入“亲子生态圈”理念，围绕客户“医、食、住、行、玩”的生活需求，结合平安人寿 APP 中的保单服务、增值关怀、健康服务、金融产品等内容以及客户亲子健康需求，创新客户互动模式和内容，打造全方位的客户体验
2015 年 3 月	3 月 8 日，中国平安“女神节”上线，由平安集团牵头，旗下寿险、产险、银行、养老险、信托、陆金所等 25 个业务条线参与，基于消费者“医、食、住、行、玩”的需求，推出了 21 款限时限量金融抢购产品；从生活切入，力图为能消费、会理财的 70、80、90 后人群打造一个“会花更会赚，人人都能来”的互联网节庆，实现全口径销售业绩 983 亿元，获客 282 万人
2015 年 5 月	5 月 18—24 日，平安集团携手旗下寿险、产险、养老险、健康险四大保险公司推出首个互联网保险节——“518 抱抱节”，23 款明星产品限时发售返利。“518 抱抱节——爱我就保我”是业内首个主要关注 80 后的大型互联网保险营销活动，提倡保险的“爱和责任”，打造有温度的保险，满足年轻用户保险需求。这也是继“财神节”“女神节”后，中国平安推出的又一金融交易狂欢节。该活动上线 22 款明星保险产品，录得 55 亿销售业绩，获“抱抱节”主力消费人群 80 后热捧
2015 年 7 月	平安集团旗下的平安金融旗舰店推出《煎饼侠》大电影主题互联网金融营销活动。本次是平安好戏继《匆匆那年》《何以笙箫默》大电影主题活动后的又一次成功的“娱乐 + 金融”联合营销
2015 年 7 月	平安人寿推出“新生活运动”，在云南昆明，平安人寿董事长兼 CEO 丁当带领由全国各地平安人组成的平安跑团，通过马拉松这种运动方式，结合平安人寿“E 服务”APP，以“平安有约健康行”活动，推动公众积极参与健身运动，培养健康习惯，并在“好医生”“旺财账户”（综合金融产品）、“生活货架”（囊括食住行玩）等功能与公众实现高频互动，帮助大众管理健康、管理财富、管理生活

续表

时间	营销创新
2015 年 7 月	平安壹钱包 APP 与优步（Uber）联手推出“一键呼叫一个亿”的活动。用户在优步上叫来运钞车，乘车过程中，在壹钱包上领取 1 个亿，实现“一键呼叫一个亿”，并获得 1 万元左右的理财收益。这 1 亿元是壹钱包赠送的理财体验金，壹钱包的账户对接货币基金，按照 7 月 9 日的当日收益，用户将取得 1 万元左右的理财收益

管理创新

时间	管理创新
1994 年 6 月	中国平安保险公司在全国同行业中先行一步，大胆引进了国际通行的核保核赔制度。“两核”制度的实行，使公司的行政系列与业务系列逐步分离，形成了行政与业务相互联系、相互制约的管理体系
1996 年 3 月	中国第一家聘用国际会计师事务所的保险公司
1997 年 5 月	中国平安保险公司聘请著名的全球性高层管理咨询公司——麦肯锡公司，合作的项目包括：发展平安寿险成为国际一流的寿险公司、加强投资管理功能以追求快速增长以及全面提升平安集团人力资源管理效能 3 个方面
1999 年 9 月	平安个人寿险行销支援系统（简称“电脑建议书系统”），并在全系统推广。使业务员真正实现“一分钟完成保险计划书”的梦想。据悉，此套个人寿险行销支援系统在国内寿险公司尚属首家
2002 年 10 月	中国平安保险股份有限公司与麦肯锡强强联手，正式启动优秀工程项目。希望通过优秀工程的综合诊断找出问题点，为平安寿险业务今后 3～5 年的发展制定战略，并在短期内提高销售队伍的体质与产能，加强产品开发能力，提升客户的满意度，建立平安寿险长期竞争优势。整个项目的实施约需 3 年时间
2003 年 7 月	中国平安开发的“平安 e 办公系统”正式在集团总公司及平安产险、平安人寿和平安信托总部上线使用。整合了公司资源，提高了工作效率，实现了“无纸化”办公
2004 年 8 月	平安人寿行销支援系统（http：//sales. pa18. com）登台亮相
2004 年 11 月	平安人寿行销支援管理系统正式投入使用
2004 年 12 月	中国平安保险集团启动了公司成立以来最宏大的工程项目——奥林匹克工程，遵循奥林匹克“团结、振奋、拼搏”的精神，力争在 2008 年实现集团各大系统的整合调整，区分企业客户和个人客户，在统一平台上为所有客户提供综合金融服务的经营模式，使客户真正享受到在一个公司、一个文化、一个品牌和一个系统下的多种金融服务，把平安建设成为国际领先的以保险业为核心的综合金融服务集团、持续稳定地创造健康的利润增长和回报

续表

时间	管理创新
2006 年 6 月	中国平安集团全国后援管理中心项目正式投入使用，首批员工落户张江。张江后援管理中心是中国平安顺应全球金融业先进的后台建设潮流而创建的，经过 5 年的紧张筹备与建设，一个以客户为中心、一站式、标准化的服务平台已初具规模，作为支持集团实现“领先”战略目标的基础平台，张江后援管理中心依照国际先进标准规划和配置，可以实现服务标准化、客户资源共享、后台运作统一标准，有效降低成本、控制风险，是对金融企业业务流程的重大变革，对提升集团核心竞争力具有重大意义
2010 年 1 月	“平安 TV” 全国开播，全国 10 多个专业公司总部、160 多个机构、470 多个播放点的 4 万余名平安人共同聆听了集团董事长兼 CEO 马明哲通过 “平安 TV” 致以的新年问候。至此，电视晨会在产、寿、养二级机构正式全面开播，中国平安晨会文化形式、内容再次创新发展
2010 年 1 月	平安寿险面向广大外勤的销售、管理、服务一站式电子商务平台——“E 行销系统” 升级版正式亮相
2011 年 7 月	平安人寿新科技 MIT 移动展业服务提升客户体验：7 月，平安寿险推出 MIT（移动展业模式）二代，成功搭建一站式移动展业平台，将保单承保时间由 5 天缩减至 0.5 小时，纸张消耗由 40 张降低至 4 张，在国内乃至国际保险领域均处于领先地位，可为客户提供便捷的保费支付渠道和全面的综合金融服务。MIT 自实施一年以来，以其流程简便、时效快捷、低碳环保等优势，受到越来越多客户和保险代理人的青睐。目前，MIT 用户数已增至 40 万人，客户近 300 万人，寿险 90% 的新契约来自该模式，年节约纸张 82.7 吨
2012 年 12 月	平安力推运营低碳，成就“绿色金融”典范：平安人寿电子函件订阅用户突破 1000 万人，成为业内首家电子函件用户破千万人的保险企业，节约运营成本近亿元。本年 MIT 移动无纸化展业、信用卡电子账单等低碳环保项目的推动，为公司节约纸张达千吨

新业务创新

时间	新业务创新
2000 年 8 月	平安电子商务 PA18 网站在国内开设的首家“金融理财服务中心”——“新概念个人理财服务中心”在上海淮海中路力宝广场正式启用
2005 年 6 月	平安资产管理有限责任公司通过验收正式营业，并首家获准进行境外投资，成为国内资本市场最大的机构投资者之一
2005 年 12 月	平安信托旗下深圳市信安投资咨询有限公司正式开业，作为一家专业从事个人消费贷款中介代理服务的企业，其成立标志着平安在个人信贷市场有所突破

续表

时间	新业务创新
2009 年 8 月	平安一账通隆重上市：8 月 19 日，平安一账通由刘谦代言，正式上市推广，3 个月内注册用户迅速突破 300 万人。平安一账通可以实现一个账户、一套密码、一次登录、整合不同的网上账户，让客户轻松管理各类账户，实时查阅多家网上金融产品账户和生活账户的信息。平安一账通的推出是平安电子商务平台的第一步，为广大客户的投资理财和全方位账户管理带来极大的方便，使客户更加真切地体会平安的“一个客户，一个账户，多个产品，一站式服务”
2012 年	平安以科技驱动金融创新，积极推动创新业务模式探索：2012 年，集团将“科技创新”作为平安未来重要的发展动力之一，积极探索多项基于新科技平台的创新金融业务。3 月，上海陆家嘴国际金融资产交易市场（陆金所）推出首个个人创新投融资服务——“稳盈－安 e 贷”，市场反应踊跃。7 月，集团成立平安创新投资基金。此外，融资租赁、支付等创新业务相继启动，将成为集团未来新的增长引擎
2013 年 3 月	中国平安正式成立“平安好车”电子商务平台，域名为 www. pahaoche. com，公司名称为上海平安汽车电子商务有限公司。新公司作为平安集团旗下专业子公司，是集团“财务、汽车、医疗健康”三大门户战略中的重要一环，旨在通过金融产品整合二手车市场，为交易双方提供一个质量保证、手续便捷、车源丰富的线上、线下交易平台
2013 年 11 月	由阿里巴巴、中国平安和腾讯等联手设立的中国首家网络保险公司“众安在线财产保险有限公司”正式开业
2013 年	中国平安全面布局互联网金融业务：中国平安围绕用户的“医、食、住、行、玩”生活圈，全面布局互联网金融业务，推动落实门户战略。陆家嘴金融资产交所市场制定了清晰的发展战略，业务模式逐步成熟。以打造开放的通用积分平台为使命的平安万里通注册用户量已达 4500 万人。平安好车网正式营业。面向平安员工全方位办公需求的移动智能办公平台“天下通”正式亮相。本年，平安通过收购启动支付业务，致力于建成以小额电子银行为核心模式的移动互联金融服务平台
2014 年 3 月	中国平安互联网金融战略实施取得重大进展：3 月，按照既定的互联网金融发展战略，平安集团以“高起点、高标准、高门槛”的要求，积极推动互联网金融创新业务的发展，围绕社会大众的“医、食、住、行、玩”消费需求场景，注重用户体验，从“管理财富、管理健康、管理生活”3 个维度切入，搭建互联网金融平台，初步形成了“四个市场、两朵云、一扇门”的完整战略体系，资产交易市场的“陆金所”、积分交易市场的“万里通”、房地产交易市场的“平安好房”、汽车交易市场的“平安好车”等互联网 O2O 生态平台快速起步，并在各垂直领域深度延伸发展，为超过 1 亿的互联网用户提供了丰富而有品质的个人金融生活服务，受到市场的广泛关注和用户的好评
2014 年 5 月	备受业界关注的平安好房网（pinganfang. com）正式上线，揭开了它作为平安集团“医、食、住、行、玩”五大门户重要组成部分的真实面目

续表

时间	新业务创新
2014 年	平安万里通跃居中国第一大积分平台：8 月，平安万里通成立国内首家积分联盟，联合各家有意愿提升客户积分使用体验的企业，打造客户体验最好的通用积分平台。截至 2014 年底，万里通注册用户数超过 7000 万人，线上、线下联盟企业超过 50 万家，积分交易规模近 50 亿，已成为中国第一大开放式积分平台
2015 年	3 月，中国平安宣布，旗下多个相关业务，集合了平安直通贷款业务、陆金所辖下的 P2P 小额信用贷款以及平安信用保证保险事业部 3 个模块的业务管理团队，整合成一个统一的“平安普惠金融”业务集群，打通天、地、网资源，集合各业务线前、中、后台优势，大力发展“普惠金融”，以更好地服务小微企业和个人消费金融需求，助力中国实体经济发展。7 月 22 日，“普惠金融”业务集群完成公司组织架构与业务模式的整合。以业务规模计，平安普惠是目前中国最大的消费金融公司，并将致力打造国际领先的消费金融公司。此次整合，有机结合了陆金所 P2P 业务平台、平安直通的线上能力和平安信保强大的线下能力，客户无论在何时何地，不论短期融资还是长期融资，不论线上还是线下，不论贷款还是投资，都能够享受到简单快捷的金融服务
2015 年	4 月 21 日，中国平安旗下首款互联网健康管理产品“平安好医生”上线。该创新产品定位于用户随身的“移动医生”，以医生资源为核心，提供实时咨询和健康管理服务。“一对一在线专属家庭医生服务”等服务模块的内容，有效缓解“看病难”“挂号难”“预约难”和“与医生交流时间短”等医疗健康难题，为用户打造便捷、高效、优质的全新健康管理 O2O 体验。截至 7 月，“平安好医生”已经突破 1000 万人注册用户量，年底有望成为国内最大的在线健康咨询平台；而由“平安好医生”全职聘请的专业医生团队已经超过 600 人，在上海、广州、合肥三地全天 24 小时在线接受全国用户的咨询，日均咨询量达到 5 万次，相当于 3 ~ 5 个一线城市地区级三甲医院门诊量的总和
2015 年 6 月	中国平安旗下“平安财富宝”推出仅半年来，通过平台达成的交易规模约 350 亿元。截至 6 月中旬，交易客户中在线申请过 100 万元以上产品的客户高达数千人。持有资产客户的户均资产近 15 万元，该数字稳居国内互联网金融平台之首

组织能力创新

时间	组织能力创新
1997 年 8 月	中国平安保险公司'97 首期高级管理干部培训班在东莞开训，培训内容包括平安理念、领导体制、决策原则、企业文化及礼仪、会计国际化、稽核监督等，中国人民银行深圳分行领导亦应邀为全体学员介绍了当前国际、国内金融形势
1997 年 8 月	中国平安保险公司平安证券开始全面拉开改革序幕，改革重组主要以人本管理为核心，以贯彻竞争、激励、淘汰三大机制为纲，力争到 2000 年综合实力进入全国前五名。中国平安保险公司 1998 年计划制订联席会议召开，确立了以效益为中心制订计划，开展 1998 年各项工作的指导思想

续表

时间	组织能力创新
1998年9月	为期一周的'98中国平安保险公司高级管理干部培训班在深圳大鹏湾正式开训，马明哲、孙建一、胡杰、王利平等总公司领导亲执教鞭，上台宣讲
1999年1月	中国平安保险股份有限公司综合部门人员发展计划课堂培训拉开序幕。课堂培训是平安总公司人员发展计划的重要组成部分，它能充分利用公司现有的各种培训资源和手段，提高员工的知识水平、综合素质和工作技能。根据员工的培训要求，平安总公司组织人事部培训中心组织安排了70门课堂培训课程，内容包括保险理论、核保核赔、信托理论、金融法规、证券经纪以及各种管理技能等，还为部分员工安排了25门自学培训课程。计划在1999年内全部完成
1999年2月	中国平安保险股份有限公司高级干部述职考评会在总公司举行。这次的考核办法比往年有很大改进，考核维度由过去的两维（绩效考核+综合素质考核）改为三维考核，即“KPI指标+主要工作+综合素质考核”。同时考核结果与本年度奖金和下年度工资挂钩
1999年6月	中国平安保险股份有限公司全系统骨干讲师培训班在杭州举行。此次培训的课程设置紧扣公司人员发展计划，结合机构内勤员工培训需求，设计出自我管理和自我成长系列课程，主要包括：培训管理、创造性思维、时间管理、持续提升工作效率、演讲与口才、成功人士修炼、团队管理和情绪管理等8门课程。培训改变了以往单一授课的传统模式，学员听完课后，即行上台试讲
1999年9月至10月	中国平安保险股份有限公司寿险推出全面费用预算制度，将营业费用分为业务维持成本、业务管理成本和业务取得成本分别进行预算编制、执行和考核。同时对所有甲A、甲B机构2000年的工作计划和费用预算进行了当面审议。公司费用管控模式由费用控制率改变为全面费用预算制，将为控制成本支出、合理配置资源、创造最大财务价值发挥重要作用
1999年10月	中国平安保险股份有限公司薪酬体系改革拉开序幕。新的薪酬制度方案将充分体现公司价值最大化的原则，充分体现薪酬的激励作用。具体来说，新的薪酬体系将会实现行业不同（产、寿、证、投），岗位不同，贡献不同，地区不同和机构级别不同，其薪酬结构与水平也将不同，在贡献和绩效上拉开差距，同时缩小单纯地区差别
1999年10月	中国平安保险股份有限公司举办首期二级机构人力资源经理资格认证培训班。此次资格认证不仅要使人力资源经理的素质有很大的提高，更重要的是通过有关任职承诺书的签订，使人力资源经理队伍得到稳定，进一步巩固专业化建设的成果
1999年11月	中国平安保险股份有限公司举办'99高级管理干部第一期培训班。马明哲董事长作了题为《价值最大化是平安检验经营活动中一切工作的唯一标准》的重要报告。报告以价值最大化为导向，使平安企业文化建设进入升华阶段。为确保新经营文化理念的落实，平安成立了以马明哲董事长为组长的企业文化推广领导小组和以孙建一常务副总经理为组长的执行监督小组

续表

时间	组织能力创新
1999 年 12 月	中国平安保险股份有限公司召开平安新价值管理文化电视宣导启动会。孙建一常务副总经理在会上强调，2000 年将是平安企业文化推广年，全力宣导，层层普及，完整理解，自觉运用新价值管理文化，实现推广所要达成的目标，是 2000 年平安的一项中心工作
1999 年 12 月	12 月，中国平安保险股份有限公司正式修订出台实施《个人寿险业务员基本管理办法（2000 版）》。新《基本法》加大了保单的续期佣金收益，提高了人力发展的诱因和主管的管理利益，将成为中国大陆最具竞争力的个人寿险业务员管理办法
2000 年 8 月	中国平安保险股份有限公司启动全面预算管理体系。按照推广计划，2000 年是平安“全面预算管理体系”的基础建立年，将建立完善的组织架构，制订实施细则，宣导全面预算管理理念，推行和编制 2001 年预算等；到 2001 年，体系将基本形成；到 2002 年，整个体系成熟，力争基本达到国际同业先进水平
2000 年 11 月	中国平安保险股份有限公司总部 2001 年院校招聘小组分赴东北、华北、西南、华中、华东、西北等地区，开始实施全国范围的“网罗人才”行动。在本次全国院校招聘活动中，平安共举办说明会 18 场，参会大学生共计 13000 余人，接收学生简历 10000 余份，安排笔试 5000 人次、面试 2000 人次。本次招聘将为平安着重引进精算、电脑、各级管理岗位、组训、讲师等专业人才
2001 年 1 月	历时一年多开发设计的平安产险分险种核算体系，在中国平安保险股份有限公司全系统全面启用。该体系是将不同险种的保费收入、对应的成本分摊进利润独立核算的财务管理体系，在业内尚属首创
2001 年 3 月	中国平安保险股份有限公司马明哲董事长走进了 PA18 嘉宾在线，倾听前线的声音，与全国的业务同人进行网络在线沟通，开创了保险公司一线业务员与公司高层领导通过网络沟通的先河
2001 年 9 月	中国平安保险股份有限公司总精算师斯蒂芬·迈尔荣膺 2001 年度国家“友谊奖”，这是金融保险业首次有外籍专家获得此项国家荣誉
2002 年 6 月	由国际著名的寿险营销和研究协会（LIMRA）与平安合作开发的礼贤业务员甄选系统（LASS 系统）在平安启动。平安不仅成为国内启用该系统第一家，也成为全球第一家通过互联网进行业务员甄选的保险公司，标志着平安寿险由人海战术、粗放经营向精英化、专业化经营转变
2002 年 6 月	中国平安保险股份有限公司寿险龙腾管理部成立，标志着平安龙腾计划进入了一个新的历史阶段。截至 2002 年 10 月，平安共引进龙腾主管十批 421 人，开创了中国大陆寿险市场引进国际化人才，充实营销一线的先河

续表

时间	组织能力创新
2002 年 10 月	中国平安保险股份有限公司召开平安薪酬改革项目暨薪酬福利系统推广启动电视电话会议。此次薪酬体系的改革是结合平安 5 ~ 10 年战略发展目标，与国际知名人力资源顾问公司密切配合，在全系统范围内推行的，力求建立以市场为导向、以绩效为导向、系统内整合规范的薪酬体系，在保持平安特色的同时，与国际接轨，从而达到吸引人才、激励人才、留住人才、发展人才的目的。预计此次薪酬体系改革将于 2003 年 1 月 30 日完成所有培训等各项准备工作，并于 2003 年 4 月 1 日正式运行
2003 年 2 月	中国平安将执行力确定为公司的核心竞争力，开始大力推行执行文化，这是自平安新价值管理文化以后平安企业文化的又一次重大发展。公司上下在“品质优先、利润导向、遵纪守法、重在执行”的经营方针指引下，以利润为导向，狠抓业务品质，严格推行“法规 +1”，使公司执行力显著提升，业务品质明显改善，各项业务稳健增
2003 年 12 月	旨在创造市场差异、提升盈利能力、响应营销转型的中国平安人寿省级资金集中收支启动大会在杭州举行。本次推广的资金集中收支项目是一个标准化流程改造工作，通过标准化的流程可以提高公司的管理水平和绩效
2004 年 1 月	原保诚人寿 CEO、保诚集团大中华区执行总裁梁家驹出任中国平安人寿保险公司董事长兼 CEO，这是首位大陆以外人士出任中资保险公司的掌门人。随后，海外人士童恺出任平安信托董事长，与此同时，平安银行、平安养老保险公司相继引入海外高级管理人才，平安的管理团队进一步国际化
2004 年 4 月	中国平安相继出台集团职级划分方案、《薪资管理制度》（修订版）。通过国际标准的职级划分，每个平安员工都能够看清自己的定位，进而看到自己职业成长的阶梯。薪酬优化，则是要凸显岗位责任、贡献、业绩导向，使个人收入与公司业绩紧密挂钩，加大了公司“竞争、激励、淘汰”三大机制的执行力度
2004 年 9 月	平安人寿实物资产管理系统投入试点运行。平安人寿资产管理系统引用了条码管理机制，通过新增、分发、调拨、回收、报废、查询、盘点、维护等几大功能模块对资产做完整详细的追踪记录
2005 年 2 月	平安人寿正式推出全国通缴业务，成为国内首家为客户提供跨地域交费服务的保险公司
2005 年 4 月	在中国平安集团总部执行官中推行了 3 年的以“绩效为导向”的“主管问责制”，开始全面向平安所有机构班子成员推行，主管问责体系进一步强化完善。“主管问责制”，是围绕主要管理人员的 3 年任期目标，从干部选拔到行动计划制订及实施，到绩效问责、结果应用展开循环管理，通过责权利的统一，长短期效益的结合，从制度设计上进一步强化了平安的执行文化，以推动公司业务高效、有序地进行
2005 年 11 月	平安产险率先实现财务费用集中。营业费用集中初步实现了控制风险、标准化作业、提高会计信息质量等目的，使公司的财务管理在与国际先进水平接轨方面迈出了重要一步

续表

时间	组织能力创新
2006 年 11 月	中国平安集团推出“平安年度杰出经理人”奖项，在 2006 年度表现优秀、创造价值的 10 位杰出职业经理人，将登上 2007 年集团全国工作会议的颁奖台，接受公司的隆重表彰。“杰出经理人”奖项的设置旨在配合公司“挑战新高”的企业目标，对有杰出贡献与大幅超越目标的杰出经理人给予最高荣耀和最具价值的激励，借获奖者的先进事迹，树立标杆和榜样，感染、激发全体管理干部相互学习、争创领先、共同进步、挑战新高
2008 年 3 月	由业内最大规模的专业机构——平安养老险操刀的“平安员工企业年金计划”正式启动。新的年金计划将为平安员工提供更加有力、更加灵活的养老保障，截至每年 1 月 1 日，凡与公司订立正式劳动合同、司龄满一年的内、外勤员工，在平安参加基本养老保险并履行缴费义务的，均可参加本计划。该计划由“基础缴费”和“绩效奖励缴费”两部分组成，兼具公平性、激励性、灵活性、便利性的特点
2008 年	平安集团组织架构与运作模式优化完善：2008 年，为推进集团综合金融战略，实现组织架构与运作模式的优化与完善，进一步推动后援集中项目，确立“一个客户，一个账户，多个产品，一站式服务”体系，中国平安按照最高公司治理准则的要求，对事业部实行公司化、市场化运作，成立了平安科技（深圳）有限公司、平安数据科技（深圳）有限公司、深圳平安渠道发展咨询服务有限公司、深圳平安财富通咨询有限公司等多家子公司
2009 年 3 月	凭借业内领先的多元化渠道平台，平安寿险在全国范围内正式推行收付费“零现金”服务，成为最早在该行业推行此项服务的保险公司之一
2011 年 4 月	在中国平安 2011 明星会上，马明哲做了题为《万佛朝宗》的讲话。报告以灵山得名的来历为切入，阐释了文化软实力对国家、公司和个人的重要性；介绍了公司 2011 年启动的新项目工程——“万佛朝宗”计划，即充分利用最先进的现代科技，打通天地线，按照个人客户、团体客户两大类，完成前台、中台、后台的大集中，实现“一个客户、一个账户、多个产品、一站式服务”
2011 年 5 月	中国平安集团宣布，将聘请美国人计葵生（Gregory D. Gibb）出任集团首席创新执行官，兼任平安财富通公司董事长兼 CEO
2011 年 5 月	平安 EAP 计划助推员工关怀：5 月 27 日，在 23 周年司庆特别晨会上，中国平安集团推出“员工生日弹性考勤”，将员工关怀落到实处。本年，集团发起了员工 EAP 计划，先后推出系列关怀辅导项目。其中：“辅导热线 622111”与“辅导邮箱”通过一对一的个性辅导为员工答疑解惑 300 多例；“员工成长互动平台”全年访问量达 53 万人次；“情绪管理 4 + 1”网络和“职场情商管理”面授课程，为 5 万多人提供专业培训。并推出新版“平安健康操”及各种俱乐部和志愿者活动，营造健康、快乐、积极、和谐的氛围

续表

时间	组织能力创新
2013 年	中国平安创新人才引进和培养全面加速：2013 年，中国平安共引进 180 多名高级人才出任高层管理岗位，成为公司史上从外部引进创新型人才最多、最快的一年。这些人才大部分来自国际顶尖咨询公司和投资银行、互联网等创新行业，其中陆金所、平安付、平安银行、平安不动产等公司成为人才引进主力。同时，平安也加快对内高级创新人才的培养，内部培养选拔了 150 多名高级人才输送到各类创新业务领域，为平安互联网金融事业提供强劲动力
2014 年	平安陆金所董事长计葵生荣获国家“友谊奖”：2014 年，陆金所在互联网金融模式创新方面取得显著进展，建成了国际领先的资产交易平台、信用评级系统、风险管控体系，用户数、交易量均大幅提升，其中 P2P 业务位列全球 P2P 行业三甲、中国第一，是国内首批优秀 P2P 平台中唯一获综合评定“AAA”级最高级别的公司。为表彰陆金所的突出表现，陆金所董事长计葵生获得习近平、李克强、马凯等国家领导人的接见，并被授予 2014 年度中国政府“友谊奖”。截至目前，中国金融业仅有三位国际经理人获此殊荣，均来自平安，另外两位分别是原平安总精算师斯蒂芬·迈尔，和原平安集团首席金融执行官理查德·杰克逊

公司治理创新

时间	公司治理创新
1988 年 3 月 21 日	我国第一家股份制、地方性的保险企业——平安保险公司成立
1994 年 6 月 29 日	美国摩根投资银行和高盛有限合伙集团两大世界财团参股中国平安保险公司，中国平安保险公司成为中国第一家引进外资入股的保险公司
2002 年 10 月	汇丰集团（HSBC）认购平安 10% 的股份。这是国内金融业迄今为止金额最大的引进外资项目。作为战略投资者，汇丰集团还将在管理和技术方面与平安进一步合作
2007 年	平安招股说明书显示：早在 20 世纪 90 年代期，中国平安就曾推出员工持股计划，当时公司是深圳推行员工持股的试点单位，通过实施员工持股计划，陆续共有约 1.9 万名员工参与。其中，最后一次员工大规模持股发生在 2000 年前后。上述员工间接持有中国平安约 8.59 亿股
2007 年 11 月	中国平安投资者及媒体开放日活动在上海张江运营管理中心举行。这是平安在 H 股上市及回归 A 股后首次面向投资者和媒体举办开放日活动，旨在增强海内外投资者和公众对平安集团战略及综合金融后台先进性的了解，将一个更加开放、透明的中国平安呈现在公众面前
2014 年 10 月	中国平安宣布设立核心人员持股计划。计划拟覆盖约 1000 名核心人员，鼓励管理层及骨干员工自愿以其薪酬及业绩奖金增持公司股票。此项计划的推出，将减少管理层及核心骨干员工的当期现金收入占比，强化长期价值导向，使核心人员更紧密地与股东、公司的利益保持一致，专注于公司长期业绩的持续增长，更好地推动股东价值提升，促进可持续发展

第六章

公司组织能力：管理与文化

公司在运营层面，包括战略、创新和执行力 3 个方面所体现出来的差异，并不是与生俱来的，这种运营的差异归根结底是源自于公司由管理和文化所形成的组织能力与公司股权及治理上的差别。

优秀公司的核心竞争力，归根结底，来源于其公司管理所形成的能够持续不断“新陈代谢”、裂变成长的优秀组织能力和现代的公司股权与治理。

第一节　组织能力金字塔

什么是公司的组织能力

公司的组织能力（Organizational Capability），就是公司作为一个整体所具备的持续运营、运作的竞争能力，其最大的特点是具有不依赖于组织成员个体的可持续成长性。

（1）公司的组织能力是公司作为一个整体、团队的竞争力，这有别于公司创始人、总经理或公司的某个自然人、“超人”个体的能力。

（2）公司的组织能力不依附于组织成员的某一个体：这也是公司作为一个独立法人存在，独立于其创始人或 CEO 的原因。换言之，**还高度依赖于创始人，或者公司 CEO 把公司作为其个人“私产”来管理的公司，其实都还不具有健全、独立的组织能力，是不具有长期投资价值的**，这也可以说是公司“人治”与“法治”的区别。

（3）公司组织能力具有可持续成长性。优秀的公司可以不断自我更新、自我成长，不断自我强化其组织能力。

以下“上海家化：能否山鸡变凤凰”内容是笔者在 2016 年初，有感于上海家化在中国平安改组其管理层后，发生的一系列“恶斗”事件所写，本书只节选了有关组织能力部分。其包含了在管理、投资实战中笔者对公司组织能力的部分思考。

案例：上海家化，能否山鸡变凤凰[①]

从过去两年中国平安接手上海家化后发生的一系列“恶斗”事件来看，上海家化虽然要远好于大部分的国有企业，但在公司治理上还是带有很多国有企业的固有缺陷：直接表现为“小金库”（嫌疑），关联交易的虚假披露，以上提到的管理层的短期行为无法得到董事会的及时制衡等，本质上还是资本所有人“缺席”所造成的。

从组织能力来看，葛董事长无疑是家化的家长，这种“家长式”的企业，一般在创业或小企业阶段，如果家长能力强，会表现非常好。可是如果企业成长为上海家化目前一样的中型企业，就需要有一个能力出众的团队。再往大型企业发展，则需要的是一个健全的“组织机制”。在我看来，这也是中国很多快消品公司最大的差距：在跨国快消品公司里，无论是总裁，还是品牌、销售总监，长则 5 年，短则两三年，工作大多会做轮调，因此公司的成功发展并不依靠“超级”总裁，或“超级”品牌/销售人员。而且，品牌的成功也不仅取决于市场营销，财务、人事、供应链管理等也非常专业健全。当然，作为雇员，你就是一颗螺丝钉，位置不同而已，这也是为什么很多外企高管到最后有“早知不如到国企、民企”的感慨的原因。可是，作为股东，我希望我买的是这样的公司。有这样健全组织能力的公司，才是真正的“千里马”。

---

① 本部分内容 2016 年 3 月 19 日发布于雪球“明资道”原创专栏。

公司组织能力的构成

基于笔者的公司管理体会和投资学习，构建了以下“组织能力金字塔”，来完整描述公司组织能力的主要组成部分，如图 6-1 所示。

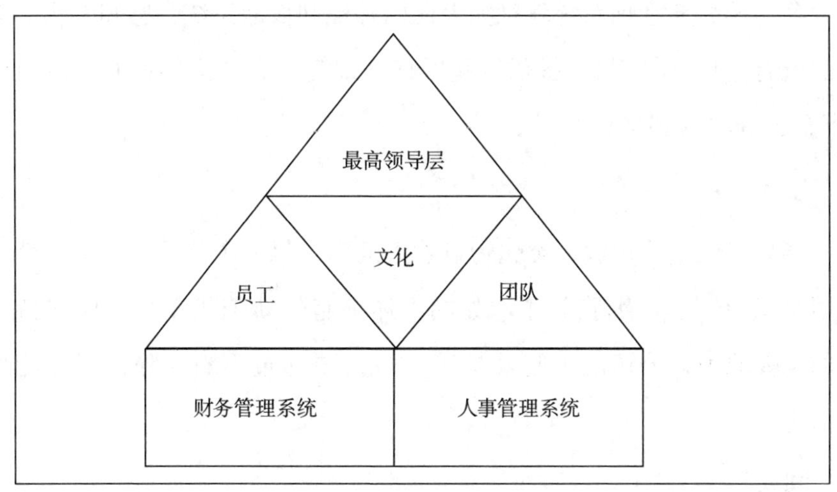

图 6-1 组织能力金字塔

人事管理系统

公司的人事管理系统一般包括以下一些主要流程和功能：

- 员工的招聘、绩效管理及辞退；
- 员工的薪酬与激励；
- 人才培训与发展；
- 企业文化发展和管理。

公司的人事管理系统就犹如人体的新陈代谢系统，其关键功能在于如何招聘人才、激励人才、培养人才以及留住人才。

财务管理系统

公司的财务管理系统一般包括以下一些主要流程和功能：

- 财务会计核算；

- 内部控制及审计；
- 战略计划、预算管理及业绩考核；
- 业务增值分析（Value Added Analysis）；
- 资金、税务及投资者关系等。

公司的财务管理系统就犹如人体的神经和血液系统，感知、沟通全身的所有器官（部门），提供这些器官（部门）正常运转所必需的血液（资金、资本）和信息。

员工

如果我们把公司法人类比为自然人的话，每一个公司员工个体就是公司组织的最小“细胞”了。如同人体细胞的新陈代谢是人体保持活力的重要原因，公司的细胞（员工）也需要通过不断新陈代谢才能保持活力。

团队

为适应公司的业务拓展要求和管理需要，公司把多个甚至很多的员工划分为不同的部门、项目、事业部、子公司等，形成“团队”，这就类似于自然人的器官。

最高领导层

而公司的最高领导层就犹如人的大脑：不仅要用眼睛看清楚前进的方向，用耳朵倾听员工、客户的需求，用嘴巴解释公司重大事宜，更要通过神经系统不断地协同各个器官（团队）的工作。

企业文化

企业文化就是公司员工共同的价值观、信念和行动准则，企业文化既是组织能力的一部分，更大程度上也是员工、团队、管理层通过公司人力资源系统和财务系统综合作用的结果。同时，企业文化又反作用于员工、团队、管理层的行为方式。

财务与人力资源管理系统的重要性

把员工、团队、管理层和企业文化作为公司的组织能力应该是比较容易理解的，但把公司的财务管理系统和人力资源管理系统作为公司的组织能力的一部分，本书应该算是首创吧。几年前，在阅读菲利普·A. 费雪的《怎样选择成长股》一书时，笔者发现其把公司的"财务技能的优势"作为选择优秀公司的一个重要标准，当时还颇为惊讶。因为一般投资者都以为公司的财务只是支持性功能，不直接创造价值。后来，读了"华为最强的是财务体系与人力资源体系"一文，深受启发：公司的财务管理系统和人力资源管理系统其实就是公司组织能力的基础，是把员工、团队、管理层有机整合起来，形成企业文化的"血液"和"新陈代谢"系统。

公司本质上就是资本与人（员工）通过管理有机整合而形成的以盈利为目的的社会组织。公司开展业务及管理的对象，不外乎是"人、财、物"。如果公司把"人、财、物"中的"人"和"财"管控好，就犹如搭好了戏台的两根台柱子，业务部门就可以在舞台上凭真本事唱大戏了，而人事、财务系统管控到位，公司就具有了很大的"可扩展性"。事实上，在越来越多的跨国公司里，人力资源和财务部都越来越独立于业务部门，很多跨国公司的财务和人力资源部门都直接向总部而不是本地市场的总经理汇报，正是这个道理。

从上一章的"中国平安创新大事记"也可以清晰地看到，中国平安在1998—2000年，大量的创新是集中在建立组织能力上，最主要的就是财务管理系统和人事管理系统，正是因为这个组织能力基础打得非常牢固，后期的业务模式创新、管理创新才可以层出不穷地展开。以下任正非关于华为财务和人力资源体系的讲述也是很好的印证。

案例：华为最强的是财务体系与人力资源体系[①]

当姚老师和我问任先生，他觉得华为成功的核心点是什么？他回答说：财务体系和人力资源体系。

任先生介绍说，华为的财务体系已经形成全球统一的会计核算与审计监控体系，并具有绝对的全球财务系统的领先优势。华为在15年前就已经做到“财务集中管理”，打破了法人实体概念，重新构建了公司的运行逻辑，使得华为在全球经济不济的当下，能够逆势上扬，获得骄人的业绩。

任先生对于财务的要求是如此界定的：财务如果不懂业务，只能提供低价值的会计服务。没有项目经营管理经验的财务人员是不可能成长为CFO的。有效监控将帮助公司各个业务环节持续改进。规范运营才是提升效率之“本”。

华为人力资源系统的强大能力是被公认的，也让很多企业领导者羡慕不已。接近20万人“力出一孔，利出一孔”，这是一种多么强大的力量。任先生曾经明确阐释过华为公司未来的胜利保障，主要是三点要素：

第一，要形成一个坚强、有力的领导集团，但是这个核心集团要听得进批评。

第二，要有严格、有序的制度和规则，这个制度和规则是进取的。什么叫规则？就是确定性，以确定性应对不确定性，用规则约束发展的边界。

第三，要拥有一个庞大的、勤劳勇敢的奋斗群体，这个群体的特征是善于学习。

---

① 资料来源：陈春花. 陈春花与任正非围炉日话：解密他的“立业”之本［EB/OL］. 2017-01-16.

而华为人力资源体系中的“分配机制”更是带来巨大“知识资本”的驱动力量。任先生认为“获取分享制”应成为公司价值分配的基本理念，敢于开展非物质表彰，导向冲锋，激发员工活力，公司就一定会持续发展。

对投资者的启示

不同于公司的运营举措会对公司的短期业绩产生直接影响，公司的组织能力对业绩的影响是间接的、渐进的：组织能力的增强或变弱都需要一两年甚至多年的时间慢慢演变。这对投资者既是机会也是风险。

（1）对于逐步建立优秀组织能力的公司而言，在公司业绩没有显著表现之前，是投资的一个良机；

（2）而对于原有优秀组织能力逐步消散的公司，因为原来“白马股”的高估值，投资者如果不能及时发觉公司组织能力的恶化，就可能带来很大的投资风险。

因此，投资者需要非常清楚优秀公司的组织能力特质，并据此密切观察、跟踪所投资上市公司的组织能力变化。

公司的人事管理系统和财务管理系统就是公司“大舞台”的两根“台柱子”，是公司组织能力的重要组成部分，但一般情况下，这两根“台柱子”是藏在公司“舞台”之下，对投资者都是“隐形”的，投资者需要具备相关的管理知识和管理经验，通过细致的信息分析才能有所了解。

第二节　健全的人事管理系统

优秀公司的人事管理系统往往有以下特征。

能够招聘到业界优秀的人才

无论是中国平安、华为、百度、阿里巴巴还是腾讯，其对优秀人才的招聘都早已经不限于国内，大批国际一流的科学家、金融创新人才不断地加入这些公司。而且，有越来越多的优秀公司借鉴知名跨国公司的做法，直接从国内外的名校招聘大批优秀毕业生，或作为干部储备的管理培训生，或成为研发工程师。

以中国平安为例，其借用“外脑”“空降兵”快速学习国际先进经验、快速发展的策略就广为业界称道。在中国平安的高层管理人员中，将近一半是“空降兵”，包括来自美国、加拿大、新加坡、巴西、韩国等的外籍人才，这些“空降兵”之前分别来自麦肯锡、高盛、汇丰、花旗、阿里巴巴、华为、新鸿基等国内外一流企业。目前还在平安集团及旗下各业务板块任职的有：来自麦肯锡的新加坡籍副总经理兼首席运营官、首席信息执行官陈心颖；来自德勤、北美精算师出身的副总经理兼 CFO 姚波；从中国香港保诚保险“挖角”加盟的新加坡籍常务副总经理兼首席保险业务执行官李源祥；曾任职于法国 BNP PARIBAS 资管与英国巴克莱资管、现任集团首席投资执行官的陈德贤；在麦肯锡和台新金控任职多年、说着一口流利中文的美国人——陆金所董事长计葵生；还有曾供职于汇丰、花旗银行的韩国籍平安普惠董事长兼 CEO 赵容奭（Y. S. CHO）等。

以业绩为导向的薪酬及激励机制

有竞争力的薪酬就是市场化的薪酬体系，也意味着优秀公司的员工薪酬往往大幅高于业界水平。中国平安、华为等公司的高薪在业界都是闻名的。

以业绩为导向的薪酬体系意味着避免“吃大锅饭”——并不是所有人都可以拿到高薪，业绩出色、为公司创造价值的员工可以拿到高回报，而业绩不好也会直接体现在员工的奖金、收入上。

以下格力加薪和平安银行奖金风波的案例，由于投资者经验和知识系统各异，可能会有截然不同的解读，笔者在这里简单分享一下自己的认识。

案例：格力加薪和平安银行奖金风波

2016 年底和 2017 年初的两条新闻颇有意思。一条新闻是格力电器通过公司公告，高调宣布从 2016 年 12 月起，所有的员工每人加薪 1000 元，“分享企业发展的成绩”。董明珠因此而获网友称赞为“良心企业家”。另一条新闻是平安银行的“1.5 元年终奖风波”：有平安银行员工在网上晒出 2016 年年终奖只有 1.5 元，瞬间将平安银行推向风口浪尖。对年终奖的“吐槽”和不满一时让平安银行成为匿名社交软件“无秘”的热门公司。

平安银行对此则公开回应称，根据平安银行的薪酬制度，年终奖会在平常的工资中预先发放一部分，到了年底人力部门会根据员工个人所在机构的效益与个人考核表现，为每一个考核级别确定一个系数，员工个人目标奖金乘以系数，得出全年奖金，再扣减预发部分，最终得到年终奖金。整体原则是向优秀员工、高绩效员工倾斜，向业务条线倾斜，拉开差距。

平安银行进一步指出，奖金与绩效排名呈挂钩关系，对于绩效排名靠后垫底的个人而言，奖金会降低，甚至会没有年终奖，这部分人员比例约占5%。而对于大部分绩效居中的员工，奖金与去年基本持平。而个人绩效优秀的条线及员工，奖金所得还会有所增长。故从整体来看，并不像网传的那么悲观、片面。

据媒体报道：与平安银行“1.5元年终奖”形成鲜明反差的是，平安银行深圳分行的高绩效客户经理拿到了相当于20个月工资的年终奖，这也印证了平安银行董事长谢永林在新年致辞中所说的“高产能的人员仍将保持高激励和高回报”。

投资观察：

如果投资者持有格力电器或平安银行的股票，这是了解和评估公司的人力资源管理系统，尤其是薪酬制度的机会。而且，你可能要有不同的解读：

- 格力电器的加薪与个人业绩完全无关，做法是否有“吃大锅饭”之嫌？CEO一句话就可以改变公司的加薪机制，是否有“人治”大于“法治（制度）”之嫌？
- 平安银行的“1.5元奖金风波”虽然看起来是公司的负面新闻，其实反映出平安的业绩导向的薪酬制度，其差别化的奖金发放反映了其健全的人力资源管理体系和业绩导向的企业文化。

优秀公司的薪酬体系也往往有股权激励、员工持股的安排，如华为的全员持股，中国平安的员工持股计划等。这不仅是员工薪酬，也关系到公司治理机制。下一章对此有更多的讨论。

差异化的绩效考核机制：奖优汰劣

以业绩为导向、差异化的薪酬制度是基于差异化的绩效考核制度之上的。优秀公司的员工绩效考核应该要起到奖优汰劣的作用。

差异化的绩效考核意味着业绩出色、表现优异的员工能得到优秀的绩效考核评价，不仅有更高的奖金，也会获得职位提升的机会；而业绩不达标、表现差强人意的员工就会排名垫底，不仅奖金很低甚至没有，在很多优秀的公司里还可能面临被末位淘汰的命运。

差异化的绩效考核和奖优汰劣制度对员工和管理者的压力无疑都是巨大的，但是，这也是把竞争机制引入公司内部，激发和保持组织活力的关键措施。这种机制在比较习惯吃大锅饭的国有企业或国有控股公司中比较少见。

系统的人才培训和发展，内部人才储备深厚

优秀的公司都很注重人才的内部培养，通过诸如“管理培训生”的人才发展计划，多数的管理岗位都可以以内部提拔为主，但是也不排斥引进外部更优秀的人才。

优秀公司的人才往往是行业其他公司的“抢手货”，由于有系统的人才培训及发展机制，优秀的公司大多对人才的合理流动持非常开放的态度。由于有完备的岗位后补计划，内部人才储备深厚，优秀公司一般不会因为个别管理人员的变动而对公司业绩产生很大影响。如中国平安，就被称为保险业的“黄埔军校”——其前员工目前在保险业、其他金融类公司担任高管的不计其数。

投资者重点看什么

一个健全的人事管理系统可以招聘、发展和留住优秀人才，能够培养出一批领导者，带领团队取得优异的绩效、获得成功，还能激发公司员工的活力和创造力。它是优秀公司能够不断新陈代谢、裂变成长的关键组织能力。

由于对员工的绩效要求很高，优秀公司还容易成为负面新闻的头条，华为、中国平安、美的、百度等都曾有过相关的负面新闻。以下任正非先生关于“真正的人力资源策略都是反人性惰怠的”的思考，应该非常有助于我们投资者从管理者角度观察、理解优秀公司人力资源管理系统，便于我们做出正确的投资判断。

案例：真正的人力资源策略都是反人性惰怠的[①]

谈到华为的人力资源策略，想不到任先生讲了一句非常特别的话，他说：真正的人力资源策略都是反人性惰怠的。为了让我们理解得更清楚，他进一步解释说，比如人习惯于按部就班，一步一步晋升上去，但是这样晋升的结果是，会埋没了那些独特的人才，也会让人不愿意打破常规，慢慢懈怠下来，所以晋升应该可以打破常规，可以不拘一格提拔人才。

任先生抬高他的手势说：企业要想生存就要逆向做功，把能量从低到高抽上来，增加势能，这样就发展了。人的天性就是要休息、舒服，这样企业如何发展？任先生正是通过洞察人性，激发出华为人的生命活力和创造力，从而得到持续发展的企业活力。

① 资料来源：陈春花与任正非围炉日话：解密他的“立业”之本［EB/OL］. 2017－01－16.

听完任先生这样介绍，我也理解了华为“砸掉人才金字塔”等的管理设计了。华为设计了一种新的人才结构，保持人才金字塔的基本架构，拉开金字塔的顶端，让引领发展的“蜂子”飞进来；异化金字塔的内部结构，业务、技术和管理关键岗位，优秀骨干与一般骨干，可以拉开差距，向外差异化对标，引入、用好更优秀的人才。

作为一个透彻理解人性的企业家，任先生深知如何驱动人内在的欲望，从而驱赶懒惰的魔鬼，让近十几万华为人在自我驱动中朝着一个共同的目标前进，这才是人力资源策略的核心。

第三节 稳健的财务管理系统

优秀公司的财务管理系统一般都具有以下特征。

完善的计划及预算管理流程

《礼记·中庸》有曰："凡事预则立，不预则废。"任何事情，事前有准备就可以成功，没有准备就要失败。计划及预算不仅对指导、协同公司的运营具有关键作用。对于上市公司而言，能否按照公司对投资者公告所言，完成战略、年度计划，不仅反映了公司的管理水平面，更会对公司的股价有重大影响。

10 多年前，笔者在一家国际著名的快速消费品公司工作，有一年公司没有达到年初计划的盈利目标，被迫向资本市场发布盈利预警——近百年的公司历史上首次出现——结果第二天公司股价应声大跌。为此，公司总部管理层和财务部对公司的计划和预算管理流程做了全面的重新分析、改造，引入一系列新的计划、预测方法和技术，从总部到各国、各业务集团的财务管理人员，忙活了近半年才完成改造。

而中国平安早在 2000 年就邀请了当时安达信最年轻的高级合伙人汤美娟加盟平安，任首席财务官，其在中国平安两年多时间里最大的一项工作就是引入和推进“全面预算管理”体系，为公司建立健全的财务管理体系打下坚实基础。在“中国平安创新大事记”里就有如下描述：

中国平安保险股份有限公司启动全面预算管理体系。按照推广计划，2000 年是平安“全面预算管理体系”的基础建立年，将建立完善的组织架构，制订实施细则，宣导全面预算管理理念，推行和编制 2001 年预算等；到 2001 年，体系将基本形成；到 2002 年，整个体系成熟，力争基本达到国际同业先进水平。

中国平安保险股份有限公司寿险推出全面费用预算制度，将营业费用分为业务维持成本、业务管理成本和业务取得成本分别进行预算编制、执行和考核。同时对所有甲 A、甲 B 机构 2000 年的工作计划和费用预算进行了当面审议。公司费用管控模式由费用控制率改变为全面费用预算制，将为控制成本支出、合理配置资源、创造最大财务价值发挥重要作用。

准确及时的财务核算体系

财务会计核算是财务的基础工作，也是非常烦琐、重复性的工作。大公司，如华为、中国平安，要准确、及时地完成财务核销工作，并不简单。只有借助先进的电脑系统和财务软件，建立健全的财务体系，才能够以业界最快的速度完成这一工作。

以下是华为公司 CFO 孟晚舟对公司财务核算体系的描述[①]，从中我们看到，准确、及时的财务核算对华为公司业绩管理的重要作用。

① 资料来源：HW 集团财经。

账务核算已经实现了全球7×24小时循环结账机制，充分利用了我们共享中心的时差优势，在同一数据平台、同一结账规则下，共享中心接力传递结账作业，极大缩短了结账的日历天数。24小时系统自动滚动调度结账数据，170+系统无缝衔接，每小时处理4000万行数据，共享中心“日不落”地循环结账，以最快的速度支撑着130+代表处经营数据的及时获取。

全球259家子公司均要按照本地会计准则、中国会计准则、国际会计准则的要求，分别出具3种会计准则下的财务报告。还有，按产品、区域、BG、客户群等维度分别出具责任中心经营报告，这些报告都可以在5天之内高质量输出。

(1)“责任中心经营报告”：准确的财务报表，结合之前设置的计划、预算，是公司各部门、团队绩效考核的重要依据；

(2)“产品、区域、客户群报告”：详细、及时的财务数据，结合运营计划与实际的差异分析，可以帮助管理团队有的放矢、采取补救措施去弥补业绩差距。

此外，比业界竞争对手更早的季报、年报公布时间，季报、年报的数据翔实准确、几无差错，都是公司具有优秀的财务核算体系的标志。

财务内控、增值分析服务渗透公司业务运营全流程

财务内部控制是使公司业务开展严格遵循公司的内部控制制度，防范重大经营风险和公司财产、资源不当使用的“硬”的一面；而财务的增值分析服务可以协助、支持业务部门的生意决策，是财务为公司创造价值的直接体现的“软”的一面。可以这么说，**在公司规模小的时候，是靠企业家个人自己控制、自己算账；在公司规模扩大、由职业经**

理人管理时，靠的就是财务的内控制度、增值决策分析对公司决策实行控制、算账，这时靠的就不再是一个人的能力，而是一种组织能力。公司的财务内控、增值分析服务能够渗透到公司业务运营的全流程，是公司财务管理水平的重要体现。在上一章附录“中国平安创新大事记”的“组织能力创新”部分，我们可以看到，其中就有“历时一年多开发设计的平安产险分险种核算体系”“资金集中收支项目”“实物资产管理系统”“财务费用集中”等相关提升财务管理能力的内容。华为的CFO孟晚舟对财务团队在此方面的发展、提升也有以下描述：

财经已经融入公司所有业务活动之中。从合同概算到项目回款、从产品规划到市场分析、从出差申请到费用报销、从资产管理到存货管理、从销售融资谈判到融资规划落地、从税务筹划到定价设计……伴随公司的成长，财经组织从“非常落后”走到了“比较落后”，又从“比较落后”走到了“有点先进”。

可以看到，一个稳健的财务管理系统不仅能保证公司的业务运作有足够的资本、资金支持，防范重大运营风险，是公司绩效考核体系的基础，财务团队也可以通过财务增值分析直接为公司创造价值。稳健的财务管理系统是支持优秀公司有序扩张、健康成长的关键组织能力。

第四节　员工、团队、领导层与文化

员工

常言道："商场如战场"，如果我们把一家公司比作一支军队的话，那这支军队的战斗力首先取决于所有战士的个人作战能力。在《巴菲特致股东的信》中，关于公司治理部分，巴菲特如此说道："查理和我知道，优秀的队员几乎可以使任何带队经理成绩斐然。我们认同奥美广告公司的天才，创始人大卫·奥格威曾说过的话：'如果我们每个人都雇用比我们矮的人，那么我们就会变成一家侏儒公司。但是，如果我们每个人都雇用比我们高的人，那么我们就会成为一家巨人公司。'"

公司员工的能力可以分为专业能力和核心能力（Core Competence）。专业能力取决于员工所从事的岗位和专业，如财务、人事、销售、市场营销、研发等。由于优秀公司的人事管理系统能招聘到业界最优秀的人才、大学最优秀的毕业生，因此，在专业能力上自然会略胜一筹。

员工的核心能力则是公司希望所有员工，无论你从事的岗位、专业、部门，都需要遵循的"软"工作能力，它对所有的员工都有约束力，很多公司把员工的核心能力评估作为员工绩效考核的一部分。员工的核心能力更多是公司管理的结果，是每家公司所不同的，很多时候是与公司的企业文化、核心价值观一脉相承的，是公司建立企业文化的一个流程。

阿里巴巴的核心价值观“六脉神剑”可以说是从6个关键维度详细描述了阿里巴巴眼中“优秀员工”的标准，如表6－1所示。在笔者看来，大部分也是其他公司优秀员工的特质。对比参照，可以看出你所投资的上市公司的员工与此的差距。

表6－1　阿里巴巴的核心价值观：六脉神剑

客户第一 客户是衣食父母	尊重他人，随时随地维护阿里巴巴形象。 微笑面对投诉和受到的委屈，积极主动地在工作中为客户解决问题。 与客户交流过程中，即使不是自己的责任，也不推诿。 站在客户的立场思考问题，在坚持原则的基础上，最终达到客户和公司都满意。 具有超前服务意识，防患于未然
团队合作 共享共担， 平凡人做平凡事	积极融入团队，乐于接受同事的帮助，配合团队完成工作。 决策前积极发表建设性意见，充分参与团队讨论；决策后，无论个人是否有异议，必须从言行上完全予以支持。 积极分享业务知识和经验，主动给予同事必要的帮助，善于利用团队的力量解决问题和困难。 善于和不同类型的同事合作，不将个人喜好带入工作，充分体现“对事不对人”的原则。 有主人翁意识，积极正面地影响团队，改善团队士气和氛围
拥抱变化 迎接变化， 勇于创新	适应公司的日常变化，不抱怨。 面对变化，理性对待，充分沟通，诚意配合。 对变化产生的困难和挫折，能自我调整，并正面影响和带动同事。 在工作中有前瞻意识，建立新方法、新思路。 创造变化，并带来绩效突破性的提高
诚信 诚实正直， 言行坦荡	诚实正直，表里如一。 通过正确的渠道和流程，准确表达自己的观点；表达批评意见的同时能提出相应建议，直言不讳。 不传播未经证实的消息，不在背后不负责任地议论事和人，并能正面引导。 勇于承认错误，敢于承担责任，并及时改正。 对损害公司利益的不诚信行为正确有效地制止

续表

激情 乐观向上， 永不言弃	喜欢自己的工作，认同阿里巴巴的企业文化。 热爱阿里巴巴，顾全大局，不计较个人得失。 以积极乐观的心态面对日常工作，碰到困难和挫折的时候永不放弃，不断自我激励，努力提升业绩。 始终以乐观主义的精神和必胜的信念，影响并带动同事和团队。 不断设定更高的目标，今天的最好表现是明天的最低要求
敬业 专业执着， 精益求精	今天的事不推到明天，上班时间只做与工作相关的事情。 遵循必要的工作流程，没有因工作失职而造成重复错误。 持续学习，自我完善，做事情充分体现以结果为导向。 能根据轻重缓急来正确安排工作优先级别，做正确的事。 遵循但不拘泥于工作流程，化繁为简，用较小的投入获得较大的工作成果

资料来源：杨国安．组织能力的杨三角：企业持续成功的秘诀［M］．北京：机械工业出版社，2015.

但是，即使投资者对所投资公司员工的“核心能力”有详细了解，也无法确定公司员工实际执行情况，尤其是对于有几万、甚至几十万员工的公司而言，要评估员工的能力显然是超级困难的事，投资者可以尝试从以下几个方面了解：

- 公司倡导的员工行为准则、核心价值观是否正确、高标准；
- 亲身体验公司的产品和服务，例如招商银行的网上、网点服务，永辉超市的购物体验等，可以体验公司员工的工作态度和行为方式；
- 业界的评比，例如公司是否是“最佳雇主”；
- 离职员工、业界对公司员工的口碑等。

团队

一大批能力出众的士兵，如果没有很好地组织、协同起来，在战场上各自为战，则也只是一群散兵游勇而已，其战斗力也会大打折扣。公司的团队和团队长就犹如军队里面的班（长）、排（长）、连（长）、营（长）……是把每一个优秀员工的能力有机整合、协同发挥最大战斗力的关键。团队的战斗力取决于两个关键因素：组织架构和团队长。

组织架构

公司的组织架构决定了公司会形成哪些团队以及团队之间协同关系的好坏。公司往往需要根据公司业务发展情况、公司战略的需要，不断调整公司的组织架构，因此，不存在一个“标准”的、普遍适用的组织架构模板。但是，优秀公司的组织架构往往具有3个特质。

（1）集中与分散相结合。适于集中管理的一般包括人事、财务、IT和法务部门。而业务部门如销售、市场营销、供应链等一般是靠近当地市场的分散型组织结构。通过双向汇报的矩阵结构，可以使公司在贴近市场、贴近客户开展业务的同时，又发挥公司人事、财务等基础设施功能的规模效应，提升效率且控制业务风险。

（2）组织架构尽量扁平。组织层级越多的公司，决策层离一线员工、市场越远，获得的信息越慢也越不准确，而且更容易产生“官僚作风”和“大公司病”，因此，公司组织架构应该尽可能扁平化。

（3）清晰的责、权、利划分。只有在清晰划分责、权、利的组织架构里，才会产生以结果为导向的业绩文化和绩效考核体系。

团队长

团队战斗力的另一个决定因素是团队长、团队的领导者，就犹如军队里的班长、排长、连长和营长……优秀公司内部健全的人才培训和发展计划，为公司储备了大量经验丰富、优秀的中层干部和领导者，因此，即使公司有一定的人才流失，对公司的正常业务拓展也不会有任何影响。事实上，这样的公司比完全没有人员流动的公司更有活力。

投资者一般可以从公司网站或新闻报道中获得有关公司组织架构或变动的情况，并做出评估。而团队和团队长的能力则需要从公司执行力和文化的细节中去评判挖掘。

最高领导层

优秀公司的最高领导层一般具有以下特质。

诚信正直，有很强的事业心

除了一般意义上的诚信正直，对于上市公司的管理层而言，诚信正直还意味着要“言而有信”“言必行，行必果”。以笔者几年前投资过的著名白酒公司五粮液为例，2011 年，五粮液新任董事长走马上任，提出要做“市值最大”的白酒公司，“确保在‘十二五’的收官之年（2015 年）实现千亿（营业收入）目标”。而实际上，过去 5 年五粮液的经营乏善可陈，几年后的今天，距实现营收千亿目标不仅差距甚远，而且五粮液与贵州茅台的差距，不论是市值、市场份额，还是利润等指标，反而都越拉越大，甚至市值还一度被洋河股份超出，不进反退，一度跌落到行业第三位。

在正向激励下、以股东利益为导向

关于以股东利益为导向，可以重温一下“股神”巴菲特在致股东的信中对伯克希尔公司经理们的要求：“我们给每一位经理人一项简单的任务，要像在以下三种情况中运作那样来运作公司：（1）你拥有它 100% 的权益；（2）它是这个世界上你和家人所拥有的，或者将要拥有的唯一财产；（3）你至少在一个世纪内不能出售或者兼并它。作为一种必然结果，我们告诉他们，他们不应当让他们的如何决定受到即使是最轻微的会计因素的影响，我们要求我们的经理考虑什么是有价值，而不是如何被认为有价值。”

所谓正向激励，就是公司的管理层有股权激励计划、员工持股计划等，从经济利益上保证与股东利益一致。下一章有更多讨论。

具有战略远见且身体力行

公司的愿景是否高远、战略是否有远见，很大程度上取决于公司的最高领导层，尤其是其企业家领袖。以中国平安为例，麦肯锡公司董事长兼全球总裁鲍达民（Dominic Barton）在为《平安心语》（以下简称《心语》）所作的序中，这样评价马明哲："马明哲是我见过的最具战略远见的商业领袖。他总是能比别人看得更远，能够寄思于斐然迥异的未来。"

优秀公司的最高领导层、企业家领袖，不仅要有高远的战略眼光，更要有身体力行的决心、毅力和承诺。一篇任正非在公司内部座谈会上"回应34岁退休没有退休金的话题"的讲话曾风靡网络，其中一段是这样说的："我承诺，只要我还飞得动，就会到艰苦地区来看你们，到战乱、瘟疫……地区来陪你们。我若贪生怕死，何来让你们去英勇奋斗。我鼓励你们奋斗，我自己会践行。"

"我若贪生怕死，何来让你们去英勇奋斗"，这句话非常明确地告诉了我们华为的狼性文化、超强执行力文化从何而来：正是源自最高领导层的身体力行、率先垂范。

低调的创新者

优秀的企业家大多是低调的创新者，乔布斯、马化腾、任正非、马明哲等莫非如此。低调，其实是源自其内心强烈的危机感，任正非在《华为的冬天》一文中写道："十年来我天天思考的都是失败，对成功视而不见，也没有什么荣誉感、自豪感，而是危机感。也许是这样才存活了十年。我们大家要一起来想，怎样才能活下去，也许才能存活得久一些。"

而强烈的危机感，往往是公司创新的最大动力，以中国平安为例，有感于余额宝等互联网金融的冲击，马明哲在2014年的元旦致辞中说道，"2013年，也是平安25年来危机感最强、经营作风转变最大的一年。现代科技进步、互联网金融快速崛起给传统金融业务带来了革命性影响”。也正是这一年，马明哲提出了“科技引领综合金融”的理念。

在2015年元旦致辞中他指出：“中国平安的危机感来自市场、技术、客户和行业的快速变化，最大的挑战来自内部的协同。中国平安过去的成功得益于一直以来强烈的危机意识和包容的文化，未来必须继续保持高度的危机感、紧迫感。”

正是在这种强烈的危机感驱动下的创新精神，中国平安在过去三四年时间里迅速完成其互联网金融的创新布局——陆金所、平安好房、平安好医生等一系列创新业务都取得很大成功，真正可以称得上是金融界的互联网领导者。

反之，喜欢经常在媒体上夸夸其谈、语不惊人死不休的企业家，不管其过去、现在有过多大的光辉业绩，都是非常危险的信号。如果你持有这种企业家所管理公司的股票，还是要小心为好。

管理层：团队而不只是个人

优秀公司应该有一个出色的最高领导层团队，而不只是一个超级CEO。持有这样的观点，主要基于两个原因：（1）随后的“公司估值”部分会谈到，公司估值的一个先决假设是“公司的永续经营”，如果公司高度依赖于一个超级CEO，不管这个CEO有多出色，一旦有CEO变动（如2013年的上海家化）或发生意外，公司的经营将受到巨大影响甚至不可持续。（2）公司最高领导层的一个最重要职责就是为公司培养更多的领导者。正如通用电气的前CEO杰克·韦尔奇所言：“在你成为领导者之前，成功的全部就是自我成长；当你成为领导者，成功的全部就变成帮助他人成长。”如果公司的企业家领袖在最高领导层都无法培养、形成一只出色的团队，公司也不可能会有好的领导力文化和强大的领导团队了。

案例：娃哈哈“开明的专制”VS 华为的轮值 CEO

据《宗庆后：万有引力原理》一书描述，娃哈哈实行的是“开明的专制”管理：宗庆后相信任何一家企业都是独裁的、专制的，否则它就搞不好。

因此，从成立至今，娃哈哈一直没有设过副总经理，总经理之下就是销售公司、市场拓展部、策划部、企管办、生产部、财务部等各部门的负责人，这些人都是“中层干部”，但却直接对宗庆后负责，接受宗庆后的统一指挥。全国 170 余家子公司的负责人，全部直接向宗庆后汇报。宗庆后直接面向公司各个部门的部长或分公司总经理发布指令，一锤定音。宗庆后因此被称为“开明的独裁者”，在娃哈哈这个独立王国里，他有“一呼百应”的权威。在企业内部他“事无巨细大权独揽”。书中这样描述道：“现在，娃哈哈虽然实施了分级授权制度，但各类采购合同、广告费、交际费等仍牢牢控制在宗庆后手中，营销方面的任何决策，任何产品的包装、价格、广告都是他说了算；设备的引进、生产线的安装、厂房的设计许多时候也是宗庆后亲自定夺。如果宗庆后出差在外，办公室每天要给他发送几十份关于各方面工作的传真，然后他再用电话做批示或签字回传，遥控指挥娃哈哈的具体事务。”

宗庆后在央视《对话》栏目中，面对主持人对其“事无巨细大权独揽”的管理风格提出疑问时，他很自信地回答：“这个大权独揽我承认，而且我认为这样做比较对，你去看看中国现在成功的大企业，都是一个强势的领导，都是大权独揽，而且是专制的。我认为在中国现阶段要搞好企业，你必须专制而且开明。”

而华为公司则实行轮值 CEO 制度，对此，其官网上描述如下：

“公司实行董事会领导下的轮值 CEO 制度，轮值 CEO 在轮值期间作为公司经营管理以及危机管理的最高责任人，对公司生存发展负责。

“轮值 CEO 负责召集和主持公司 EMT 会议。在日常管理决策过程中，对履行职责的情况及时向董事会成员、监事会成员通报。

“轮值 CEO 由三名副董事长轮流担任，轮值期为 6 个月，依次循环。”

投资观察：

娃哈哈是一家过去十多年里非常成功的饮料公司，其成长、运营效率可以称得上是过去十几年业界的典范。因此，其“开明的专制”管理制度一定有其合理之处。但正如任正非在解释华为公司的轮值 CEO 制时所言：“这比将公司的成功系于一人，败也是这一人的制度要好。”从投资的角度，如果娃哈哈是个上市公司，就很难说是一家值得长期投资的公司。

文化

公司的文化是公司从创立到发展壮大期间，各组成部分相互合作、互动，不断总结公司运营的经验、教训，所凝结而成的公司共同的价值观、信念和行为方式。由于每个公司的成长历程不同，自然会形成不同的企业文化。优秀企业的企业文化一般有如下特征：

- 股东利益导向、兼顾其他利益相关方；
- 愿景使命高远、战略目标明确；
- 追求卓越，业绩导向文化；
- 强调执行力文化，以员工为中心，注重团队合作；
- 积极拥抱变化，勇于创新；
- 具有社会责任感。

以下笔者以中国平安为例，具体说明一家优秀的企业，应该具备怎样的企业文化。

案例：中国平安的文化体系[①]

文化理念：

中国平安以“成为国际领先的个人金融生活服务提供商”为愿景，恪守企业社会责任，为客户、员工、股东和社会创造最大化的价值，倡导“以优秀的传统文化为基础，以追求优秀为过程，以价值最大化为导向，做一个品德高尚和有价值的人”的价值观，弘扬“诚信守法、简单务实，团结进取、迎难而上，追求优秀、服务领先，创造价值、回馈社会”的平安精神，坚持“专业创造价值”的品牌定位，在“综合金融＋”和“互联网＋”的新时代，实现“专业，让生活更简单”的客户体验。

文化架构：

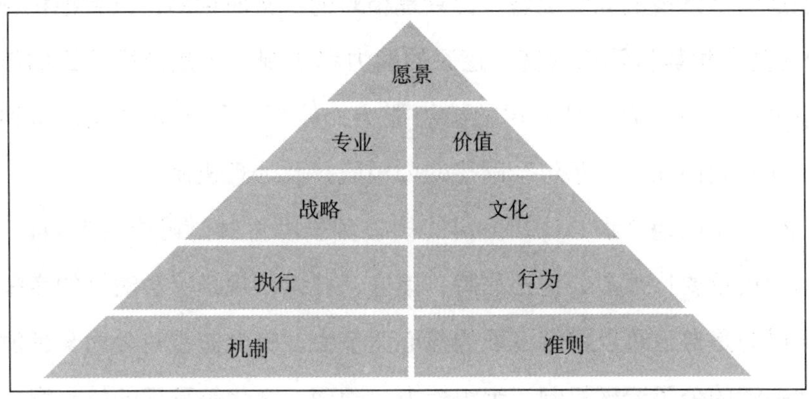

文化演变：

1988 年发轫期—1992 年思想观—1994 年发展观—1999 年价值观—2002 年行为观—2006 年丰富期—2009 年至今。

① 资料来源：中国平安官方网站。

第五节 管理和文化是核心竞争力

笔者在《看懂上市公司的盈利》一章中提到，**巴菲特所谓的护城河，也就是无形资产、转换成本、网络效应、成本优势、规模优势等公司在运营上体现的竞争优势，都只是相对的、暂时性的，只有把护城河（公司竞争优势）不断挖宽、挖深的能力和机制，才是公司真正的核心竞争力**。这种能力就是公司的组织能力，体现为管理和文化，这种机制，就是我们在下一章将会阐述的公司股权及治理机制。

能否正确地辨别、认知公司的核心竞争力，对公司能否走向优秀、卓越至关重要！**很多公司把品牌、渠道、技术、规模等暂时性的竞争优势误以为是自己可以持续发展的核心竞争力，就会忽视对公司长远发展非常关键的公司治理机制、组织能力、管理、文化等真正的核心竞争力的建设**。在行业、公司发展遇到困难时就会看到其中明显的差别。

2017 年，乐视网因为资金问题，可谓一直处于风口浪尖。“乐视事件”表面上“只是缺钱”，但是在笔者看来，一家已经有百亿销售规模的上市公司，财务管理之粗糙，欠缺基本的现金流预测、管理流程以致爆发如此大的危机，缺的可不只是钱，更缺的是公司的组织能力和公司治理机制！这一事件也再次说明：公司如果不具备相应的组织能力，快速发展的上市公司可能只是在沙滩上建高楼，很可能遇到危机时就瞬间倒塌，投资风险巨大。

笔者在上一章讲述招商银行的网银、手机银行使用体验时写下以下段落："以客户和消费者为中心，意味着一切创新都要以提升客户和消费者对公司产品、服务的使用体验感为目的。知易行难，能够在公司运营、创新中真正做到，需要公司有强烈的市场竞争意识和文化。如笔者在使用某国有大行的网上银行时，其付款验证的设计，就犹如 12306 网站的验证码一样复杂，安全性固然很强，但用户体验极差。相比之下，招商银行的网上银行、手机银行的使用非常便利，投资者可以从中体验到，招商银行零售银行的领先，不仅仅是在 IT 技术上，还有更深层次的原因。"

更深层次的原因是什么呢？是以消费者体验为中心的产品、服务观念，而这种观念更是源于管理、文化的组织能力和机制！在 2016 年年报中，招商银行对自己的投资价值和核心竞争力有如下描述，从中我们可以看出管理和企业文化的重要性。

投资价值及核心竞争力：

• 长期坚持"效益、质量、规模"均衡发展的理念，培育了一支专业能力较强、能开拓创新、具有良好战斗力和执行力的员工队伍，同时，塑造了良好的"合规经营、科学管理和稳健发展"的企业文化。银行经营管理保持"理性、有效、健康、稳定"发展。

• 相对完善且运行良好、并较为符合与适应商业银行经营管理发展的公司治理机制和科学决策机制。

• 领先并具独特竞争优势的零售金融业务。零售金融已形成由客户、产品、渠道、品牌等构成的体系化优势，并正在不断巩固和扩大。

• 具有自身特色和专业化经营水平的公司金融业务。交易银行竞争优势明显，投行业务竞争力不断提升。

- 同业金融以大资产管理和金融市场交易双轮驱动创造新的盈利增长点，票据业务、资管业务、托管业务、金融市场业务等均呈良好发展态势。
- 由相对完善的全球布局和逐步发展壮大的境外机构（永隆银行及境外分行）、离岸金融与境内分行共同构建的“三位一体”跨境金融平台，正在形成新的增长点和竞争力。
- 综合化经营体系已基本建立，跨领域产品创新与业务联动积极推进，战略协同和财务协同效应已初步显现。
- 较好建立了全面、现代、科学的风险管理体系、资本管理体系、营运管理体系、信息管理体系、绩效考核体系、人力资源管理体系及相关的能力，有效保证了业务经营的长期稳健发展。
- 组织管理体制不断改进，业务流程不断优化，管理和运营效率不断提升。以“专业化、扁平化、集约化”为方向，分行体制改革取得初步成效，总分行架构有效对接。
- 拥有业内强大的IT团队与能力，以及领先的信息技术平台，能够紧跟互联网发展趋势，不断创新产品、服务、渠道与业务模式，提升客户服务效率和水平、降低运营成本。
- 行业领先的优质金融服务。
- 较好的客户基础和快速增长的价值客户。
- 持续提升的品牌影响力。①

马云说：“技术并非阿里巴巴的核心竞争力，公司的文化才是。”笔者深以为然。更全面地说，优秀上市公司的核心竞争力就是表现为公司管理、文化的组织能力和公司治理机制。

---

① 资料来源：招商银行2016年度报告（A股）。

附录 组织能力检查清单

序号	内容	正面信号	负面信号
1	公司是否不断招聘到业界领先的人才？	很多	很少
2	公司是否有校园招聘计划？管理培训生计划？	是，在重点高校	无
3	公司的薪酬水平相较于业界竞争对手？	高于对手	更低
4	公司是否有股权激励计划？	有	无
5	公司的薪酬制度如何？	差别化	平均主义
6	公司是否有绩效考核体系？	有，差别化	无，或模糊
7	公司是否实行末位淘汰？	是	否
8	公司是否有合理的人才流动？	是	没有
9	公司的人才在业界口碑如何？	很好，挖角对象	人才靠挖对手
10	公司人力资源管理体系在业界口碑？	先进	一般，落后
11	公司是否有健全的计划及全面预算管理体系？	有，很全面	无，部分
12	公司财报时间是否快于同业？	业界最早	落后业界
13	公司财报质量如何？	少有差错	经常出错
14	公司财务管理体系在业界口碑？	先进	一般，落后
15	亲身体验中，公司员工感觉如何？	敬业，服务好，有激情	服务差，不热情
16	公司是否获得类似“最佳雇主奖”？	有，不少	没有
17	离职员工对公司的评价如何？	感激，还想回去	评价不好
18	公司组织架构是否清晰、扁平？	是	否
19	公司最高领导层是否诚信正直？	是，言而有信	否，经常食言
20	公司最高领导层是否很有事业心？	很有进取心	得过且过
21	公司管理层是否以股东利益最大化为行为目标？	是	否
22	公司企业家领袖的战略眼光	很有远见	差强人意
23	公司最高领导层是否身体力行公司战略？	是	限于口头
24	公司最高领导层是否经常高调见诸媒体？	少，低调	经常，口出惊人之语
25	公司最高领导层是否很有危机感？	是，经常强调	经常吹嘘公司业绩
26	公司最高领导层是否对新事物敏感，拥抱变化，拥抱创新？	是	否，守旧

续表

序号	内容	正面信号	负面信号
27	公司最高领导层是否为一个团队？	是，一群经理人	一个人独裁
28	公司的企业文化如何？	优秀，清晰	模糊，多变
29	公司是否具社会责任感，参与公益？	是	少见

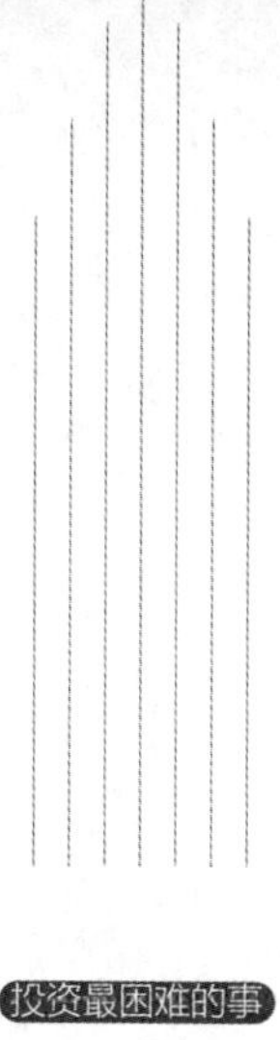

第七章

公司治理机制：股权与董事会

对投资而言，上市公司是否有合适的股权结构与健全的治理机制，是非常根本性的投资考量，很多时候是要“一票否决”的。但是，公司的股权和治理所涉及的内容又相对简单：主要就是股权结构和董事会治理。很多时候需要投资者基于有限的资料，根据自己的投资、管理经验和商业洞察力去做出判断，因此，难度很大。而这也正是投资的不确定性和魅力之所在。

第一节　公司治理结构

公司治理结构的组成部分

按照《公司法》的规定，公司的法人治理结构由以下 4 个部分组成。

（1）股东会或者股东大会：股东大会是公司的最高权力机构，由公司股东组成。股东大会体现的是所有者对公司的最终所有权。

（2）董事会：董事会是公司的决策机构，由公司股东大会选举产生，对公司的发展战略、目标和重大经营活动做出决策，并维护公司股东的权益。

（3）监事会：监事会是公司的监督机构，对公司的财务和董事、管理层的经营行为发挥监督作用。

（4）经理，即管理层：管理层是公司的执行机构，由董事会聘任，对董事会负责，是公司业务日常的经营者、执行者。

至于以上这 4 个组成部分的产生、组成、行使的职权、行事的规则等，在公司法和公司章程中都有具体规定，基本可以说是同一个“标准版本”出来的。各家上市公司的年报、章程中的描述都不会有太大的差别。

投资者该如何解读

由于以上公司治理模式是《公司法》的法定要求，因此，所有的公众上市公司都应该在“形式上”建立合乎要求的法人治理结构，否则也不可能通过证监会的IPO审批。但投资者必须从“实质上”评估所投资的上市公司是否具有真正规范的公司治理机制。

现实中，除了个别的股东代表外，公司的监事多由上市公司工会主席、人力资源经理等兼任，其“监督作用”事实上甚为微弱。在笔者印象中，在过去10多年还没有监事会与董事会因重大事项意见不同而见诸报端的事。

优秀的上市公司应该具有规范的上市公司治理结构，表现为股东大会（大股东）、董事会（董事长）、管理层（总经理，CEO）各自独立、各司其职，上市公司的利益与大股东个人的利益诉求、利益冲突受到股东大会、董事会的有效制衡。

相反，公司治理结构存在缺陷的上市公司则往往是大股东、董事会、管理层“一肩挑”，公司的三级治理独立性“有其名，无其实”，公司的重大决策往往由大股东、公司创始人一个人说了算，这种公司往往还与大股东的其他企业具有千丝万缕的关联交易，上市公司的独立性存疑。这种公司治理结构存在缺陷的上市公司，无论短期成长多么快、业绩多么亮丽，都是不具有投资价值的：因为作为公司外部的中小股东，上市公司的经营成功与否完全取决于大股东的个人能力，即使经营成功，中小投资者能否分享到成功的回报，也完全取决于大股东的良心和道德水准。投资毫无安全性可言。

第二节　股权结构

股东大会是中小股东显示股东身份，发挥主人翁精神，通过投票参与公司重大事项决策的重要甚至是唯一机会，因此当然很重要。但是在现实中，由于《公司法》规定“同股同权”，股东大会上重要决议投票是一股一个投票权，因此，股东大会的投票结果，在绝大多数情况下，都是已经由公司股权结构预先决定了的。对于中小股东而言，在投资一家上市公司前研究清楚公司的股权结构，评估好其股权结构对于投资者作为一个小股东而言是否可靠、是否存在很大的投资风险，也许更有意义。

在目前的中国股市上，上市公司按股权结构，可以分为国有控股、民营控股、外资控股和混合所有制 4 种。

国有控股上市公司

基本定义

国有控股公司又可以分为国有绝对控股和国有相对控股，按照国家统计局的统计口径定义：

• 国有绝对控股企业是在企业的全部资本中，国家资本（股本）所占比例大于50%的企业。

• 国有相对控股企业是在企业的全部资本中，国家资本（股本）所占的比例虽未大于50%，但相对大于企业中的其他经济成分所占比例的企业（相对控股）；或者虽不大于其他经济成分，但根据协议规定，由国家拥有实际控制权的企业（协议控制）。

在投资实践中，如果公司的第一大股东是国有企业，持有的股份超过25%且董事长是具有第一大股东背景的，基本可以判定这是一家国有控股公司了。

按照国有控股上市公司的最终控股股东，国有控股上市公司可以分为由国务院国资委直接控股的央企上市公司，如宝武钢铁、“三桶油”（中国石油、中国石化、中海油）、中国移动、中国电信等，以及由各省市国资委控股的地方国企上市公司，如上海的陆家嘴、山东的青岛啤酒、贵州的茅台、四川的五粮液，等等。

据国务院国资委主任肖亚庆在首届中国企业改革发展论坛上发布的数据：目前全国国资监管系统国资国有控股上市公司达到1082家，占所有上市公司的1/3强，而营业收入和总市值则大约占所有上市公司的半壁江山。

投资该类公司的优点

（1）在经营管理上，因为国有控股公司与当地政府、其他国有企业的密切关系，可以获得比较好的资源，例如，土地、水电、矿山、高速公路、公用事业等，国有控股公司在获得银行贷款等方面也具有优势。

（2）国有控股上市公司在资本市场上相对比较规范，大股东、管理层侵害中小股东利益的情况要好于民营控股公司。北京工商大学投资者保护研究中心发布的《中国上市公司会计投资者保护评价报告（2016）》显示：从最终控制人类型来看，国有控股公司的投资者保护水平最高，其次为外资控股公司，而民营控股与其他控股的投资者保护程度较弱，民营控股公司的投资者保护水平垫底。

（3）一些具有投资价值的中国传统品牌、产品，如云南白药、贵州茅台、五粮液、同仁堂等，都还是国有控股公司。

投资该类公司的缺点

（1）虽然经过过去10多年的国企改革，不少国有上市公司的经营依然存在缺乏灵活性、人浮于事、不够进取、承担太多社会责任等弊端，整体上缺乏竞争力。

（2）国有控股上市公司的薪酬、激励机制依然没有竞争力：北京师范大学公司治理与企业发展研究中心发布的《中国公司治理分类指数报告No. 15（2016）》通过计算2015年度2632家上市公司的高管薪酬指数发现，国有控股公司高管薪酬激励力度远低于非国有控股公司。从2012年到2015年，国有控股上市公司高管薪酬指数均值从71. 38分增至75. 99分，提高幅度很小，反映国有控股公司高管薪酬激励力度不足；而非国有控股上市公司高管薪酬指数均值从172. 97分增至461. 35分，提升幅度很大，反映非国有控股公司高管薪酬激励力度较大。不考虑通胀因素，国有控股上市公司高管薪酬均值从2012年的68. 61万元增至142. 69万元，年均增长27. 64%；非国有控股上市公司高管薪酬均值从2012年的60. 01万元增至485. 15万元，年均增长100. 70%。2012年，国有控股公司高管薪酬均值略高于非国有控股公司；但2015年，非国有控股公司高管薪酬均值则大幅超过国有控股公司。这无疑会导致国有控股公司高管人才流失。（2016年12月12日《经济参考报》）

（3）国有控股公司的股权激励、员工持股计划依然有较大限制，很多国有控股上市公司在这方面都进展并不大，对公司长期的发展和竞争力有不小影响。例如，招商银行一年前公告的员工持股计划最终流产。

（4）不少国有绝对控股的上市公司其实就是当地政府的融资平台，尤其是一些公用事业公司，如高速公路公司等。

民营控股上市公司

不同于国有控股上市公司主要在上海的主板市场，民营控股上市公司的主力在深圳证券交易所，尤其是中小板和创业板。在很多方面，民营企业家持有最大股份，民营控股上市公司与国有控股上市公司的优缺点是正好相反的。

投资民营控股上市公司的优点

（1）相比于国有控股上市公司的权力制衡体系，以及在管理架构上的层级审核、流程控制，民营控股上市公司往往由“老板意志”主导，决策程序简化、快捷，容易在短期内集中全公司的资源，把握机会、达成目标，追求公司利润最大化。

（2）公司所有权、股权关系明晰，不存在所有权缺位的弊端，股权激励也更到位、更容易实施。

（3）公司人员管理、薪酬制度都高度市场化，运营机制灵活，对市场变化反应敏捷。

投资民营控股上市公司的缺点

（1）如前所述，北京工商大学投资者保护研究中心的《中国上市公司会计投资者保护评价报告（2016）》所言：民营控股公司的投资者保护水平垫底。而且，从近几年整体情况来看，民营控股公司的投资者保护水平都低于国有控股公司。

（2）不少民营上市公司规模都比较小，管理还很不规范，是否具有长期发展所需要的组织能力，令人存疑。

（3）且不提由于有财务造假之嫌而屡遭国际机构阻击的“中概股”，或是在香港市场上沦为“老千股”的民营上市公司，单是从国内的资本市场来看，过去几年 IPO 欺诈上市、财务造假的民营控股上市公司可谓是层出不穷，典型的大案要案就有：创业板退市第一股“欣泰电气”；博元投资强制退市案；万福生科、绿大地欺诈上市案；胜景山河欺诈发行撤销上市案；苏州恒久欺诈发行撤销上市案；立立电子欺诈发行撤销上市案，等等。内幕交易、配合庄家操纵股市等更是每周证监会新闻发布会后经常的新闻头条，最新的典型案例是卷入“泽熙投资股票操纵”的 10 余家上市公司，也都是民营控股上市公司。

（4）不同于国有控股上市公司股东的国有属性，控股民营上市公司的企业家从公司上市、再融资或减持中都可以直接获得巨大的经济利益。因此，这些资本市场的舞弊、欺诈案件绝大部分都是民营控股上市公司也就不足为奇了。我们当然不能对民营上市公司一棍子打死，但是，作为中小投资者，必须谨记：**一股独大的民营控股上市公司的股权及公司治理风险要比一股独大的国有控股大得多！**

（5）投资民营控股上市公司，还需要注意公司是否属于资本运作的“××”系的公司，例如早年的“德隆系”，最近的“泽熙系”，等等。除非投资者对自己“与狼共舞”“虎口夺食”的技术和能力非常有自信，否则，避而远之也许是最安全的投资策略。

在公司股权和治理上存在重大缺陷和风险的上市公司，根本不需要进行公司的基本面分析，可以直接一票否决。

外资控股公司

在目前国内的 A 股上市企业中，由外资控股的上市公司为数不多，主要有苏泊尔、东睦股份、华新水泥、绿庭投资等。从IPO开始就是外资控股的则仅有东睦股份一家。但这些号称外资企业的上市公司多数实际控制人是港资、台资企业和外籍华人。因此，其优势和缺陷与民营控股上市公司是基本一致的。

混合所有制上市公司

基本定义

混合所有制的上市公司，就是在其股权中含有以下多种类型股东的上市公司。

- 国有股份：一般单一国企股东持股低于25%。
- 民营股份：非绝对控股，或有战略投资者平衡下的相对控股。
- 战略投资者：知名的私募基金、跨国公司或其他混合所有制企业。
- 公司管理层、关键员工股权激励或持股计划。
- 其他上市公众股份。

根据上市公司历史及股权演变过程，混合所有制上市公司大致有以下3类。

（1）由国企演变而来：这类公司原来是国有企业，在上市前或上市后通过多次改制，逐渐演变成混合所有制上市公司，典型的代表有中联重科、上海家化、洋河股份、宇通客车、青岛海尔、恒瑞医药等。

（2）由民企演变而来：这类公司创始、上市前甚至上市后一段时间内，都是民营控股公司，但近几年通过引入战略投资者、管理层或员工股权激励计划，逐步成为混合所有制公司，典型的如美的集团、永辉超市、京东、阿里巴巴等。

（3）从创立开始或早期就是混合所有制：这类公司一般都在改革

前沿的深圳、珠海等经济特区，如中国平安、万科、格力电器等。

最佳股权结构

混合所有制的上市公司最大限度地同时具有了国有控股公司和民营控股公司的优势，而同时又避免了它们的缺陷。

（1）混合所有制上市公司由于不受国有控股上市公司体制的条条框框的限制，公司管理层只需对董事会负责，因此，具有市场化的经营机制和反应、创新速度。

（2）混合所有制上市公司的员工、管理层薪酬体系可以完全市场化，也可以实行合适的股权激励计划，管理层与股东利益的一致性更有保障。

（3）同时，因为董事会、战略投资方或国有股东的平衡和牵制，即使是民营相对控股的混合所有制上市公司，其经营的规范程度和对中小股东的利益保护，都相对更好。

因此，**从目前国内资本市场投资的角度看，如果只考量公司的股权结构，混合所有制应该是最佳的股权结构**。现实中，目前在A股市场上成长最好、回报率最高、竞争力最强的公司，大部分也是混合所有制公司！

当然，混合所有制也不是十全十美的，其中最大的风险就是管理层“内部人控制”。过去一年多时间里闹得沸沸扬扬的“万科控股权之争”，把这一风险完全暴露在投资者眼前。对宝能的高杠杆恶意收购，监管部门已经采取行动，其动机、问题不在我们的考量范围。但单从几方在争斗中流露出来的细节以及万科管理层不顾大股东华润、宝能反对，强推与深圳地铁的重组来看，万科管理层也确有很大的“内部人控制”之嫌。更让人啼笑皆非的是，万科一位著名的经济学教授独立董事，居然还洋洋洒洒写下一篇长文去论证“企业则始终必须由经营者支配，源于这是唯一最有效率的形式”的观点。稍微探究一下独立董事制度在美国资本市场的起源就会明白，独立董事就是为了在股权过于分散下避免公司管理层“内部人控制”而设计的。这只能证明，“屁股决定脑袋，利益决定观点”不仅适用于公司内部政治，在资本市场上更是如此。

综合而言，笔者认为可以采用以下标准来考量、选择上市公司的股权结构，如表7－1所示。

表7－1　上市公司股权结构选择

评级	公司类型	附加条件	示 例
优	混合所有制上市公司	无，最优选择	美的集团、中国平安等
良	国有相对控股上市公司	管理比较市场化的“新型国企”	华润、青岛啤酒、招商银行等
良	大型民营相对控股上市公司	管理规范的大型龙头企业	三一重工、爱尔眼科、永辉超市等
中	国有绝对控股上市公司	除非有特别强的竞争力	贵州茅台
差	小型民营控股上市公司	基本不宜长期投资	众多

第三节　董事会

上市公司的董事会人员构成及能力、水平，是投资者评估公司治理机制的重要考量。因为上市公司的董事会虽然不参与公司的日常经营管理，但是公司的重大经营事项决策，如战略、年度计划、组织架构的变更、高级管理人员的聘任或解聘，都需要经过公司董事会的批准。按照《公司法》的规定，董事会对股东会负责，主要行使下列职权：

- 负责召集股东会，执行股东会决议并向股东会报告工作；
- 决定公司的生产经营计划和投资方案；
- 制订公司的年度财务预算方案、决算方案；
- 制订公司的利润分配方案和弥补亏损方案；
- 制订公司增加或减少注册资本以及发行公司债券的方案；
- 制订公司合并、分立、解散或者变更公司形式的方案；
- 决定公司内部管理机构的设置；
- 决定聘任或解聘公司经理及其报酬事项，并根据经理的提名决定聘任或者解聘公司副经理、财务负责人及其报酬事项；
- 制订公司的基本管理制度；
- 公司章程规定的其他职权。

公司董事会是否胜任，主要取决于董事会董事成员的构成、董事的能力和水平。

董事成员构成

根据《公司法》的规定，上市公司的董事会成员为5～19人，董事可以分为执行董事（常务董事）和非执行董事。执行董事一般包括公司管理层里的关键人员，如首席执行官、首席财务官、副总经理、董秘等。公司的财务总监是否为执行董事是公司的财务功能强大与否的重要标志。在跨国公司里，公司首席财务官一般是执行董事。

非执行董事则包括股东董事和独立董事，股东董事一般由大股东或重要股东直接选任、委派，代表大股东的利益。一般情况下，持股10%以上的大股东都可以获得一个董事席位。

根据中国证监会《关于在上市公司建立独立董事制度的指导意见》的定义："上市公司独立董事是指不在上市公司担任除董事外的其他职务，并与其所受聘的上市公司及其主要股东不存在可能妨碍其进行独立客观判断关系的董事。"

理论上，独立董事对上市公司及全体股东负有诚信与勤勉义务，当股东和管理层发生利益冲突时，独立董事站在中小股东的立场上，对管理层质疑、指责和建议。但实际上，由于独立董事大多由公司管理层或大股东推荐，与管理层和大股东有千丝万缕的关系，能否真正"独立"判断，取决于每一位独立董事的背景和立场。在万科与宝能的股权大战中，几位独立董事截然不同的行为方式就很能说明问题。

除了公司股权结构外，从一家上市公司董事会人员构成的均衡性也可以评估其公司治理的风险。如果一家公司的董事除了几个独立董事外，其他执行董事和非执行董事都来自大股东的集团公司或控股公司，就是典型的一股独大的情形，这类上市公司往往与大股东控制的母公司、集团公司有很多关联交易，上市公司的独立性可以打一个大大的问号。

在目前中国的资本市场环境下，笔者认为理想的董事会成员构成最好是“三分天下”：1/3 的执行董事，1/3 的股东董事（最好来自两个以上股东），1/3 的独立董事。

董事能力

除了董事会成员的构成，董事的学识、管理经验和能力也是非常重要的考量因素。因为执行董事就是公司的管理层成员，其优秀的特质我们在上一章已有论述。这里主要指的是非执行董事。

关于董事的能力，沃伦·巴菲特在《巴菲特致股东的信》一书中有一段清楚的讲述：“董事会成员必须通晓公司业务，对本职工作有兴趣，而且为公司所有者着想，在许多情况下，人们选举董事仅仅是因为他们有名望，或者是为了增加董事会的多样性。这种习俗是一种错误。”由此不难理解，优秀上市公司的董事会一般有以下特点。

公司的董事年富力强，有足够的时间和精力投入到董事工作中

年富力强的公司董事会有更强的事业心和进取心，最怕的是公司董事会的非执行董事大多是 60、70 岁的“太平绅士”，把董事作为一个荣誉职位，又或是同时兼任多家上市公司的董事。

公司的董事大多有多年的行业管理经验

有些公司的董事虽然是知名的管理专家或退休高管，但该公司与其之前工作的领域完全不相干。其作为董事的能力和贡献就存疑了。

财务、法律专业方面的董事为来自知名大学或事务所的教授、律师

这些大多是独立董事，一般而言，越知名的人士，越爱惜其“羽毛”。

公司的独立董事会定期更换

根据中国上市公司协会2014年9月发布的《上市公司独立董事履职指引》，A股上市公司的独立董事的任职期限最长为6年。但在港股上市公司，任职超过6年、甚至10多年的都大有人在，这些长期不更换的“独董”就很可能只是“花瓶董事”，能力和独立性都是存疑的。

投资者可以通过仔细研读每一位公司董事的教育、职业履历及管理经验，过去经营管理的业绩，参与上市公司董事会会议、股东大会的情况等细节，来评估每一位董事及董事会整体的能力和水平。

董事会对管理层的制衡

董事会对公司的管理层是否有足够的制衡，是公司董事会人员构成和董事会能力的直接结果和体现。优秀上市公司的董事会对管理层的制衡体现在3个方面。

差异化的业绩考核对最高领导层，包括首席执行官同样有效

差异化的业绩考核是否对首席执行官同样有效，最直接的表现就是首席执行官的薪酬和股权激励：公司业绩出色，CEO可以获得高薪；如果公司业绩不达标，CEO的奖金、股权激励就应该按规则降低乃至取消，而不是根据业绩降低门槛。最糟糕的情形是公司没有完成业绩指标，公司其他员工降低或没有奖金，而公司的最高领导层、CEO仍然拿奖金、股权激励。

以中国平安入主的上海家化为例，虽然投资者对其在2013年推选的CEO的高薪和股权激励计划颇有微词，但是，由于业绩不达标，致使CEO股权激励无效，发展到CEO职位不保，CEO离职后与后任实现平稳过渡，与前一任管理层变更时的惊天动地相比，上海家化的公司治理水平已然是今非昔比了。

最高领导层的人员变动

公司的最高领导层、管理层变动都应该由董事会提名委员会提议，经公司董事会批准决定。如果公司的新任总经理把管理团队全更换为“自己人”，那么董事会的制衡作用肯定要打个大问号了。

管理层的股东利益文化

从公司最高领导层，尤其是首席执行官，对股东尤其是中小股东的态度，可以看出董事会对管理层是否有足够的制衡。从王石在宝能入股之时发出的“不欢迎民营企业做大股东”，到后来对十几年大力支持万科的大股东华润集团的公开批评，都是让人诟病万科有“内部人控制”之嫌的直接表现。而以下格力电器管理层对中小股东的态度更能说明问题。

案例：谁的“格力电器”？

在 2016 年 10 月 28 日，格力电器临时股东大会上，格力电器拟 130 亿元收购珠海银隆新能源的议案，因大股东格力集团的支持涉险通过，但配套募集资金的议案则被中小股东以过半数的反对投票否决。

据媒体报道，恼怒之下，格力电器董事长董明珠当众“训斥”前来参会的中小股东：

“我进来不鼓掌，这是第一次。”

“格力没有亏待你们！我讲这个话一点都不过分。”

“我 5 年不给你们分红，你们又能把我怎么样？”

“你看看上市公司有哪几个这样给你们分红的？”

在随后的 11 月 4 日接受采访时，董明珠表示，“外界认为股东会没通过，对我们好像是很大的打击。其实我认为根本没必要用这样的心态看。因为你问心无愧，你的选择是为了给股民带来更好的发展。他不理解你的时候，反对了，我们让他们体验反对后的结果”。

投资观察：

在笔者看来，没有股东利益文化的公司，无论经营业绩如何出色，都是不值得投资的。古人云：君子不食嗟来之食。何况中小投资者投资一家上市公司，承担投资风险、获得投资分红，本是理所当然。如果不是缺乏股东和董事会的制衡，管理层何来“施舍”之傲气？

附录　公司治理检查清单

序号	内容	正面信号	负面信号
1	公司股权结构	混合所有制	一股独大
2	在国有相对控股下，其他股东情况	多家国企混合控股	一家控股
3	在民营相对控股下，其他股东情况	有知名 PE 等股东	一家控股
4	在国有绝对控股下，有何特别竞争力？	非常独特的竞争优势	无
5	公司董事会人员构成	三分天下	大股东一家独大
6	公司财务总监是否是执行董事？	是	否
7	公司董事会能力如何？	年富力强	差强人意
8	公司最高领导层是否有差异化业绩考核？	从薪酬看，是	否
9	公司管理层变动是否体现董事会制衡？	是	否，CEO 控制
10	公司管理层体现的股东利益文化	尊重大小股东	不尊重股东
11	公司是否有“内部人控制”的嫌疑？	无	有
12	公司是否有在公司治理上违规的历史？	无	有过

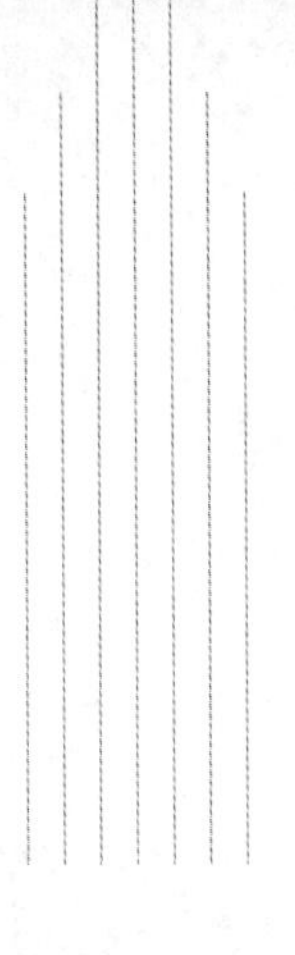

第八章

综合分析与商业常识

在此前的六章，笔者详细介绍了公司基本面分析3个层次的主要内容，把相关要点汇总到了第一章图1－4“上市公司基本面分析框架”中，一个完整精细化的上市公司基本面分析框架内容见图8－1。

投资者对投资标的选择，一言以概之，就是要在此分析框架基础上，通过上市公司基本面综合分析，去发掘极少数的“**可持续高质量盈利的组织**”。

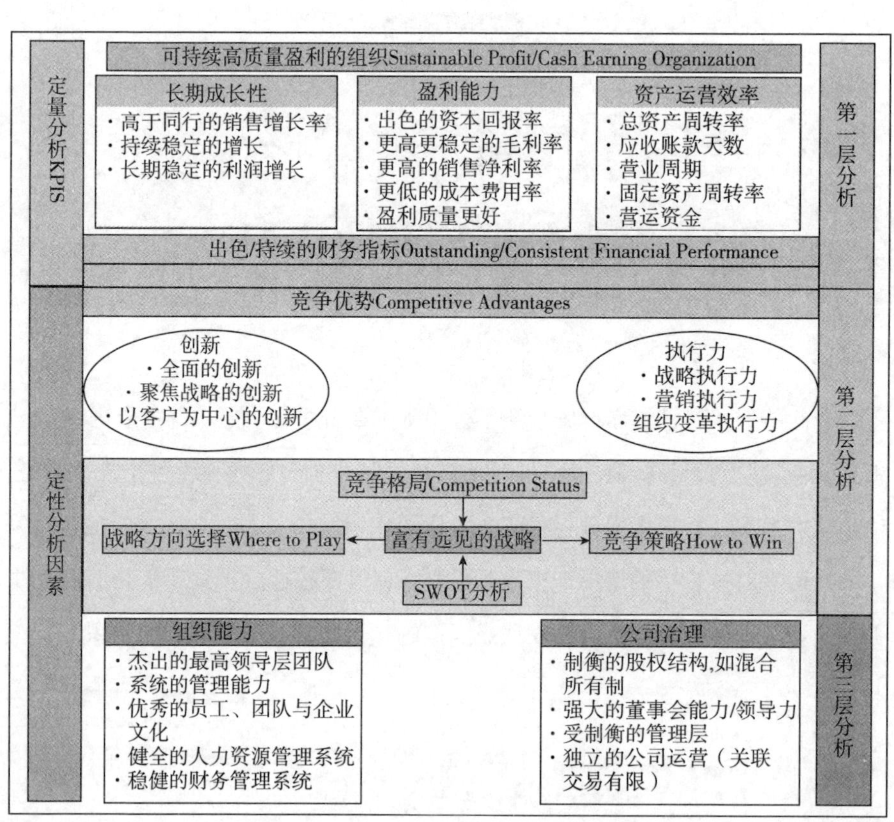

图8-1　上市公司基本面分析完整框架

第一节　基本面综合分析

基本面分析框架为我们挖掘优秀的上市公司提供了分析工具，而分析结论正确与否，则很大程度上取决于投资者的分析和判断。

最大的误区：业绩趋势外推

股票投资最容易犯的一个错误就是趋势外推。所谓趋势外推，就是股价上涨的股票会给投资者股价将会继续上涨的感觉，尤其是在股价较长时间形成上涨趋势（形成上升通道）时，投资者往往会凭强烈的直觉推断股价还会继续上涨，如图 8－2 所示。

相反，股价下跌的股票也给人一种还会继续下跌的感觉，尤其是长时间持续下跌（形成下跌通道）时，投资者也会简单推断股价还会继续下跌。

从心理学原理来看，趋势外推是人类进化过程中形成的合理的心理现象：为了对事物变化做出快速的反应，人的大脑不可能对每件事都进行仔细的逻辑思考、判断，很多时候需要凭直觉或者说趋势外推，来做出简单、快速的判断。而且在生活中，趋势外推在很多情况下也是对的。因此，每个投资者潜意识里都会或多或少有这种趋势外推的感觉，

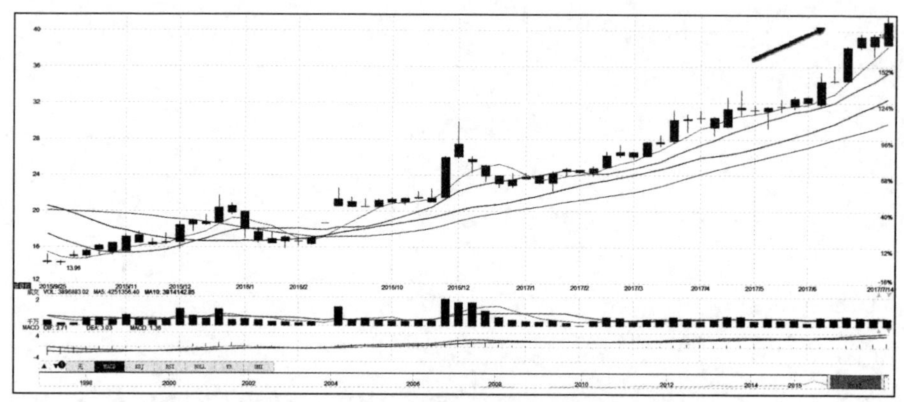

图8-2 2015年9月—2017年7月格力电器股价周K线图

这也是股民追涨杀跌、股市波动往往超出投资者预期的心理学原因之一。

其实不仅是股价，投资者在预测公司业绩时也容易趋势外推，尤其是上市公司过往业绩是否优秀，很多时候其实是一目了然的，如图8-3所示的中国平安业绩指标。

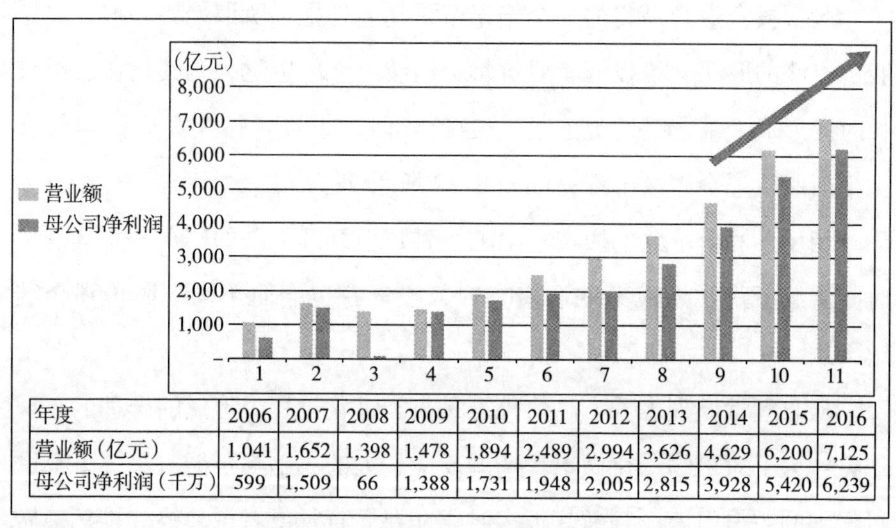

年度	2006	2007	2008	2009	2010	2011	2012	2013	2014	2015	2016
营业额(亿元)	1,041	1,652	1,398	1,478	1,894	2,489	2,994	3,626	4,629	6,200	7,125
母公司净利润(千万)	599	1,509	66	1,388	1,731	1,948	2,005	2,815	3,928	5,420	6,239

图8-3 中国平安业绩表现

虽然最理想的投资就是寻找到业绩真的可以在优秀历史业绩基础上趋势外推的上市公司。但是，无论是股价还是上市公司的业绩，其实都不可以简单趋势外推，而需要经过复杂、详尽的逻辑推理和分析。公司基本面分析就像是竖立在历史业绩和未来业绩中间的那堵墙，只有看通、看透了这堵墙（公司基本面），才可以确定上市公司未来业绩是否还是同样优秀，如图 8－4 所示。

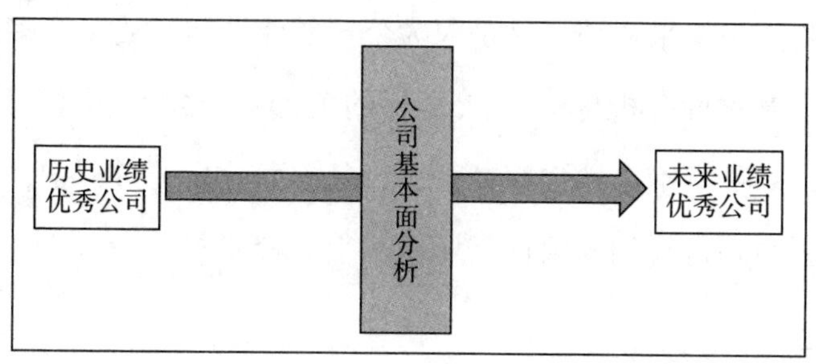

图 8－4　基本面分析：连接历史与未来业绩

基本面决定未来业绩

上市公司基本面对上市公司的未来业绩的决定性影响，可以用图 8－5的两个公式来描述。

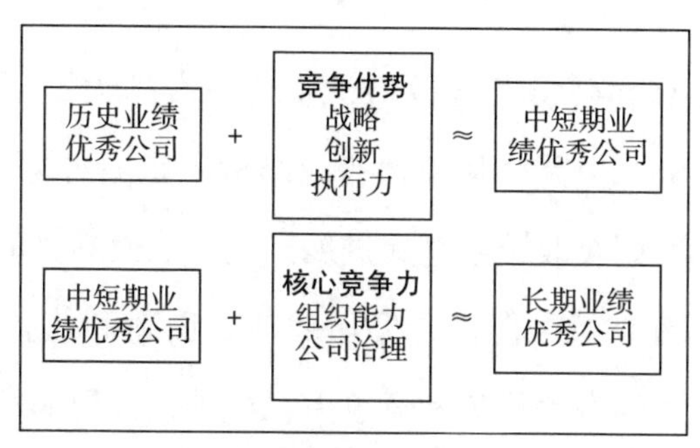

图 8－5　基本面决定未来业绩

概括地说，公司中短期（1～3 年内）的经营业绩主要由公司的竞争优势决定，也就是公司的战略、创新和执行力。

而公司的长期业绩（3 年以上）则不仅取决于运营层面的竞争优势，更重要的是公司的核心竞争力，主要是组织能力和公司治理。

需要注意的是，公司的基本面与未来业绩并不是线性的、直接的因果关系，或者说“1 + 1 = 2”的关系，而是大概率、“约等于”的关系。换言之，即使是最全面、最详尽的分析，也不能确保投资者可以 100% 的准确预测公司未来业绩。这是因为公司的业绩本身受到众多因素的影响，除了“基本面分析框架”所概括的关键、决定性因素，还有很多其他因素，这种不确定性也存在于进行基本面分析的过程中，因此投资者对上市公司和自身的局限性需要做出很多权衡与取舍。

基本面权衡与取舍

没有完美的公司

“人无完人”，从投资的角度来看，也不存在完美的公司。投资者进行公司基本面分析、寻找优秀的上市公司时，需要明白：优秀不等于完美。例如，贵州茅台和中国平安，普遍被认为是优秀的公司，但它们绝对不完美。

（1）贵州茅台在公司发展战略，尤其是产品力、品牌力上具有非常明显的竞争优势，但是，从公司股权结构上来看，国有股一股独大，公司在股权激励、国企改革上毫无进展，这是显而易见的缺陷。

（2）中国平安在组织能力、公司战略、创新和执行力上都非常优秀，表现出了强大的竞争优势和竞争力。可是，公司非常分散的股权结构，是否存在类似“万科股权之争”的公司治理风险呢？公司比较激进的业绩导向文化，在某些领域是否会导致过高的风险？如平安银行高企的不良资产。

因此，投资者在判断公司的优秀程度、投资价值时，必然存在权衡和取舍。以贵州茅台和中国平安为例，中短期来看，贵州茅台业绩的可预测性、确定性更强，但长期业绩则可能受一股独大的公司治理的局限。而中国平安的中短期业绩更有可能出现经营风险、波动或意外，但长期来看，中国平安在公司治理和组织能力上的核心竞争力非常明显。这种权衡与取舍本身就具有一定的不确定性。

三个层面相互印证

公司基本面分析虽然分为3个层次，但彼此并不是孤立的，投资者在分析过程中，可以通过不同层次的分析“模块”之间的分析，进行相互印证，以提高分析的准确性。

首先，定性与定量相结合并相互印证。从公司基本面分析的3个层面来看：第一个层面涉及不少财务、业绩的关键指标，可以说是以定量分析为主；而第二层面、第三层面的分析则更多是定性分析。上市公司在财务业绩上的数据变化，要从公司运营和核心竞争力上找到答案；而公司在财务业绩表现上的恶化，也一定要追根溯源地从公司运营和核心竞争力上去寻找其问题。例如，张裕曾经是A股投资者眼中的“白马股”，在2012年以前，无论销售收入还是股东净利润，都以+20%的速度增长，但从2012年开始经营每况愈下，如表8－1所示。

表8－1　张裕A财务业绩表现　　单位：百万元

	2016	2015	2014	2013	2012	2011	2010	2009	2008	2007
营业收入	4,718	4,650	4,157	4,321	5,644	6,028	4,983	4,199	3,453	2,730
营业收入增长率	1.5%	11.9%	-3.8%	-23.4%	-6.4%	21.0%	18.7%	21.6%	26.5%	26.2%
股东净利	982	1,030	978	1,048	1,701	1,907	1,434	1,127	895	636
净利增长率	-4.6%	5.4%	-6.7%	-38.4%	-10.8%	33.0%	27.2%	26.0%	40.7%	143.2%

资料来源：公司年报。

对于业绩的下滑，管理层在年报中归结于“由于国外葡萄酒大量涌入，其产品价格区间进一步下滑，使市场竞争更加激烈，给公司持续稳定增长带来了更大挑战”，国外葡萄酒的冲击及竞争的加剧固然是事实，可是这种竞争态势已经发生并持续了3～4年了。从投资者的角度来看，就不可以仅仅归结于竞争和行业的变化了，而应该从上市公司的战略、执行力和组织能力的缺陷上去找问题。其中可能存在的问题，可以参见第五章的案例——“张裕先锋酒业千店计划搁浅”。

反过来，如果投资者在定性分析中观察到公司在创新、执行力、战略、组织能力等方面存在竞争优势，应该可以从公司更优秀的财务、运营指标上得到印证。例如，公司更强的创新能力应该在更高的新产品销售占比、更高的销售毛利、更高的研发投入和更多的研发人员等方面得以体现。

其次，在定性分析的不同“模块”间也可以相互印证。例如，强大的执行力往往需要公司有相适应的组织能力保障，表现为扁平的组织机构、高效的团队、业绩导向的企业文化、具有标准业务流程和系统等。

动态跟踪

通过基本面分析并预测公司业绩的困难之处还在于上市公司本身是“活的”，也就是说，上市公司这个“盈利组织”本身是在不断发展变化之中的：无论是公司的外部经营环境，内部的组织和人员，公司的生产、研发、销售等基本业务活动，都是在不停地动态变化中的。这既可能是在持续的改善过程中，也可能是在不断的恶化过程中。因此，投资者对一家上市公司的基本面分析不是静态的，更不是一劳永逸的；而是需要动态地跟踪上市公司基本面的发展变化，尤其是在公司治理（股权、董事会变动、股权激励等）、组织能力（管理层变动、文化等）、战略等发生变化时，更需要紧密地跟踪其潜在的影响。

你的投资你做主

我们在第一章就说到，价值投资很难，价值投资其实比“炒股”要难得多，这首先是因为公司基本面分析很难，要做好公司基本面分析，投资者必须要具备非常强的**独立思考的精神和能力**。

价值投资没有“神”

公司基本面分析需要独立思考的精神，要做到这点，笔者认为首先要打破“股神”迷信。提起“股神”，当然非巴菲特莫属了。很多投资者谈起价值投资，言必称巴菲特，特别是在选股时，对巴菲特投资的公司更是亦步亦趋，恨不得在中国 A 股市场中直接找一个和巴菲特一样的持股组合。

对于巴菲特的投资理念和价值投资的基本原则，笔者非常认同，也在本书中多处引用其论述。但是，说到基本面分析，其实没有神，前面说到通过基本面分析也无法100%确定公司的未来业绩，因为投资者本身的判断、解读也可能出差错，即使巴菲特也不例外。巴菲特自己公开承认的最近几年的错误投资就有：

- 乐购（Tesco）：巴菲特在 2006 年首次入股乐购，在接下来的 7 年时间里逐步增加了对乐购的投资并成为乐购的第三大股东。直到 2014 年，乐购发布了一系列的盈利预警，并卷入了涉嫌虚夸盈利的丑闻，巴菲特才退出并坦陈投资乐购是一个巨大的错误：这笔失败的投资最终给伯克希尔公司造成 4.44 亿美元的税后亏损。
- 沃尔玛：在 2017 年伯克希尔股东大会上，巴菲特和芒格承认伯克希尔在投资沃尔玛上也犯了错误，他们在 2016 年底抛售了大部分沃尔玛股票。巴菲特称，过去他们没有预料到亚马逊将会威胁零售产业。
- IBM：2011 年伯克希尔投资买入 IBM，在 2016 年底巴菲特改变了对 IBM 的看法并抛售了 1/3 的持股。在 2017 年股东年会上，巴菲特表示，对 IBM 的投资判断错误。

因此，期望直接参照、拷贝巴菲特的投资组合来取得投资成功是不靠谱的。在价值投资和基本面分析的世界里，其实没有神，投资者只能依靠自己的独立思考和艰辛的研究。

成功来自持续学习

除了独立思考的精神，投资者也需要有独立思考的能力。要做好公司基本面分析，投资者需要具备非常全面的经济、商业、管理及投资等方面的知识。笔者前面用 6 章的篇幅介绍了上市公司基本面分析的框架，其中涉及不少公司管理方面的知识和要点，还涉及不少商业判断方面的知识，如行业选择、商业模式、创新、产品力、竞争优势等，这些都需要投资者具备一些商业的基本常识和洞察力，才可以做出正确的判断。因此，投资者需要持续不断地学习尽可能多的财经、投资、管理和相关行业的知识。在很大程度上，对上市公司基本面判断的正确与否，取决于投资者在行业、投资、管理等方面的知识积累和经验。

在 2017 年股东大会上总结投资沃尔玛的教训时，巴菲特说道："有的时候，我自己虽然进行学习但还会搞砸。沃尔玛也是一个例子，原来沃尔玛我们觉得是非常好的，但结果却不见得。所以执行力是最重要的，要怎么样去执行。"

对一个 87 岁高龄的老人来说，不管是否"搞砸"，其不断"进行学习""投资到老学到老"的精神也许才是巴菲特投资成功的秘诀。

避免常识性错误

资本市场从来不缺乏时尚和变化。资本市场每年都会冒出很多新的"概念""技术"、新的"商业模式"，又或是"生态圈"。如果投资者要追逐热点，可以说是层出不穷。其实很多新“概念”或“模式”，都无须用公司的基本面分析工具去做全面细致的分析。如果投资者谨记下节的一些基本商业常识，就可以避免很多由于追逐误导性热点所造成的常识性投资错误。

第二节　商业常识

要做好价值投资，需要谨记一些基本的商业常识。

常识 1：大比小好

谬误：中国资本市场有一个与欧美等成熟市场很不同的特点：很多中小投资者甚至是不少的公募、私募基金的基金经理，都热衷于创业板、中小板的炒作。导致创业板和中小板的股票估值均远远高于蓝筹股。最主要的原因大概有两点：（1）公司的股本、市值小，炒作需要的资金少，容易操作；（2）投资者相信，公司越小，成长的空间越大，成长的速度更快。

第一个原因是纯粹的股票炒作问题，对股票炒家而言可能说不上是谬误，也不是价值投资需要讨论的问题。我们主要讨论第二个问题。

其实，对于价值投资而言，在公司规模选择上，大公司要比小公司好。主要原因在于：

（1）风险更小。大公司都是从小公司发展而来的，一家公司从创立、发展、壮大，到最终成长为几十亿销售额、上万名员工的大公司，这期间所要经历的风险、挫折无数。公司从几个人的微型企业，发展成几十个人的小型企业，再到几百人的中型企业，乃至到后来几千、上万员工的大型企业，公司每上一个台阶都是一个“蜕变”的过程，无数个无法跨过这些门槛、栏杆的创业者、企业家都倒在了成长的路上，或者就此停滞不前。正所谓“一将功成万骨枯”，投资者往往只看到最后成功的阿里巴巴、京东，而没有看到大批已经倒闭的互联网电商平台。小公司的经营风险、投资风险是要远远大于大公司的。

（2）**规模效应优势、可得资源更多**。在与同业小型上市公司竞争中，大型上市公司由于具有规模效应，可以获得更大的竞争优势，而且，在过去的经营中也沉淀了更多的品牌、渠道、客户和研发成果等资源，更容易获得外部的支持，如银行贷款、政府支持等。

（3）**能力更强**。公司成长为大公司的过程，也是员工、团队、管理流程不断完善，组织能力不断加强的过程，因此，大公司往往具有更加健全的管理机制和制度，公司的组织能力也具有更大的可持续性。

（4）**成长空间与公司大小无关**。公司的成长空间取决于公司所参与竞争的行业、细分市场的规模、经济特性和成长性，与公司的规模大小无关。这其实是在大海里的鱼和在鱼缸里的鱼的差别。

（5）**成长速度与公司大小未必相关**。按投资者的一般理解，公司的基数越大，公司的成长速度越慢。但不是必然如此的，因为公司的成长速度取决于行业的发展速度、竞争格局和公司的竞争力强弱。事实上，我们可以看到华为公司、中国平安、腾讯、百度、阿里巴巴、京东等大公司，虽然营业收入已经几百亿元、几千亿元，但依然以每年20%～30%以上的速度高速增长，增长速度远远快于大多数的创业板和中小板公司。

因此，创业板、中小板上市公司仅仅因为公司小，臆想的更大成长空间和更快成长速度，而获得更高的资本市场估值，是违背基本的商业和投资常识的。价值投资还是应该以大公司、蓝筹公司为理想投资标的。

常识2：轻比重好

谬误：中国的很多企业喜欢追求规模，在公司的简介、网站里，言必称“公司资产规模超千（万）亿元”，员工××万人，网点××家。以此彰显公司的实力。

其实，对于价值投资而言，在公司商业模式的选择上，是轻（资产/资本）比重（资产/资本）要好。

公司运营所需的资产越多，占用的资本越多，无论是固定资产，还是应收账款、存货等营运资产，都会导致公司的资产周转率和资本回报率越低。因此，我们可以看到著名的跨国公司都在追求“轻资产”运营模式，不论是百事可乐、可口可乐把瓶装厂拆分，还是耐克、ZARA、苹果等公司把生产环节外包，都是出于这种“轻资产”运营，公司专注于品牌、市场营销等核心功能的商业逻辑。

正如我们之前在第二章中所言，未来中国的劳动力成本将会持续升高，因此，能否在人力、（零售/服务）网点上“轻”起来，充分利用互联网、微信等新技术手段替代现在的人力和网点，是未来零售、金融、服务业竞争力的关键。

常识3：慢比快好

谬误：每年消费市场都会出现新的热点和时尚，投资者也热情追逐有关热点技术和产品的上市公司，从液晶电视、智能手机、时尚服饰、调制酒，到最近的VR，等等。他们以为能提供最时尚产品、有相关技术的公司一定赚大钱。

其实，从投资者的角度来看，公司的产品、服务的时尚度和所涉及的技术变迁，更新、变化慢的上市公司比快的公司要好。

消费者口味的变化、对时尚的追求、对新技术的好奇是永无止境的，也是公司创新产品、服务的原动力。但是，正所谓热点和时尚来得快去得也快，如果一个公司的生意面对的是快速变化的消费口味和时尚，这其实是一个非常难做的生意，公司也很难长期赚钱。因为面对消费时尚，公司可能一次、两次甚至多次成功捕捉到潮流的变化，但下一次呢？比如在时尚服饰行业，尤其是女装，由于流行时尚每年、每季都在变化，因此产品也每季都完全不同，从销售预测的技术术语来说，这种生意是完全没有“基础销售（Baseline）”的，是完全无法预测的。

最糟糕的生意是在面对快速变化的消费时尚的同时，产品所涉及的技术也在快速变化、迭代，这种生意赌对了会有几年好日子，赌错了，就可能掉入悬崖。最典型的就是手机这类消费电子产品了（时尚 + 技术），从早期的摩托罗拉、爱立信、诺基亚，几年前的 HTC、三星、联想，到现在的苹果、小米、华为等，消费时尚加上技术的快速迭代，获益的是消费者，而品牌只是“各领风骚三五年”而已。

相反，看看可口可乐、宝洁这些相对的“慢时尚”公司，产品几十年好像没有太大变化，反而是基业长青的公司。

常识 4：老比新好

谬误：跟消费者的消费时尚一样，投资者都喜欢追逐、投资新出现的品类、新流行的品牌，以为老品牌不时髦了、过时了。典型的就是前两年投资者对调制酒公司的投资，将百润股份的市盈率推到近百倍的地步。

实际上，在投资时，拥有老品牌、占据现有品类领导地位的公司更值得选择。

如同我们前面说到大公司相对于小公司的优势：风险更小、资源更多、能力更强。这同样适用于品牌的选择方面。一个品牌能成为一个大品牌、老品牌，是要跨过无数的坎、经历各种考验、经过多年历练的。

而一个新的品类、品牌，同样需要经过大浪淘沙的历程，要有多年的沉淀才会百炼成钢。

不仅是品牌，公司也是如此："老"公司要好过"新"公司。投资一家只有十年八年经营历史的公司，即使是大公司，相比于投资一家有几十年、上百年历史的公司，其风险也要大得多。这是笔者几年前从投资香港上市的"熔盛重工"所得到的最大教训：一家只有不到10年历史的"大"公司，无论其成长故事如何动听，很可能都只是建筑在沙滩上的皇宫，可能会瞬间坍塌。

常识5：竞争比垄断好

谬误：投资者都喜欢去寻找垄断经营的公司，以为垄断的公司最赚钱，盈利能力最稳定。

笔者认为，靠公司的组织能力在市场竞争中胜出的公司，投资价值高于靠垄断获利的公司。这一判断主要基于以下考量：

（1）在自由竞争的市场条件下，靠竞争胜出、获得优于竞争对手市场地位的公司，不仅具有更好的盈利能力，关键在于其在竞争过程中形成的竞争意识、竞争文化和组织能力，使公司处于一个可持续的发展状态，更具有长期投资价值。

（2）垄断大多来自政府控制的相关资源（水电、公路、铁路）或政策管制的公用事业（水、电、煤气等）领域。公司固然可以获得比较稳定的收入和利润，但是，垄断并不是没有代价的，很多时候垄断都是以失去企业的定价权为代价的，因此，公司的盈利更大程度上取决于政府的政策，管理层、投资者并没有太多的话语权。

（3）在垄断的企业里，由于没有市场竞争的压力，公司的效率、管理和组织能力，必然大大劣于在完全竞争条件下成长起来的公司。

垄断的公司和通过竞争胜出的公司，就好比是关在动物园靠喂食长大的狮子和在非洲大草原靠奔跑捕猎成长起来的狮子，其差别可想而知。

常识6：赚钱是硬道理，现金为王

谬误：资本市场是从来不缺少概念和泡沫的，从20世纪90年代末竞相“烧钱”，无须盈利，公司带个“. com”就可以上市融资的互联网泡沫时期，到近两年国内资本市场热衷的“P2P”“生态圈”炒作，公司估值动辄上百倍市盈率，新模式、新概念、新的圈钱炒作从来不会缺席。

谨记“赚钱是硬道理”，是价值投资规避这类炒作风险的基本要求。对股东而言，上市公司存在的唯一目的就是盈利，任何不赚钱的生意模式、概念，都是不可持续的，都有可能只是一个“庞氏骗局”。

其实，对价值投资来说，公司只是赚钱都还不足够，价值投资还需要“现金为王”，在投资决策上，应该要“不见现金不投资”，坚持“见钱眼开”。

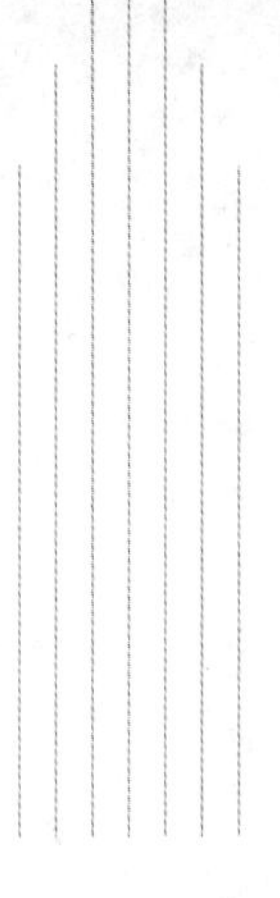

第九章

估值综述：投资买的是什么？

估值，译自英文单词 Valuation，英文字典（dictionary. com）中的解释翻译过来包含两个意思：

（1）估计、确定“物品”的价值的行为（技术、过程）；

（2）一个估计的价值。

具体到股票估值，就是“估计、确定股票价值的行为（技术、过程）”或者是“估计的股票价值”。

在研究如何“估计、确定股票价值的行为、技术和过程”之前，我们需要首先清楚地认知股票的财富特质和股票价值的内含。

第一节　股票的财富特质

提起财富，人们首先想到的肯定是货币、金钱。无论是古代货币初始阶段的贝壳、铜钱，近代的金币、银币，到现代的纸币，还是现在演变成银行账户或银行卡里的一个数字，金钱、货币都毫无疑问是最直接的财富载体。随着经济的发展和社会的进步，尤其是各类商品、投资市场的出现和发展，财富的载体也越来越多样化，包括：

- 黄金、白银等各类贵金属（贵金属交易市场）；
- 大宗商品，如石油、铜、铝、大豆、玉米等（有色金属或农产品交易市场）；
- 土地和房地产（房地产、不动产市场）；
- 古董、文物、字画等收藏品（文物、古董拍卖市场）；
- 商标、专利等无形资产（无形资产交易市场）；
- 债券、股票（资本市场）。

可以看到，所有这些近、现代发展出现的新型的财富载体都有一个对应的交易市场，正是这些交易市场提供的可交易性（流动性）和交易中产生的价格，使这些商品（物品）不仅具有原来的使用价值，也具有了财富载体的功能。最典型的就是中国房地产市场的发展：在

1998 年取消福利分房、商品房开始大量上市交易以前，大概没有几个中国人会认为自己住的单位分配的房子是家里的一笔财富吧，顶多也就具有居住的使用价值罢了。而如今，中国家庭的财富超过 60% 体现为所拥有房产的价值（《中国家庭财富调查报告（2017）》）。

相对于上述其他资产和财富载体，股票具有三个显著不同的特点。

股票是一种“虚拟”财富

相对于黄金、房产等实物形式的财富而言，股票可谓是一种“虚拟”的财富，这种虚拟性主要体现在以下三个方面。

股票是法治和产权保护下的金融合同权利

股票是建立在国家有关产权保护法律、《公司法》及证券市场法律法规体系上的一种“无形”的对上市公司一部分股份的所有权。中小股东对公司的这种股份所有权，可以说是基于上市公司章程基础上，与上市公司的一份金融合同权利。在股票市场发展的初期，上海交易所发行“老八股”时，股东还可以收到一张纸质的股票实物凭证。但很快，在证券市场交易高度电子化的今天，股票不再具有实物形式，而只不过是在中国证券登记结算公司电脑系统里记录在投资者股东账户中的一个数字、一个符号而已。

因此，股票就是基于国家法治和产权保护下的一种“虚拟”财产。这也是股票的“内在价值”更加抽象和难以理解的原因之一。

股票是一种有限制的财产所有权

一般情况下，财产所有权包括经营权、使用权、收益权和处分权。而股票作为一种财产所有权则比较特殊。由于现代股份制上市公司的经营权与所有权的分离，上市公司的经营权由公司董事会和管理层行使，中小股东并没有经营权。而且，由于所持有的股票只是上市公司的小部分股权，中小股东对公司的资产也完全没有支配权、使用权。因此，**中小股东持有的股票是只有收益权和处分权的财产**。事实上，由于上市公司的股利分配也主要由公司董事会决定，中小股东根本没有太大影响力和决定权，可以说中小股东的股票收益权其实也是部分受限的。

股票是交易过于便捷的财产

相对于空悬的经营权、使用权和受限的收益权，股票的处分权应该是得到最充分保障的。与大宗商品、房产、商标专利等相比，股票市场的交易更加便利，交易成本更低而且非常快捷。正是由于股票交易过于方便快捷的原因，股票市场不仅流动性非常高，股票价格波动也更加剧烈。

可能正是因为股票的这些“虚拟财富”特点，使得很多股票市场参与者无法区分股票的“价格”与“价值”，完全忽略了股票其实本身就是一种资产或财富。表现在市场行为上，最典型的表现就是股票涨了就要赶快卖掉，因为感觉只有把股票变成账户里的现金才是财富的增加。

股票是一种投资品

在前面所提到的各种财富的载体中，有些是投资品，有些则是投机品。

投资品与投机品

所谓**投资品，就是除了交易价值以外，物品、资产本身具有经济价值，能够为所有者带来经济回报**。例如，投资者持有商铺可以获得租金收入，农场土地可以产出农作物，商标、专利可以带来生意的提升，等等。一般投资品本身的价值会随着其产生经济回报能力的提升而升值。

相对应的，**所谓投机品就是物品只有交易价值，持有物品本身并不**

会为所有者带来经济产出。最典型的是黄金、文物和古董收藏品。虽然这些物品在市场上交易价格不菲，但是持有这些物品本身并不能产生经济回报，实际上还需要花费额外的储藏成本来保管。

股票为什么是投资品

股票是一种投资品，股票的投资品特性表现在：上市公司在资本市场获得股东的资本后，可以支持业务的扩张，如购买更多的机器设备、雇用更多的员工、生产更多的产品和产生更多的销售，上市公司的业务和规模都会变得更大。以 2014 年初 IPO 的海天味业为例，其上市前的 2013 年和 2016 年的主要业务指标如表 9－1 所示。

表 9－1 海天味业主要业务指标

主要指标	2013 年	2016 年	成长率%
销售量（万吨）	162	213	31.5%
员工总数（人）	3942	4383	11.2%
固定资产（百万元）	2361	3830	62.2%
销售收入（百万元）	8402	12458	48.3%

从股东角度看，公司业务发展后，可以为股东带来更多的利润和分红。以海天味业为例，上市后三年，净利润增长了 77%，给股东的年度分红增长近 88%。

表 9－2 海天味业利润与分红 单位：百万元

主要指标	2013 年	2016 年	成长率%
净利润	1606	2843	77.0%
分红总额	979	1839	87.8%

上市公司的生意越做越大，公司的盈利越来越多，作为股东每年可以获得的分红也越来越多。因此，投资者所持有的对应的上市公司的股票，当然是随着时间而升值的投资品。笔者以为，这种投资品属性，应该也就是以下巴菲特口中“运营结果”“称重机”和“内在价值”之

所指吧。

“遵循本的教诲，查理和我判断我们的股票投资成功与否的标准是公司的运营结果，而不是它们每天，甚至是每年的市场报价。市场可能会在一段时间内忽略公司的成功，但终究会得到认可。正如本所言：在短期内，市场是一台投票机，但在长期来看，它是一台称重机。”

“更进一步地说，只要公司的内在价值还在以一个令人满意的速率在增长，公司的成功得到市场认可的速度并不重要。实际上，市场延迟的认可可以成为一种投资优势：它可以给我们机会以便宜的价格买入更多的好东西。”①

股票的投资价值

事实上，就整体股票市场而言，股票是所有投资品中投资回报率最高的。根据《股市长线法宝》一书所述，西格尔教授研究了 1801 年至 2001 年 200 年间各投资品种的回报，发现股票“长期内相当稳定的复利实际年均回报率 7% 左右”，是所有投资品种回报率最高的。

很多人以为中国股市比这差远了。其实，中国股票市场的投资价值并没有大家想象的那么不堪。以上证指数为例，最近的几个行情最低点是 2005 年 6 月 6 日的 998 点，2008 年 10 月 28 日的 1665 点，2013 年 6 月 25 日的 1850 点和 2016 年 1 月 27 日的 2638 点。比较这几个低点就会发现，低点是在逐步抬高的，这说明中国股市的大趋势在不断向上，投资者是可以从中赚到钱的。如果我们根据以上指数变化来计算中国股市总体的收益率，从 2005 年 6 月 6 日到 2008 年 10 月 28 日的年化收益率是 16. 2% ，第二个阶段为 2. 3% ，第三阶段为 14. 0% ，三个阶段平均为 9. 4% ，投资回报率远高于同期的债券收益。由此可见，中国股市同样具有投资价值，只不过是大家身在庐山而不自知罢了。

① 引自：巴菲特致股东的信。

图 9－1　上证指数月 K 线图

股票的投资品属性与本书第一部分关于组织能力的探讨是一脉相承的。股票的投资品属性，源于上市公司作为一个独立的“法人”，具有超越其创始人和管理层的独立“法人”人格和可持续裂变、发展、不断长大的组织能力。

股票本质上是永续劣后债券

公司债券代表的是公司对债券持有人的付款承诺，不单只是以约定的利率和时间间隔支付利息，而且一般有确定的到期日，公司必须在到期日付清债券的票面价值。公司债券一旦延迟支付利息或本金，公司就有被起诉破产的危险。

与公司债券相比，从股息及本金的安全性来说，股票对投资者而言，本质上就是上市公司永续的劣后债券。

(1) 跟债券不同，股票并没有确定的到期日，公司也无须向股东偿还投资本金，因此，股票本质上是一个没有偿还日期、永续的公司债券，而股息是股东期望的“债券利息”，问题是股息的支付金额和时间都是不确定的，完全由公司董事会根据经营情况来决定。

（2）就本金安全性而言，一旦公司破产清算，公司的财产也是优先清偿公司债务，如有剩余，最后才分配给股东，即股票只有公司清算剩余资产的受偿权。因此，股票是最低等级的“劣后”债券。

由此可见，股票的投资回报确定性和安全性都远远差于公司债券，如果公司经营不佳，就是一份没有到期日、没有确定“利息”的劣后最低等级、最没有保障的公司债券。因此，**我们不仅要以比投资优质公司债券更严格的标准去挑选拟投资的上市公司股票，而且，只有在预期的股票投资收益要远高于投资同一家公司的优质公司债券时，公司的股票才具有投资价值。理解股票本质上是上市公司的永续劣后债券，你就会理解为什么在股票估值中保守与安全是首要原则。**

第二节 股票的价值：投资买的是什么？

股票投资其实和房地产投资，尤其是商铺投资，有很多共通之处。所以，在思考股票投资尤其是股票估值的时候，笔者经常用相似的商铺投资来类比、思考。股票就是上市公司的一小部分所有权，如果我们更深一步探究，这个所有权到底是什么呢？换言之，我们买股票，买到的到底是什么呢？我想应该有以下三个递进的考量。

资产

股票是上市公司的一部分所有权，换言之，也就是占有上市公司一部分资产的权利，如固定资产、存货、应收账款等。由于上市公司除了拥有资产外，也会有不少负债，因此，更准确地说，应该是占有上市公司对应份额的净资产的权利。

买股票就是买入上市公司（净）资产的概念，对于主要以持有商业物业（商场、办公室）获取租金收入为主营业务的公司，如恒隆集团、SOHO 中国，以及房地产投资基金（REITS），是很好理解的，因为按照公司持有的物业面积，投资者甚至都可以计算出你持有的股票数所对应的物业面积。可以说，买股票就是买资产，与投资者自己买商铺投资的思维是几乎一样的。如果你买的是二手商铺，你会很关注你的卖家当初从开发商买入的价格，如果他一年前以每平方米 1 万元买入，一年后他要以每平方米 2 万元卖给你，我想你一定会反复估算：这是否太贵了？

对应于买股票就是买资产逻辑的是**“资产估值法”**，是主要基于财务报表中的“资产负债表”的一种估值方法。

盈利能力

“买股票就是买资产”的最大问题是：并不是所有的资产都是可以赚钱的。正如我们在第二章“看懂公司的盈利”中说过，“不能盈利的工厂（资产）其实是负债”。

记得十多年前笔者在购买现在的住房时，小区大门口配套的商铺也正在出售，售价是每平方米 7000 元，几乎与住宅售价相同。笔者当时跟家人说：“这商铺真便宜，买一个来投资肯定很赚。”不过幸好没买！十年后的今天，小区大门口的商铺还有一半是空置着的！十年后，小区住宅价格已经涨了 5 ~ 6 倍，而大门口的商铺业主原价转让也没人要！在使用价值上，商铺和股票还挺相似的：商铺除了出租赚取收益外，几乎没有其他使用价值！

由此可见，买商铺并不只是买其建造成本所对应的实物资产，更多的是购买其可以不断提高的租金收益。同样道理，买股票也不只是买上市公司所拥有的实物资产，更多的是上市公司的盈利能力。

对应于买股票就是买上市公司盈利能力的逻辑的是**“盈利能力估值法”**，是主要基于财务报表中“损益表”的一种估值方法。

未来（自由）现金流

在前面的例子里，我们把商铺的租金收入等同于商铺的盈利能力。

实际上业主所能获得的现金收益还要扣减商铺的维护保养成本。

假如两套同样大小、同样租金收入的商铺，A 套建造质量很好，业主完全不需要花钱维护保养，租户还愿意每次预付一年的租金。而 B 套的质量差强人意，业主每年都要花费租金收入的 20% 去维护保养，才能继续出租，租户只肯一月一付租金。因此，虽然租金收益相同，业主从 A 套商铺所能获得的净现金收益更多、也更早。A 套商铺的内在价值显然要比 B 套高得多，因为归根结底，业主考虑的并不只是租金多少，而是最后能够拿回家的“净现金”有多少。

公司的盈利同样是如此：盈利能力相同的公司，股东所能获得的净现金流的多少和时间早晚是不同的，能够更早、获得更多净现金流的公司，具有更大的股东价值。因为归根结底，股东想要获得的是能够拿回家的“净现金”。

对应于买股票就是买上市公司未来（自由）现金流逻辑的是“**未来（自由）现金流估值法**”，是主要基于财务报表中的“现金流量表”的一种估值方法。

后文我们将对这三种估值方法及投资实战运用做详细的介绍。

第三节　股票估值的关键假设

在对上市公司的股票进行价值评估前，投资者必须深入理解股票估值的关键假设，因为这些关键假设对于投资者的估值理念及如何应用股票估值方法至关重要。

公司的“法人”人格

上市公司的股票具有投资、交易价值，是基于上市公司具有独立的公司“法人”人格之上的。上市公司的运营和管理如果高度依附于创始人、公司主要的股东，公司的利益与创始人、主要股东的个人利益是不能分开的，那这个公司的管理就还没有能够“非人格化”、职业化和正规化。公司也就不具有自身独立的生命和“法人”人格。而这正是“公众上市公司”与“自然人私有企业”的最大区别。

公司治理有效

股票本质上是在国家法治和产权保护下的一个金融合同（公司章程），因此，公司的股东、董事会和管理层会严格按照公司治理规则、按合同行事，是股票估值的基本假设。

现实情况是：不少公司的大股东、董事会或管理层不按规则行事，表现为不当关联交易，侵害上市公司、中小股东利益，财务造假等层出不穷。正因为如此，**我们应该把“公司股权及有效治理”作为选择投资标的及估值的前提条件，对公司股权结构及公司治理存疑、关联交易又多又复杂的上市公司，只需一票否决。**

永续经营

“永续经营”不仅是公司财务报表编制的基础假设，也是公司股票估值的关键假设。公司能够“永续经营”的前提是公司具有不断裂变、有机成长的组织能力。这也是公司能否基业长青的标志。

我们以一家眼科医生开的个体眼科诊所和上市公司爱尔眼科为例，来对比理解其中的差异：前者即使领取了营业执照，由于个体眼科诊所的经营成败完全依托于眼科医生个人，而不是像爱尔眼科一样已经形成了完善的管理团队和组织能力，创始人已经可以脱离日常的管理和运营。因此，即使眼科医生的个体眼科诊所目前盈利非常可观，其盈利也是基于眼科医生个人的技术与个体的生命之上的，其股权是无法估值也是无法交易的。其与爱尔眼科作为一个公司和组织所具有的生命力和可持续性是无法比拟的。

第四节 股票估值：科学还是艺术？

股票投资时间长了，很多投资者都会产生“投资是科学还是艺术”的疑问，这自然是一个见仁见智的问题。对于炒股票的人来说，炒股要的就是一个“盘面感觉”，买卖完全是“艺术”。而对于相信“技术分析”和“趋势分析”的投资者来说，江恩的技术分析、艾略特的波浪理论当然就是科学。

而对于价值投资来说，投资到底是科学还是艺术，关键在于投资者眼中的股票估值到底是科学还是艺术。对此，笔者的思考和认知有三个方面。

股票估值理论是科学

关于股票内在价值和估值的论述，除了散落见于巴菲特，菲利普·费雪，帕特·多尔西，赛思·卡拉曼等价值投资大师们的文章、书籍以外，价值投资的鼻祖本杰明·格雷厄姆的名著《证券分析》和麦肯锡公司出版的《价值评估：公司价值的衡量与管理》，对此都有非常系统、翔实的论述，尤其是麦肯锡的《价值评估：公司价值的衡量与管理》一书，对公司的价值理论、公司内在价值、价值评估体系、价值创造与管理等，都有非常明晰的讲解和论证。如果投资者对股票估值理论的科学性还存疑的话，强烈建议你买来学习一下。本书不会对此再做详细讲述，因为笔者不可能比麦肯锡的顾问们讲述得更全面、更好。

对于价值投资来说，**股票的内在价值就是股价波动的锚：股票市场的价格上下波动非常剧烈，但上下波动的价格终将会回归股票的内在价值，这是价值投资者的基本信念。**

股票估值不存在一个“标准答案”

既然股票的内在价值是股价波动的锚，如果我们能准确计算出股票的内在价值，那是否就像马克思的价值理论描述的，“价格围绕价值波动”：只要在价格低于价值时买入、在价格高于价值时卖出。价值投资岂不是非常简单的事？

我们说股票估值理论是科学，按照股票估值理论模型，最常用的如公司自由现金流折现模型，基于一系列的假设和条件，确实可以计算出一只股票的内在价值。问题在于，这个理论的内在价值是基于在公司未来经营期内、非常多的变量假设——包括销售、增长、毛利、费用率、净利、营运资金、资本支出、资金成本等——计算而来的。对于每一个投资者而言，即使是基于简化的关键变量模型，一个参数很小的变动，都可能对计算结果有很大的影响。由于每个投资者对变量参数的预测是不同的，因此，理论上也**不存在一个标准的“股票内在价值”。事实上，股票交易本身就说明交易双方对股票的估值是不同的。如果真的存在一个统一的股票内在价值，就不会有股票交易了。**

股票内在价值的复杂性还表现在公司本身就是一个“有机法人”，其本身也在不断发展变化，因此，公司的内在价值也在不断变化。对此，赛思·卡拉曼在《安全边际》的“企业评估艺术”一章中说道：“许多投资者总希望给自己的投资给出一个精确的评估，一再让自己在不精确的世界中寻找精确，然而，我们无法对企业给出精确的评估。……企业价值不光难以被精确地衡量，它也会随着时间的推移，或者宏观经济，微观经济以及市场因素的波动而改变。”

股票估值理论是科学，但是在投资实战中却无法根据这些估值理论和模型计算出一只股票准确的“内在价值”，这听起来像个悖论，不是吗？

股票估值应用是艺术

股票估值的难点也正在于此。赛思·卡拉曼对此说道：“即使能够知道关于一项投资的一切事情，复杂的现实情况就是，企业价值并不像刻在石头上的印记那样永恒不变。如果企业价值确实一直保持不变，而股价围绕着价值以可预测的方式波动，就像行星绕着太阳一样，那么投资将简单得多。如果你无法确定企业价值，你如何能够肯定自己所支付的价格是打折价呢？事实是你无法肯定。”

依据股票估值理论和模型难以计算出一个在投资中可用的公司内在价值，并不能因此否定估值理论本身的正确性。在科学领域，尤其是经济学中，理论正确但无法在实践中计算出结果的并不少见，例如，供给曲线和需求曲线形成的均衡价格及其均衡数量理论。实际工作中，大概没有谁真能准确地画出一个商品的供给、需求曲线和均衡价格吧，但并不能就此否定这一理论的正确性。

股票估值理论及其模型就犹如我们对数学问题的**正向求解：给出一系列的条件和假设，根据公式计算股票价值。**问题是：其中涉及的条件和假设太多，而且这些条件还在不断变动。

因此，**需要换一个角度来考虑在投资实践中如何运用这些股票估值的原理：也许化繁为简、逆向思维是应用的关键。**正如本杰明·格雷厄姆所言：“关键一点是，证券分析并不是为了精确决定某种证券的内在价值。证券分析的目的仅仅是确定价值是否足够——如是否足以支持一种债券或者支持购买一种股票——或者价值是否大幅高于或者低于市场上的价格。对内在价值粗略和大致的衡量可能就已经足以达到这样的目的了。"①

也就是说，**在投资实战中，我们无须从一系列条件、假设中去计算上市公司准确的内在价值，而是应该逆向设立估值门槛：如果投资要达到投资者预期的回报率，最高可接受的估值指标是多少？**

由此，**股票估值就变成投资者设定自己可以接受的安全标准，以此去排除不符合要求的投资标的的过程，而不是去计算一只股票的内在价值。因此，相对于估值理论的科学性，股票估值的应用更像是艺术。**尺度拿捏完全在于投资者个人。

但正如管理会计的一句名言："大致的正确好过精确的错误。"**股票估值的"艺术"如果是建立在坚实、科学的公司基本面分析之上，就很有可能做出正确的投资决策、获得满意的投资结果。**

正是基于以上的认知，我们在随后的章节里，除了会对几种估值方法、主要优缺点进行概括总结外，重点是探讨如何在投资实践中"逆向设立估值门槛"、如何在投资实战中运用这些估值方法，而不是如何精确地计算一只股票的价值。

---

① 本杰明·格雷厄姆. 证券分析（第 2 版）［M］. 邱巍，等，译. 海口：海南出版社，2006.

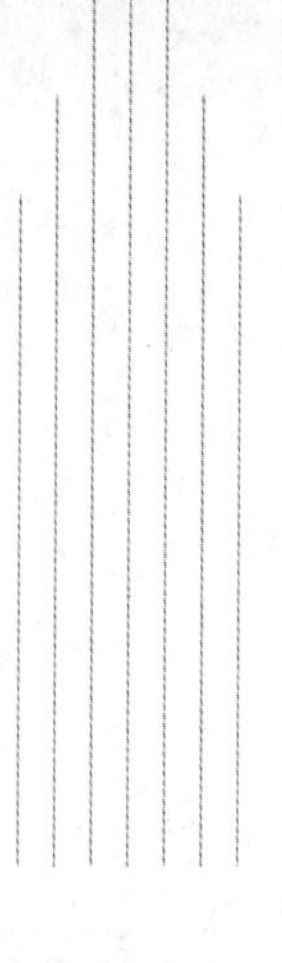

第十章
资产估值法

我们首先来探讨基于买股票就是买公司资产这一逻辑的资产估值法。由于公司的资产和负债都反映在公司财务报表中的“资产负债表”，因此，资产估值法需要专注于分析上市公司的资产负债表。

第一节 资产估值法简介

资产估值法的分类

价值投资的祖师爷本杰明·格雷厄姆可谓把资产估值法运用到了极致。他所推崇的“营运资本净值法”其实就是一种极端的资产估值法。“股神”巴菲特在投资的早期也是这种投资方法的忠实“粉丝”，而且他还给这种投资方法起了一个形象的名字——“烟蒂投资法”。巴菲特如此描述：“我一开始买股票就这么买的，买那些股价远远低于营运资金的股票，从定量分析上看非常便宜的股票，我把这种投资方法叫捡烟头。在大街上四处溜达，看哪有烟头可捡。最后发现了一个，上面带着口水，看起来很恶心，但是还能抽一口，于是弯下腰把它捡起来，免费抽了一口。有的股票和别人扔的烟头一样。捡起来免费抽一口，扔掉，然后继续在大街上四处溜达，接着捡。一点都不体面。捡烟头的投资方法管用，但是用这种方法买的都是资产回报率很低的生意。”①

清算价值法

对于营运资本净值法，格雷厄姆在《聪明的投资者》里是这样描

---

① 引自 1998 年 10 月 15 日巴菲特在佛罗里达大学商学院的演讲。

述的："最容易识别的一类廉价证券是这样一种普通股：售价比公司（扣除所有优先债务后）的净营运资本还要低。这意味着，股票的买主根本没有支付固定资产（房屋和机器设备等）的价格，以及任何形式的商誉的价格。公司的价值最终低于其营运资本本身这样的情况是极少发生的——尽管可以看到少数的几个例子。"

需要注意的是，一般财务报表分析上：营运资本净值 = 流动资产 - 流动负债，而格雷厄姆所说的是：净营运资本 = 流动资产 - **所有负债**。而这其实就是保守计算的公司清算价值了。因此，本质上来说，这应该称为"清算价值法"：如果公司的市值远远低于其清算价值，投资当然是安全的。

市净率法

市净率法（PB），又称"账面价值倍数法"，因为账面价值也就是资产负债表的净资产。市净率可以根据以下公式计算：

净资产（NBV） = 总资产 - 总负债（净资产也等同于资产负债表的股东权益）

市净率（PB） = 股票市值/净资产

也可以按照每股来计算：

市净率（PB） = 每股股价/每股净资产

市净率法是资产估值法里最常见也是最好理解的。简单地讲，就是上市公司 1 元的账面净资产以多少倍的价格在市场上交易。用我们前一章商铺投资的例子来类比，假如卖家的商铺原来是以每平方米 7000 元的价格从开发商购买，现在以 21000 元的价格卖给你，你买入的市净率就是 3 倍。

内含价值倍数法

适用于保险公司估值的内含价值倍数法其实也是一种特殊的资产估

值法。其通过把保险公司已经获取的长期保单的未来价值（现金流）折现为其净现值，相当于把保险公司“相当确定（合同约定）”的未来盈利（现金流）包含在其当前的股东权益中。而内含价值法是适用于保险公司的一种特殊的估值方法，比较复杂，有兴趣投资保险公司的投资者，可以专门去学习研究一下。

在笔者看来，“烟蒂投资法”在A股和港股作为一种投资策略并没有太大价值，这不仅是因为A股和港股市场里股价跌到清算价值之下的公司很少，如果投资者能碰到一个而且还不是港股里的“老千股”，做一个一次性的套利也是不错的。“烟蒂投资法”作为投资策略最大的问题在于只能“吸一口”，投资者对公司的研究投入（时间、精力）只有一次产出，因此投资者需要不断去发掘新机会、研究新公司，从投入产出来看，回报率并不高。

因此，在本书中，我们所指的资产估值法主要是指**市净率法**。

资产估值法的优缺点

资产估值法的最大优点就是简单、易于理解（内含价值倍数法除外），其缺点可能也是在于它“过于简单”，过于简单主要体现在以下三个方面。

账面资产有很大的局限性

公司在编制财务报表时所采用的会计假设、会计估计等账务处理上的差异，对公司的账面资产可能产生显著的影响，如应收账款、存货的损失准备估计，资产计价是按历史成本还是按公允价值，并购所产生的商誉的处理方式等。下节的“估值体检”会逐一谈及。

相比账面资产，一些没有列在公司财务报表里的公司资产和资源，如品牌、商标、专利技术、发明和人力资源、管理能力等，对公司的长远发展和投资价值可能具有更大的影响和贡献。可口可乐前董事长伍德鲁夫曾经说过："假如我的工厂被大火毁灭，假如遭遇到世界金融风暴，但只要有可口可乐的品牌，第二天我又将重新站起。"可见，对于可口可乐公司，价值最大的资产是没有出现在资产负债表上的品牌，而不是资产负债表里列示的固定资产、应收账款等有形资产。

账面净资产可能没有任何安全保障

以笔者过去十多年投资中踩到的最大一颗"地雷"：港股上市的"熔盛重工"为例，2013 年初公司还在资产负债表上有 151 亿元的"账面净资产"，2013 年年报就爆出 89 亿元的巨亏，一年就亏掉了"账面净资产"的 58%！2014 年又继续大亏 81 亿元，两年时间就让资产负债表的"账面净资产"全部灰飞烟灭了！可见，账面净资产对投资其实没有任何安全保障。

账面资产难以反映投资价值

不同行业的公司，或者同一行业的不同公司，其净资产收益率可以是大不相同的。对于一个亏损的公司而言，其账面资产可能就只有清算的价值，否则，资产也很有可能很快就亏损掉。而且，资产估值法隐含的逻辑就是资产越多越好，越多越安全，这与我们之前在"基本商业常识"里提到的"公司越轻越好"是背道而驰的。由此可见，市净率的高低难以直接反映一家上市公司的投资价值。

第二节　估值健康体检

在运用任何一种估值方法进行估值前，投资者都应该对上市公司的财务报表做必要的“估值健康体检”，为此，投资者应该具备解读上市公司财务报表和识别上市公司财务欺诈的基本能力。笔者在本书不会做全面、细致讲解，主要以在过去10多年投资研究中遇到的典型案例为基础，对一些重要问题做示范性讨论。需要特别强调的是，**估值健康体检的前提是财务报表不存在系统性的财务造假、舞弊，如果公司的股权和治理结构存在重大缺陷，如一股独大的小型民营企业，公司的财务报表存在严重缺陷的风险要大得多**。事实上，由于财务欺诈的手段和方法层出不穷，即使非常有经验的财务、审计人员，也很难识别，而且，如果是公司管理层参与其中的系统性财务舞弊，投资者可能在相对长时间都无法识别。对投资者而言，对此类公司的最好投资策略就是“一票否决”，避而远之为好。

资产估值法的估值健康体检主要考察对公司净资产有重大影响的资产负债表项目，对于体检有问题的净资产要做调整、剔除处理，以反映企业真实的经营性资产结构。以下是资产负债表体检的关键项目。

应收账款

应收账款是指公司在经营过程中因销售商品、提供劳务等业务，应向购买方收取的款项，包括应由客户或接受劳务方负担的税金、公司代购买方垫付的各种运杂费等。应收账款是占用公司营运资金的主要项目。应收账款的健康体检主要关注两个方面。

应收账款天数是否太长

对上市公司而言，应收账款余额越低越好，应收账款周转天数越短越好。一般而言，公司的应收账款周转天数在30~60天属于合理区间。对于应收账款周转天数超过90天的，投资者需要高度警惕。换另一个角度来看，**公司的销售如果需要90天以上的应收账款账期对客户赊销，是公司对下游客户缺乏谈判力的表现，在此情形下，公司还声称有很强的竞争优势的话就很可疑了。**

坏账准备是否低估

应收账款坏账准备是公司每个会计期末按照管理层经验、估计计提的坏账损失，是应收账款的备抵科目。由于坏账准备主要基于管理层的估计，因此具有较大的主观性和可调节性。与同行业公司对比可以看出公司的坏账准备是否合理。对投资者而言，更简单的办法是回避有以下特征的公司：

（1）有很多逾期应收账款；

（2）未将账龄超过1年的应收账款100%计提坏账准备。

例如，中联重科2016年年报的应收账款和坏账准备就充分反映了这些特征，如表10-1所示。

表 10-1　中联重科应收账款账龄分析　　单位：元

账龄	期末余额		
	应收账款	坏账准备	计提比例
1 年以内分项			
1 年以内小计	11,790,460,825.92	117,904,608.26	1.00%
1 至 2 年	6,117,344,931.97	367,040,695.92	6.00%
2 至 3 年	3,207,838,613.81	481,175,792.07	15.00%
3 至 4 年	807,937,445.81	323,174,978.32	40.00%
4 至 5 年	172,984,818.39	121,089,372.88	70.00%
5 年以上	139,644,773.45	139,644,773.45	100.00%
合计	22,236,211,409.35	1,550,030,220.90	6.97%

注：按账龄分析法计提坏账准备的应收账款。

资料来源：公司 2016 年年报。

当然，应收账款的变化趋势也很重要，我们在盈利估值法一章还会提到。

存货

存货包括公司的产成品、半成品和原材料，是另一个占用公司营运资金的主要项目，公司存货的健康体检主要关注的是：

（1）存货的真实性是否存疑；

（2）存货跌价损失准备是否足够。

关于存货发生“意外”的最典型案例莫过于“獐子岛扇贝失踪事件”了。2014 年 10 月 30 日晚间，深交所中小板上市公司獐子岛集团股份有限公司突然发布公告称，因北黄海遭到几十年一遇异常的冷水团，公司在 2011 年和部分 2012 年播撒的 100 多万亩即将进入收获期的虾夷扇贝绝收，公司因此决定对大额存货进行核销处理及计提大额存货跌价准备。受此影响，獐子岛 2014 年前三季业绩“大变脸”，由预报盈利变为亏损约 8 亿元，同时预计全年将大幅亏损。

由于不同行业上市公司的存货具有很多不同，投资者需要具有一定的行业知识才具备辨别能力。但投资者特别要留意生物存货（种、养殖业）、快速迭代更新的存货（电子产品、时尚服饰等），库存容易出问题的上市公司。

存货的变化趋势也非常重要，我们在盈利估值法一章还会提及。

商誉及无形资产

商誉和无形资产对市净率估值法有重大影响，尤其是主要通过并购来发展的公司，其账面往往会有很大一笔商誉和无形资产。以啤酒业的并购大王华润啤酒和青岛啤酒为例，华润啤酒的商誉和无形资产所占比例（48.6%）就远远高于青岛啤酒（25.4%），如表10－2所示。

表10－2　华润啤酒与青岛啤酒比较　　单位：百万元

	华润啤酒	青岛啤酒
无形资产	171	2,975
商誉	8,422	1,307
净资产合计	17,667	16,879
有形净资产	9,074	12,597
无形资产 & 商誉占比	48.6%	25.4%

资料来源：公司2016年年报。

固定资产

固定资产的会计处理方法可能对市净率估值法有显著影响，尤其是港股上市公司。

会计记账方法

投资者需要仔细看清楚公司的固定资产是按历史成本法还是公允价值（市价）法入账。港股的房地产上市公司的股价和市值都对公司净资产有大幅的折让，例如，SOHO中国的市值只有219亿港元，而其2016年中期报告的净资产就高达352亿元人民币，市净率只有0.55倍，其中一个很大的原因是其高达569亿元的“投资物业”是每年以“公允价值（市价）”评估调整的：投资物业的每年评估升值都计入当期利润，结转到了股东权益。投资者需要对类似的评估得来的“公允价值（市价）”有深入的调查了解，才能判断市净率0.55倍是否是低估的。

固定资产的折旧方法也会对固定资产账面净值产生较大影响，例如，采用加速折旧法的上市公司的固定资产净值会大幅低于采用平均折旧法下的账面净值。

固定资产的真实性

不仅只是会计的处理方法，固定资产原值的真实性也是可能藏有大“猫腻”的。以笔者之前提到过的港股投资“地雷”熔盛重工为例，其2013、2014两年的亏损中就包含了巨额的资产损失拨备，包括固定资产减值准备。而2015年3月财新网的一篇调查文章《揭秘中国最大民营船厂熔盛重工崛起与战败史》隐约揭开了其中的“猫腻”：“不过，也有券商研究员怀疑，张志熔的基建投资‘有水分’。中船集团旗下与熔盛重工定位类似的中船龙穴造船厂，拥有2个50万吨级船坞，年造船能力350万载重吨，规模约为熔盛重工一半，但熔盛重工旗下船厂的固定资产是中船龙穴的3倍多。熔盛重工所有基建项目，均由张志熔父亲张德煌掌控的上海地通建设总承包。一位接近张志熔的投资人也称，张志熔在有些地方的投资是为了拿地搞房地产开发。”

笔者从中得到的最大教训，值得再重复一遍：如果对一个公司的股权和公司治理存疑，就不要浪费时间去研究它的财务报表！一票否决就是最好的投资策略。

负债

资产估值法健康体检的重点在资产负债表的资产方，但并不意味负债方就不会有陷阱。以港股地产上市公司佳兆业集团控股有限公司为例，在其爆出债务危机后，香港的法务审计公司富事高在经过1年多调查后，2016年底发布的佳兆业财务调查报告显示：佳兆业涉嫌在过去的多个财年中伪造文件、虚构交易、隐瞒负债、粉饰财务报告。单是隐瞒负债一项，在富事高披露的2014年及过往财年中，佳兆业就涉嫌通过超过50项借款协议，所隐瞒的负债总额将近400亿元！而且截止到2014年末，还有超过300亿元处于未偿还状态！

正如我们在前面所强调的，对于股权结构和公司治理有问题的公司，想要通过财务分析去排雷是很难的，最好的办法就是避而远之！

资产负债表的健康体检也不总是发现问题和地雷，有时候也会挖出“宝贝”，例如下面两个项目。

富余现金

富余现金就是在上市公司账面上超出公司日常运营所需要的银行存款或现金等价物。投资者可以直接把公司购买理财产品、存入集团财务公司、定期存款的金额估算为富余现金，也可以把超过销售收入一定比例，例如超过销售收入3%～5%以上的现金估算为富余现金。

富余现金在用市净率法估值时无须调整，但对盈利估值法有不小影响，我们下章再谈。

长期投资

根据投资的目的和分类不同，上市公司对在其他公司的投资可能会归类到“长期股权投资”或“可供出售金融资产”等不同科目中，投资者需要仔细研究其中包含的每一笔投资，因为这里面可能含有隐藏的“宝贝”。以上海家化2016年的年报为例，其可供出售金融资产列示如下，如图10－1所示。

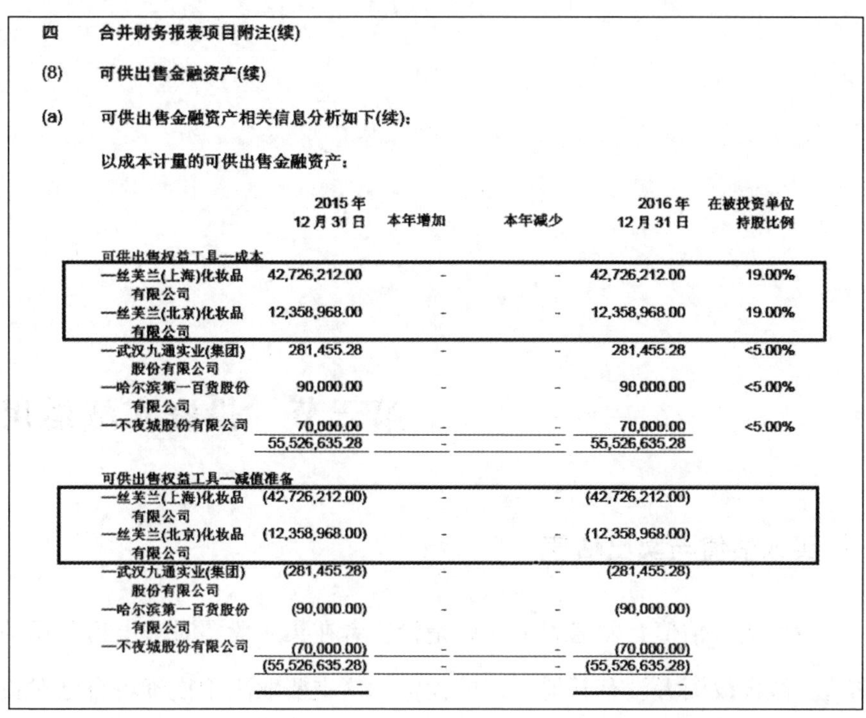

四 合并财务报表项目附注(续)

(8) 可供出售金融资产(续)

(a) 可供出售金融资产相关信息分析如下(续):

以成本计量的可供出售金融资产:

	2015年12月31日	本年增加	本年减少	2016年12月31日	在被投资单位持股比例
可供出售权益工具—成本					
—丝芙兰(上海)化妆品有限公司	42,726,212.00	-	-	42,726,212.00	19.00%
—丝芙兰(北京)化妆品有限公司	12,358,968.00	-	-	12,358,968.00	19.00%
—武汉九通实业(集团)股份有限公司	281,455.28	-	-	281,455.28	<5.00%
—哈尔滨第一百货股份有限公司	90,000.00	-	-	90,000.00	<5.00%
—不夜城股份有限公司	70,000.00	-	-	70,000.00	<5.00%
	55,526,635.28	-	-	55,526,635.28	
可供出售权益工具—减值准备					
—丝芙兰(上海)化妆品有限公司	(42,726,212.00)	-	-	(42,726,212.00)	
—丝芙兰(北京)化妆品有限公司	(12,358,968.00)	-	-	(12,358,968.00)	
—武汉九通实业(集团)股份有限公司	(281,455.28)	-	-	(281,455.28)	
—哈尔滨第一百货股份有限公司	(90,000.00)	-	-	(90,000.00)	
—不夜城股份有限公司	(70,000.00)	-	-	(70,000.00)	
	(55,526,635.28)	-	-	(55,526,635.28)	
	-			-	

图 10-1 上海家化可供出售金融资产

其中第 1、2 两项应该是上海家化投资丝芙兰中国持有 19% 的股权，而这笔投资在账面上的价值为零，因为已经全部计提减值准备了。可是，不管丝芙兰中国目前的盈利状况如何，作为中国最大的化妆品连锁零售企业，丝芙兰中国 19% 的股权在上海家化的资产负债表上价值为零，在笔者看来，这就是一个隐藏的“宝贝”。在上海家化的市净率和市盈率估值时，都应该进行相应的调整。

第三节 投资实战运用

买入估值与卖出估值

所谓买入估值，顾名思义，就是投资者在买入股票时对上市公司的估值。假设投资者没有其他更好的投资，这主要取决于投资者自己对投资回报率的期望值和对投资风险的接受程度。“买贵了”是投资的最大风险之一，设立买入估值门槛的目的就是要防止投资时“买贵了”。

卖出估值会更复杂些，价值投资者卖出股票大概出于三种原因：

(1) **买错了**：公司不如分析的优秀或经营变差了；

(2) **更换投资标的**：发现了更优秀、更便宜的上市公司；

(3) **股价太贵了**：股票价格显著超出了上市公司的内在价值。

这里谈的卖出估值是针对第（3）种情形，因为第（1）（2）种情形不完全是由一只股票的估值决定。

因此，所谓卖出估值就是股票“太贵了”的价格，也就是股票价格已经显著超出了上市公司内在价值时的市场价格，很多时候卖出估值就是一个“泡沫价”。

卖出估值其实就是投资者要站在股票交易对手、“市场先生”的角度来看股票估值。

首先，股票市场的历史告诉我们，由于“市场先生”的情绪会周期性地在乐观与悲观之间转换，因此，投资者在以保守的买入估值买入优秀公司的股票后，在股价没有变得“太贵了”前不应卖出，因为“市场先生”的情绪迟早会变得非常乐观并导致股价达到卖出估值。而**把股票估值区分为买入估值和卖出估值是投资获取超额利润的关键**，我们会在第十四章第二节“超额收益源自安全边际”中对此做更深入的讨论。

其次，“市场先生”在股市泡沫时的乐观和疯狂往往会超出投资者所料。因此，提前**按照“乐观但不疯狂”的标准设立卖出估值门槛**，也是投资者理解市场情绪变化规律、预先设立估值门槛以保持理性，避免在投资泡沫出现、股票投资大幅盈利时盲目乐观的重要手段。

市净率估值门槛

买入估值门槛

市净率的买入估值门槛就是投资者在买入股票时最高能够接受的市净率设定值。在确定这一买入门槛时，投资者需要结合上市公司的净资产收益率和投资者自己的投资期望回报率来确定，两者的关系可以用以下公式来表示。

（投资者）投资回报率（ROI）=（上市公司）净资产收益率（ROE）/市净率（PB）

或者

市净率（PB）= 净资产收益率（ROE）/投资回报率（ROI）

公式中的净资产收益率是指上市公司财务报表的净资产收益率，是上市公司净利润与平均股东权益的百分比，也就是公司税后利润除以平均净资产得到的百分比率。

而投资回报率是投资者期望从该笔投资中获取的回报率。

买入估值门槛：对优秀上市公司，一般 PB 不超过 3 倍，PB 超过 4 很难再说是价值投资。

这一买入估值门槛主要基于以下三方面考量。

（1）即使是优秀的上市公司，长期保持高于 20% 的净资产收益率也不是一件容易的事。根据笔者对慧博投研资讯数据库的筛选，在所有 A 股上市公司中，2012—2016 年连续五年 ROE 均大于 20% 的公司只有 32 家。

（2）由于股市的长期投资回报率为 6% ~ 7%，假设投资者的期望投资回报率为 6.7%，则 20% 净资产收益率对应的市净率就是 3 倍。也就是说，在股票二级市场上以 3 倍市净率买入长期净资产收益率为 20% 的优秀上市公司，如果估值水平保持不变，投资者将可以获得 6.7% 的年投资回报。

（3）假如上市公司的净资产收益率能够长期保持在 25% 的水平（只有极个别的优秀上市公司可以做到，根据笔者统计，2012—2017 年仅有 7 家公司保持每年 ROE 大于 25%），则极限的市净率 PB 可以到 4 倍。

以贵州茅台为例，2014 年 1 月 8 日的最低股价为 118 元，以 2013 年末的每股净资产 41.05 元计，其市净率最低为 2.9 倍，如果以 3 ~ 4 倍市净率作为买入估值门槛，贵州茅台当时在 123 ~ 164 元就已经具有很好的投资价值了。

具体到每家上市公司，根据其净资产回报率的差别，投资者可以以 6.7% 的期望投资回报率去测算该公司的买入市净率估值门槛。

卖出估值门槛

卖出估值本质上是理解、评估交易对手的估值逻辑。由于优秀的上市公司是稀缺的，投资者在以物超所值的价格买入优秀的上市公司股票后，只有在股价确实大幅高估时，才应该卖出。

卖出估值门槛：无论多优秀的上市公司，PB 超过 10 倍，都是需要评估减仓卖出的信号。

这一估值门槛主要基于以下三方面考量。

（1）即使公司是最优秀的上市公司，能够长期维持 25% 的净资产收益率（ROE），在股价达到 10 倍市净率时，其当期投资回报率也只有 2.5%。

（2）而在过去十年（2007—2017 年），10 年期长期国债收益率波动区间在 2.7% ~4.5%，大多在 3.5% ~4%（见图 10－2），换言之，长期无风险的投资回报率为 3.5% ~4%。因此，2.5% 的投资回报率只相当于长期无风险投资回报率的 60% ~70%。

（3）股票本质上是上市公司的“**永续劣后债券**”，因此，2.5% 的投资回报率对股票投资是完全没有吸引力的，也是和投资者承担的“劣后债券”的投资风险不对等的。由此可见，此时公司的股价里已经隐含了很高的成长期望和投资者的乐观情绪。

以贵州茅台为例，2016 年末的每股净资产 58.03 元，如果市净率达到 10 倍，贵州茅台股价将高达 580 元每股。总市值将高达 7300 亿元。在笔者看来，这应该是一个开始逐步减仓的时候了。

估值“正常化”调整

估值“正常化”调整，就是要把在估值健康体检过程中发现的对股票估值有重大影响的项目，通过“正常化”调整，计算出其股票真实、可比的“正常”估值数据。以青岛啤酒和上海家化为例，进行具体分析。

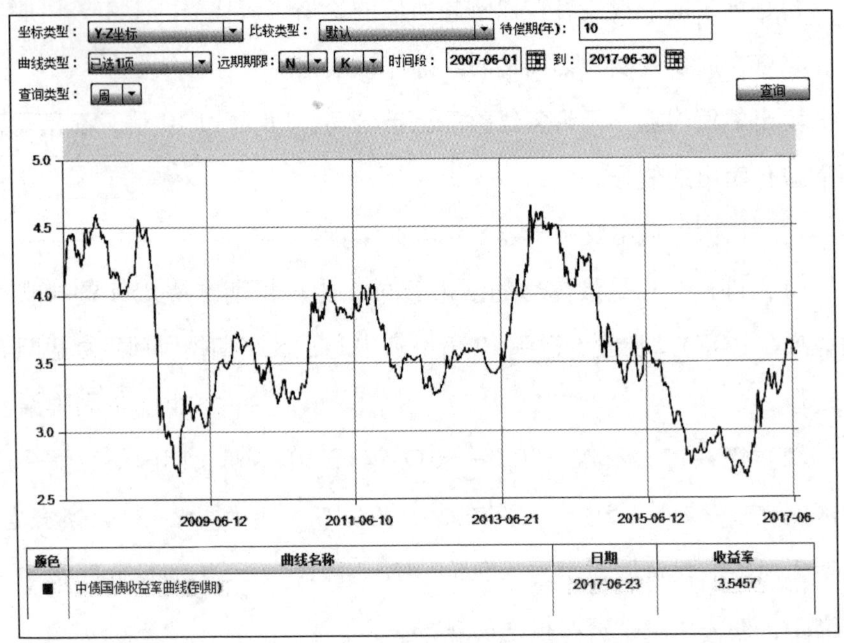

图 10-2　十年期国债到期收益率走势图

资料来源：中国债券信息网，中央国债登记结算有限公司。

商誉 & 无形资产调整

对于账面上有大额商誉或无形资产的公司，我们可以通过计算其“有形净资产”，进而计算基于“有形净资产”的市净率（PB）来进行估值比较。以华润啤酒与青岛啤酒为例，其估值比较见表 10-3。

表 10-3　华润啤酒与青岛啤酒 PB 估值比较（2016 年年报）

单位：百万元

	华润啤酒	青岛啤酒
无形资产	171	2,975
商誉	8,422	1,307
净资产合计	17,667	16,879
有形净资产	9,074	12,597

续表

	华润啤酒	青岛啤酒
PB 估值		
2017 年 6 月 7 日市值	57,832	45,244
PB(净资产)	3.3	2.7
PB(有形净资产)	6.4	3.6

如果简单以账面净资产估值，华润的 3.3 倍市净率比青岛啤酒的 2.7 倍没高多少。但如果以去除无形资产和商誉的有形净资产为基础估值，则青岛啤酒的 3.6 倍有形净资产市净率估值要大大低于华润啤酒的 6.4 倍估值。

对外投资调整

相比之下，上海家化的调整要更复杂些。因为要估计 19% 丝芙兰中国股权的价值，我们首先得获得丝芙兰中国的估值。由于丝芙兰并非上市公司而且其母公司 LVMH 并不单独披露丝芙兰中国的财务数据，笔者根据以下资料做了一个大致估值。

（1）从丝芙兰中国官网得知其目前在中国的门店总数为 210 家，按照估计的单店营业面积及坪效，预估其线下门店销售约 35 亿元，加上电商渠道，估计全年销售额为人民币 50 亿元。

（2）参照港股上市公司莎莎国际的历史市销率估值，以及中国市场的成长性和重要性，笔者认为以 2 倍的市销率估值是合理的，也就是丝芙兰中国的整体估值为 100 亿元人民币。

（3）因此，上海家化持有的 19% 丝芙兰中国股权估值大约为 19 亿元人民币。

因此，在计算上海家化的实际市净率时，应该先从总市值中减去其所持有的丝芙兰中国 19% 股权价值（约 19 亿元），见表 10 - 4。

表 10-4 上海家化调整前后市净率

2017 年 6 月 2 日	金额
上海家化市值（亿元）	186.54
19% 丝芙兰中国股权价值（亿元）	19.00
上海家化调整后净市值（亿元）	167.54
上海家化 2017Q1 股东权益（亿元）	53.77
调整后市净率（PB）	3.12
2017 年 6 月 2 日	
上海家化市值（亿元）	186.54
上海家化 2017Q1 股东权益（亿元）	53.77
市净率（PB）	3.47

根据上海家化财务报表计算的市净率是 3.47 倍，而其调整后的实际市净率是 3.12 倍。

对每一个具体的投资案例，投资者需要根据在“估值健康体检”部分发现的需要调整的内容，根据实际情况对上市公司的市值或股东权益做出相应调整。

其他注意事项

（1）首先必须要非常明确的是：市净率法及其他资产估值法都是**相对估值法，**即不同于“公司自由现金流折现”的绝对估值，理论上并**不能够用市净率法计算出一个“公司的内在价值”**。可以说，市净率的绝对值本身是没有意义的，市净率要在比较中才有意义，但是不同行业的市净率是不可比的。因此，**市净率只是公司股价是否具有投资价值的一个信号，投资者必须结合其他估值方法才能做出正确判断。**

（2）在运用市净率时，作为安全检查的步骤之一，在准备买入股票时，投资者应该要从横向和纵向检查当前市净率水平。从纵向上看，目前上市公司的市净率在公司过去 3 ~ 5 年、或一个完整经济周期内，处于何种水平，最好是接近或低于历史最低市净率，如果是处于平均水平以上，则需要警惕是否有疏漏之处。从横向看，要与同行业具有较长交易历史的上市公司对比，看目前上市公司的市净率处于何种水平。

（3）需要强调说明的是：**设立买入估值门槛和卖出估值门槛，并不能保证投资者能够买在股价的最低点或者卖在最高点。事实上，在股票投资中，这也是完全不可能做到的**。其实投资者也无须如此追求极致，就已经可以获得非常不错的投资回报了。第 14 章的“超额收益来自安全边际”一节会再做详细解析。

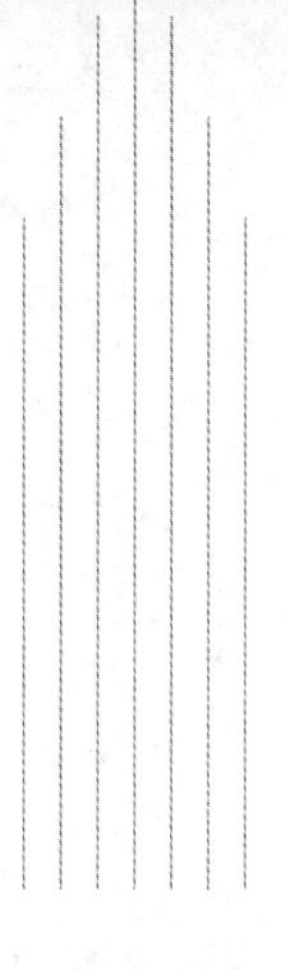

第十一章

盈利估值法

盈利估值法一般专注于分析公司的损益（利润）表，因为上市公司的盈利数据和指标主要反映在公司财务报表中的“损益（利润）表”中。

第一节　盈利估值法简介

盈利估值法的分类

市盈率法

市盈率（PE），顾名思义，就是股票的“市价”（Price）与“盈利”（Earning）的比值，可以是按股票总市值与公司利润总额来计算，也可以按每股股价与每股盈利计算。

市盈率 = 上市公司总市值/公司净利润

或者

市盈率 = 每股股价/每股盈利（EPS）

市盈率表示的是投资者为了获得上市公司每一单位的盈利或利润而愿意支付多少倍的价格。例如，一只股票的每股盈利为 1 元，投资者如果以市价 20 元购买该股票，则该股价对应的市盈率就是 20 倍。一般而言，市盈率的高低也隐含了投资者承担的投资风险，市盈率越高则说明投资者承担的投资风险相对也越高。

按照用于计算市盈率的“盈利”时间的不同，市盈率可以分为静态市盈率和动态市盈率。静态市盈率又叫“现行市盈率”，是基于上市公司过去四个季度的每股盈利来计算。而动态市盈率，又可称为“预测市盈率”，则是用预测的上市公司未来四个季度的盈利来计算。

PEG 指标法

PEG 指标（市盈率相对盈利增长比率）是从市盈率衍生出来的一个比率，PEG 是用上市公司股票的预测市盈率除以每股盈余（EPS）的预测增长率而得出，PEG 反映的是市盈率与净利润增长率之间的比值关系。

PEG = 预测市盈率/（预测净利润增长率 × 100）

用 PEG 指标选股的好处是在市盈率的基础上加入了对上市公司动态成长性的因素，将市盈率和公司业绩成长性对比起来看公司估值。PEG 指标的一般解读：

- PEG 比值 = 1，表示股价估值合理；
- PEG > 1，说明股价高估；
- PEG < 1 则说明股价低估。

PEG 估值最大的问题在于 PEG 值计算用的分子与分母均包括了对未来盈利增长的预测，因此出错的可能性也比较大。对于那些成长型股票，投资者往往愿意给予其高估值，PEG 一般都会高于 1，甚至达到 2 以上。尤其是对于短期内高速增长的上市公司，投资者往往期望这家公司未来会保持业绩的快速增长，用 PEG 估值就很容易使公司股票获得超出想象的高估值市盈率。

由于 PEG 本身已经包含了投资者太多“成长性”的期待，对于保守的价值投资而言，PEG 估值法顶多也就是作为市盈率的辅助指标，运用于投资实战的意义不大。

息税折旧摊销前盈利倍数法

息税折旧摊销前利润，英文简写为 EBITDA，来自英文 Earning Before Interest，Tax，Depreciation & Armortization 的首字母缩写，也就是公司的净利润加上利息支出、所得税、折旧和长期费用摊销，可以用计算公式表示如下：

EBITDA = 净利润 + 所得税 + 固定资产折旧 + 无形资产摊销 + 长期待摊费用摊销 + 偿付利息所支付的现金

息税折旧摊销前盈利倍数法在公司并购估值时经常提及使用。EBITDA 最早出现在 20 世纪 80 年代中期的杠杆收购，投资基金在对那些需要再融资的账面亏损公司进行估值和并购评估时，通过计算 EBITDA，就可以快速检查公司是否有能力偿还再融资的利息：因为 EBITDA 利息覆盖率（EBITDA 除以财务费用）可以让投资者知道这家公司在再融资之后究竟是否有足够利润支付利息费用。因此，在私募基金、投行界人士眼里，EBITDA 也经常被视同于公司现金流。

EBITDA 受欢迎的另外一个最大原因在于，它比营业利润显示更多的利润，因此成为了资本密集型行业、高财务杠杆公司在计算利润时，更受青睐的一种选择。这些公司可以通过吹捧 EBITDA 数据，把投资者的注意力从高额债务和巨大的财务费用中引开，从而粉饰出一张诱人的财务蓝图。

EBITDA 在并购、估值中经常被提及、使用，但如果单一地用它来衡量公司业绩和现金流未免会误导投资者。对此，“股神”巴菲特曾经如此评价：“除了极少数例外，折旧费用是一种经济成本，从哪一点看都与工资、原材料或税金一样实在，在伯克希尔以及在几乎所有其他我们已经研究过的公司中，这无疑是事实。此外，我们并不认为所谓的 EBITDA 是一种有意义的业绩评价方法，不理会折旧的重要性——而强调‘现金流’或 EBITDA——的管理人员容易做出错误的决策，而且你们在做出自己的投资决策时，也必须将其牢记在心。”①

因此，笔者认为 EBITDA 倍数法只适合作为公司估值时同行业公司的对比参考。

市销率法

市销率，就是上市公司的股票市值与公司销售收入的比值，用计算公式可以表示为：

市销率（PS）＝上市公司市值/公司销售收入

市销率本质上就是一种变形的市盈率，因为上市公司的销售收入乘以销售净利率就是公司的净利润。在比较同行业的上市公司时，市销率可以提示是否存在低估的股票，尤其是困境反转的公司。

由于 PEG 指标法、息税折旧摊销前盈利（EBITDA）倍数法和市销率法都有比较大的局限性，对于价值投资而言，并没有太大的投资运用价值，本章所指的盈利估值法主要是指市盈率法。

盈利估值法的优缺点

与市净率法相似，市盈率法也比较容易理解，计算、运用也比较简单，是很多投资者对股票估值的首选。但是，市盈率法估值也有明显的缺陷，主要包括以下两点。

损益表容易被操纵

公司的盈利数据，乃至于整个损益表，是财务报表中最有可能、也是最容易被操纵的。对此，本杰明·格雷厄姆曾经提醒投资者：“有经验的投资者通过仔细分析可以发现，对比资产负债表而言，收益报表采用具有误导性的报告形式或从中得出错误结论的可能性要大得多。”②

---

① 引自：巴菲特致股东的信。

② 本杰明·格雷厄姆．证券分析（第2版）［M］．邱巍，等，译．海口：海南出版社，2006.

究其原因，这首先是因为市盈率是资本市场最普遍、最流行的股票估值方法，为大多数股市投资者所认同和采用。公司短期盈利的很小变动，就会对公司的股价和市值产生重大的影响，公司管理层和大股东当然也非常明白其中的利害关系，因此，无论是系统性的财务欺诈，还是管理层的“盈利管理”，损益表和公司利润都是“重灾区”。

其次，由于现代的财务会计制度所采用的都是“权责发生制”而不是“现金收付制”，公司在编制损益表时，很多会计科目需要基于管理层的估计和假设，例如，坏账准备比例、存货跌价损失准备、折旧年限、售后服务费计提等，财务会计方法本身的科学性和必要性是没有问题的，问题是其中预留的主观判断的空间，给“有需要”的管理层留下了操控公司盈利和损益表的可能。

没有区分股权价值与企业价值

通过市盈率估值法计算出来的公司的市值反映的是上市公司的股权价值，但没有反映公司的负债（杠杆）程度。假设同行业 A、B 两家公司净利润（10 亿元）和每股盈利完全相同，按市盈率估值法（20 倍），两家公司具有相同的市值（200 亿元）和股价。

问题是如果 A 公司在资产负债表上有 100 亿元的付息债务，而 B 公司不仅没有付息债务，还有 100 亿元的富余现金，则这个市盈率估值就会显得非常奇怪了。按照此估值，A 公司的企业价值（股权价值 + 付息债务）为 300 亿元（200 亿估值 + 100 亿付息债务），而如果考虑富余现金，B 公司企业价值（股权价值 − 富余现金）却只有 100 亿元（200 亿估值 − 100 亿富余现金）！这显然是违背商业、财务常识的，因为相比之下 B 公司的财务更加稳健，应该价值更高才对。

第二节 估值健康体检

上市公司的利润和损益表是非常容易、也是最有可能被操控的，而且舞弊的手法可以说是层出不穷。如2017年爆出在港股上市的辉山乳业遭做空机构质疑财务造假，股价一天暴跌85%的新闻。在做空机构浑水公司的网站读到其三个月前发布的针对辉山乳业的调查报告，浑水质疑辉山乳业财务造假的疑点就包括：通过虚报苜蓿自给自足，夸大其毛利率、利润报告夸大利润、夸大资本支出、通过关联交易窃取公司资产、现金流造假、库存不实、生物资产上隐藏公允价值损失等诸多方面。当然，浑水报告的真实性还有待证实。有意思的是浑水报告里关于其调查方法和手段的一段描述。

我们对辉山的调查已持续好几个月。在此期间，我们的调查人员访问了35个牧场，5个生产设施基地（其中包括1个中途停工的基地）和2个完全没有建设迹象的生产基地。此外，我们的调查人员通过无人驾驶飞机对辉山基地进行选址，并聘请了三位乳业专家，其中两位在中国奶业领域有着深厚的背景。我们和调查员于三个不同省份，与苜蓿的供应商及进口商进行了谈话，其中一些省份的供应商正向辉山出售苜蓿。此外，我们对辉山的营收进行了广泛尽职调查。

可以看到，如果公司是故意、系统性的财务欺诈，投资者是很难识别的。即使是浑水这样的专业做空机构，也要动用大量的资源，甚至无人机，才可以揭开面纱一角。对我们中小投资者而言，注重从公司股权和治理中感知问题，对财务造假风险高的企业避而远之，才是正道。

在上市公司不存在系统性财务欺诈的前提下，损益表的估值健康体检主要侧重于以下几个方面。

解读“管理”盈利的信号

出于管理层或大股东的各种不同的利益驱动，管理层有可能在某一个季度或某一年度去合理合法地“调控”损益表的盈利。对投资者而言，学会解读可能存在的“盈利调控”，不仅可以及早发现上市公司营运出现问题、股价大跌的风险，在出现“盈利调控”正面信号的时候，也可以发掘出在股价不正常大跌时很好的买入机会。

管理盈利的负面信号

管理盈利的负面信号都是出现在管理层在业绩无法达到计划，因此调整各种会计估计和假设以提高公司当期利润，典型的包括调低坏账准备金、存货跌价损失准备，突然改变公司的折旧方法和折旧年限，改变假设和估计以减少计提各种准备金（售后维修、风险准备等），当年资本化的研发费用大幅上升，销售费用，尤其是广告、营销费用突然下降，公司最后一个月或季度的销售增长显著高于前面月份和季度，客户预收款大幅下降，等等。

在公司销售勉强达到计划、正好不下跌时，或者公司净利润勉强与前一年持平时，投资者都需要仔细核查损益表是否存在以上调整负面信号。

管理盈利的正面信号

管理盈利的正面信号往往出现在当年业绩远远好于预期，因此管理层希望“平滑利润”，把部分收入和利润延期到以后季度、年度。典型的正面信号与负面信号应该正好相反。

“损益表洗大澡”是“盈利管理”的一种特殊情况，可能是正面信号，也可能是负面信号。

（1）在公司董事会换届或管理层换班的时候，新上任的管理层在第一年往往会用更保守的假设和估计把各种费用和损失计提充分，因此，当年的盈利不达标。如果公司的运营本身没有本质的恶化，就是非常好的投资机会。

（2）在管理层无法完成当年销售和利润目标时，管理层往往会“放弃”当年的损益表，同样把各种费用和损失计提充分，以期待来年有个“好收成”。这种情形要小心，因为如果是经营本质性的恶化，即使第二年恢复盈利，也不过是回光返照罢了。

损益表与现金流量表结合起来看

对损益表最关键的健康体检其实不在损益表本身，而在现金流量表。检查损益表的净利润有多少、多大比例变成了现金流量表里的“经营活动产生的现金流量净额”，是测试公司盈利质量的关键。表11－1是中联重科2010—2015年的净利润和经营活动产生的现金流量净额，六年共产生了250亿元利润，但是，经营活动的现金流净额是负46.9亿元!

表 11－1　中联重科经营现金流　　单位：千元

	2015 年 12 月	2014 年 12 月	2013 年 12 月	2012 年 12 月	2011 年 12 月	2010 年 12 月	合计
净利润	91,157	627,875	3,951,881	7,528,960	8,173,342	4,587,956	24,961,172
经营活动产生的现金流量净额	(3,334,495)	(7,690,133)	736,770	2,960,290	2,093,235	545,178	(4,689,156)

从价值管理来说，这种没有现金流的账面利润是损毁股东价值，而不是增加股东价值，不要也罢。

损益表与资产负债表结合起来看

不仅要看现金流量表，损益表的健康体检一定要结合资产负债表来看。大部分损益表的问题，都会在资产负债表上留下蛛丝马迹。还是以中联重科2010—2015年的年报为例，把营业收入和应收账款，营业成本和存货摆在一起，问题已是跃然纸上。公司显然是通过不断放松信贷条件来实现销售，因此，应收账款无论是金额还是比例，都出现显著上升，尤其是2014年，在销售额从385亿元降为258亿元时，应收账款居然还增加了26亿元！存货同样有问题：在销售下降的2014年，存货居然增加了16亿元！其实也可以理解：公司的工厂如果不继续生产的话，损益表上的亏损会更大！

表 11－2　中联重科财务指标　　单位：千元

	2015 年 12 月	2014 年 12 月	2013 年 12 月	2012 年 12 月	2011 年 12 月	2010 年 12 月
一、营业收入	20,753,347	25,851,195	38,541,775	48,071,170	46,322,581	32,192,673
应收账款	29,744,509	30,439,390	27,806,308	18,900,350	11,658,065	6,947,232
应收账款/营业收入	143%	118%	72%	39%	25%	22%
减:营业成本	15,145,956	18,641,595	27,300,090	32,545,610	31,316,026	22,423,986
存货	14,082,903	10,376,228	8,747,198	11,732,530	9,655,357	8,678,147
存货/营业成本	93%	56%	32%	36%	31%	39%

客观地说，中联重科的股权结构和公司治理都非常优秀，公司的管理层也是行业的资深专家，非常专业而且敬业。只是，在行业进入严冬、竞争进入白热化时，管理层也是回天乏术，股价大跌也只能望天兴叹了。公司经营风险与投资风险之密切，由此也可见一斑。

第三节　投资实战运用

价值投资与成长投资

价值与成长：密不可分

在本书第一章中，笔者曾强调对价值投资的认知如下。

（1）价值投资就是基于企业内在价值的分析和评估，据此做出投资买卖决定的投资方法。价值投资可以显著提高投资成功的概率和回报，但无法确保100%成功和安全。

（2）价值投资是“价 vs 值”的投资，这里的“价”是指股价，“值”是指公司内在价值。价值投资的本质是寻找公司股价与公司内在价值的差异，在公司股价大大低于公司内在价值的时候买入。

在投资界，成长投资并没有一个公认、准确的定义。按笔者的理解，一般投资者所说的成长投资就是要找到一个成长空间巨大的行业，买入其中能够持续高成长的上市公司，而价格是次要的考量，因为即使买入的价格（市净率、市盈率）偏高甚至很高，也可以从公司的高成长中获得理想的投资回报。我们此前说到的 PEG 指标就是成长股投资者最常用的估值指标。

在中国A股市场，上海交易所的大蓝筹板块，如银行、保险、央企上市公司等，通常被视为价值投资的代表；而深圳交易所的中小板、创业板公司，往往被认为是成长投资。

在不少投资者眼中，价值投资与成长投资是两种完全不同的投资方法，其实不然。因为价值与成长本来就是不可分割的。在“股东价值驱动因素”一章里，曾经总结出股东价值的关键驱动因素包括：成长性、盈利能力和资产运营效率，成长性本身就是股东价值的关键驱动因素之一。对此，巴菲特也曾经说过：“成长性总是价值评估的一部分，它构成了一种变量。其重要性可在忽略不计到巨大无比的范围内变化而且其作用可以是负面的也可以是正面的。”[①] 因此，价值投资并不排斥成长，因为成长本来就是公司价值的一部分。

为何忽略成长

在本书的估值部分，在设定所有的估值方法的“买入估值门槛”时，都是基于公司的盈利不再增长的假设，“成长性”是一个被故意忽略的因素。这是不是太保守了呢？笔者对此有以下三方面考量。

(1) 成长性非常难预测。在下一章“现金流估值”中还将提到：成长性是股票自由现金流折现（DCF）估值的一个最大变量。问题是，公司的成长性取决于很多变量：公司战略、产品、营销、员工等内部因素，国家产业政策、国内外竞争对手、消费者需求变动等外部因素。因此，中小投资者从公司外部要想准确地预测上市公司的长期成长率，几乎是“不可能完成的任务”。

(2) 成长性往往被高估。由于“趋势外推”的心理因素，成长性还往往容易被高估：有些创业板公司，因为公司规模小、行业景气度高，在公司上市头几年可能有40%～50%的高增长，成长投资者往往

① 沃伦·巴菲特．巴菲特致股东的信［M］．北京：机械工业出版社，2005.

容易“趋势外推”，以为公司未来几年还可以有高增长。因此，基于PEG指标、以50倍以上市盈率的高价买入公司股票。这大概也是创业板公司可以维持50~60倍市盈率的原因吧。

对此，巴菲特的以下观点值得我们牢记：“我们对内在价值增长率的最高期望是平均每年15%，而我们可能与这个目标相距甚远。实际上，我们认为，几乎没有哪家大企业有机会在一段相当长的时间内以每年15%的复合增长率提高企业内在价值。所以，有可能我们最终达到的设定目标高于平均水平却远低于15%。”①

在笔者看来，为上市公司的短期高成长付出“成长性溢价”、用PEG去证明高市盈率的合理性，是股票投资尤其是成长投资的最大风险。因此，避免为“成长性溢价”埋单是价值投资规避投资风险的重要手段。

(3) 成长性无须“溢价”。股票的本质是上市公司的“永续劣后债券”。由于持有股票作为小股东对公司经营管理完全没有发言权，不仅要承担公司经营的风险，大股东、管理层的代理风险，还要承担股票市场巨幅波动的心理冲击，因此，如果只能获得6.7%的平均回报，在笔者看来，并不是非常有吸引力的股票投资。更高的投资回报来自股票的成长性。换一个角度来看，成长性应该是上市公司对公司股东承担“劣后”风险的理所当然的回报，无须再付出“溢价”。

基于以上认知，笔者认为，**作为稳健、安全的价值投资，在设定买入估值时，应该在不考虑成长性的基础上，首先确保投资能够获得股票投资的平均回报，而成长性是价值投资者为股票投资承担更高风险所要求的安全保护垫和获得高于平均水平的投资回报的来源。**

① 沃伦．巴菲特．巴菲特致股东的信［M］．北京：机械工业出版社，2005.

市盈率估值门槛

买入估值门槛

市盈率的买入估值门槛就是投资者在买入股票时最高能够接受的市盈率水平。在确定这一门槛时，投资者需要结合自己的投资期望回报来考量确定。由于市盈率的倒数就是当前的股票投资回报率，用公式可以表述为：

（投资者）投资回报率（ROI） = 1/市盈率

或者

市盈率（PE） =1/投资回报率

以上投资回报率是指买入股票的投资者期望从该笔投资中获取的回报率。

买入估值门槛：对优秀上市公司，市盈率估值基准是 16 倍，极限估值是 20 倍。

这一估值门槛主要基于以下三方面的考量。

（1）投资者的期望投资回报率确认原则与前文资产估值法相同，即股市的长期投资回报率为 6% ~7%，假设投资者的期望投资回报率是 6.7%。

（2）由于市盈率 =1/投资回报率，投资者 6.7% 的投资回报率对应的就是 16 倍市盈率。换言之，投资者在二级市场上以 16 倍市盈率买入股票，如果公司盈利不再增长，股价估值水平保持不变，投资者将可以获得 6.7% 的年投资收益率。

（3）通过计算投资回报率可以看出，市净率估值与市盈率估值其实是相通的：假设上市公司的 ROE 为 20%，3 倍的市净率估值与 16 倍的市盈率估值对投资者而言是相同的，投资回报率都是 6.7%。

还是以贵州茅台为例，其2014年1月8日的最低股价为118元，以2011—2013年三年平均的每股净利润11.95元计，其市盈率最低只有9.9倍，如果以16~20倍市盈率来看，贵州茅台那时的股价在191~239元就已经具有很好的投资价值了。

而且2013年底贵州茅台账面上还有251.85亿元的货币资金，按销售收入309.21亿元的5%估计其营运所需现金（15.46亿元），则富余现金为236亿元或每股22.8元富余现金，如果扣除富余现金，其实际市盈率只有8.0倍！

卖出估值门槛

如上一章所述，卖出估值本质上是要了解“市场先生”的估值逻辑。由于优秀的上市公司是稀缺的，投资者在以物超所值的价格买入优秀的上市公司股票后，只有在股价确实大幅高估时，才应该卖出。因此，在卖出估值时应该用乐观的假设：可以用当年预计的净利润。

卖出估值门槛：无论多优秀的上市公司，市盈率超过40倍，都是需要评估减仓卖出的信号。

这一估值门槛主要基于以下三方面考量。

（1）即使公司是最优秀的上市公司，在40倍市盈率下，在不考虑成长的因素下，投资者的回报率只有2.5%。

（2）如同上一章所说，2007—2017年，10年期长期国债收益率波动区间大多在3.5%~4%，换言之，长期无风险的投资回报率为3.5%~4%。因此，2.5%的投资回报率只相当于长期无风险投资回报率的60%~70%。

（3）同样，2.5%的投资回报率对股票投资是完全没有吸引力，也是和投资者承担的投资风险不对等的。换言之，公司的股价里已经隐含了很高的成长期望和投资者的乐观情绪。

以贵州茅台为例，以 2016 年末的每股盈利 13.31 元计，如果市盈率达到 40 倍，贵州茅台股价将高达 532 元每股。总市值将高达 6700 亿元。在我看来，这应该是一个开始逐步减仓的时候了。

估值“正常化”调整

市盈率估值法的“正常化”调整主要有两种类型：公司总市值的调整和公司盈利能力的调整。

公司总市值的调整

公司总市值的调整一般涉及的是对资产负债表估值健康体检时发现需要调整的项目，主要包括富余现金、被低估的对外投资和可能被低估的负债。还是以上海家化为例，如表 11－3 所示。

表 11－3　上海家化市值调整　　单位：亿元

项目	金额	备注
总市值	182.56	27.11 元收盘价
减：富余现金	－20.63	23.3 亿元扣除营业收入的 5% 营业现金
基金投资	－3.48	
银行理财	－16.15	
丝芙兰投资	－19.00	
调整后市值	123.30	
净利润	2.16	
调整净利润	1.83	剔除银行理财收入 0.33 亿元
调整前市盈率 PE	84.5	
调整后市盈率 PE	67.4	

注：2016 年 12 月 30 日总市值，其他为 2016 年年报数。

以下“青岛海尔：被忽略的富余现金价值”是笔者在 2011 年初对青岛海尔的一篇分析文章，其中就重点考量了其富余现金对估值的影响，也可以作为参考。

青岛海尔：被忽略的富余现金价值?[①]

按1月28日24.63元的收市价，青岛海尔（600690）的市值为330亿元。公司1月11日的预增公告，2010年业绩在2009年11.49亿元的基础上增长60%～80%，2010年净利润为18.38亿～20.68亿元，以13.4亿股计，EPS为1.37～1.54元。对应的PE为18倍～16倍。表面看来也不太便宜。

可是，仔细看看三季报的资产负债表，其“货币资金”有111.47亿元，而银行借款仅为5亿元。假设90亿元为富余现金（半年报70多亿元放在海尔财务公司），合每股富余现金6.72元，则当前股价实际为17.91元，对应2010年的PE则仅为13～11.6倍！这还没有考虑其10亿元左右的股权投资账面值。

换另一个角度来看，假如今天公司以30元每股回购股票，可以回购3亿股，则公司股本变为10.4亿股，2010年EPS为1.77～1.99元，股价升到30元，对应PE为17～15倍，即30元对应的实际静态估值为16倍（中值）。

公司刚公布的股权激励计划行权条件是以2010年利润为基数，未来三年CAGR 18%，据此，2011年的预计利润中位数为23亿元，以30元股价计，实际对应的动态估值为13.5倍。

由此可见，30元是青岛海尔2010年的合理估值，较目前股价有21.8%的上升空间。以2011年业绩16倍PE计，则下半年合理估值为35元，有42%的上升空间。

再换一个角度来看，股权激励的行权价格为22.3元，即达到行权条件管理层才可以22.3元购买一股公司股票，当前股价比行权价高

① 2011年1月28日发布于新浪博客“明资道”。

10%，考虑到管理层股权激励增值部分须缴纳个人所得税，以当前股价购入比管理层的股权激励收益还要好，除非公司业绩达不到行权标准，股权激励失败。

以上分析未考虑以下影响：

（1）房产调控对家电的销售——估计影响不大？

（2）原材料价格上涨因素——寡头市场格局，可以转嫁？

（3）潜在的资产注入——时间不确定。

（4）股权激励摊薄。

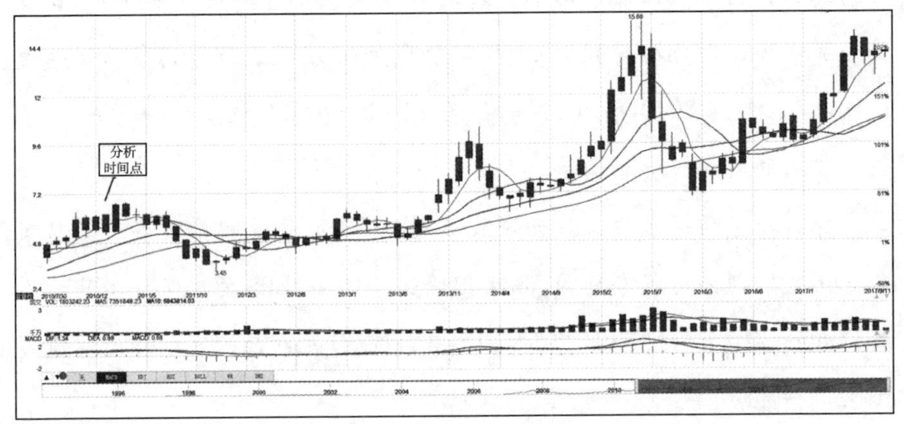

图 11－1　青岛海尔月 K 线图

盈利能力调整

盈利估值法最大的挑战是对盈利能力的调整。这甚至可以说是上市公司估值的最大挑战之一。

市盈率估值法是投资者最喜欢用、最流行的股票估值方法，但也是最危险、最容易被误导的估值方法。本杰明 · 格雷厄姆对此曾经警告说：“**当期收益不应成为评估的主要根据**——公司当期收益对普通股市场价位的影响程度要大于长期平均收益。这个事实构成了普通股价格剧烈波动的主要原因，这些价格往往（虽然不是一定）随着年景好坏所导致的收益变化而涨落不定。显然，根据公司报告利润的暂时性变化而等幅地改变对企业价值的估计，就这一点而言股票市场是极不理性的。”①

如果投资者发现一个基本面分析非常优秀的公司，过去几年公司的净利润平稳增长而且直接计算 PE 估值就符合买入估值门槛，那应该是一个完美的投资机会，千万不要错过。不过，这种机会不是没有，但往往可遇而不可求。

我们说**价值投资往往是逆向投资，就是因为基本面优秀的公司，往往只会在“公司报告利润的暂时性变化”（往往是负面影响），而非公司基本面本质性的变坏时，才会出现符合价值投资的“买入估值门槛”的机会**。换言之，投资者要能够对上市公司盈利能力的“暂时性变化”做“正常化”调整，才能获得上市公司的真实估值。

还是以上海家化为例，即使按照我们调整后的总市值计算，上海家化基于2016 年的市盈率估值依然高达 67.4 倍，完全没有投资价值。不过，如果投资者仔细研究上海家化多年利润表的变迁，就可能会有不同的观点，如表 11－4 所示。

表 11－4　上海家化多年简化利润表　　单位：千元

	2016 年 12 月	2015 年 12 月	2014 年 12 月	2013 年 12 月	2012 年 12 月	2011 年 12 月	2010 年 12 月
一、营业收入	5,321,198	5,845,865	5,334,659	4,468,504	3,998,901	3,576,607	3,093,957
代加工收入调整						(483,401)	(418,168)
调整后收入	5,321,198	5,845,865	5,334,659	4,468,504	3,998,901	3,093,206	2,675,789
花王收入	945,000	1,347,000	891,000	511,000	247,456		

① 本杰明·格雷厄姆．证券分析（第 2 版）［M］．邱巍，等，译．海口：海南出版社，2006.

续表

	2016 年 12 月	2015 年 12 月	2014 年 12 月	2013 年 12 月	2012 年 12 月	2011 年 12 月	2010 年 12 月
家化自有品牌收入	4,376,198	4,498,865	4,443,659	3,957,504	3,751,445	3,093,206	2,675,789
自有品牌收入增长率	-2.7%	1.2%	12.3%	5.5%	21.3%	15.6%	14.7%
销售费用	2,384,214	2,034,998	1,747,278	1,438,307	1,395,073	1,283,195	1,076,041
销售费用率（调整后收入）	44.8%	34.8%	32.8%	32.2%	34.9%	41.5%	40.2%
- 其中							
营销费用	1,629,550	1,322,998	1,166,752	1,026,202	1,087,442	1,045,651	
营销费用率（自有品牌收入）	37.2%	29.4%	26.3%	25.9%	29.0%	33.8%	
四、净利润	216,017	901,535	907,533	819,700	627,938	365,005	249,681
净利润率（自有品牌）	4.9%	20.0%	20.4%	20.7%	16.7%	11.8%	9.3%

注：2015 年净利润已调整出售天江药业股权的一次性投资收益影响。

可以看出，上海家化 2016 年净利润的急剧下降，固然有销售收入下降的影响，但其实家化自有品牌只下跌了 2.7%！净利润率从前三年的 20% 左右急剧下跌到 4.9%，绝大部分是由于销售费用尤其是营销费用率的大幅上涨造成的。

因此，如果上海家化 2017 全年能够维持第一季度季报的自有品牌增长率（14.5%），如果其净利润率能够回到 12%，则上海家化“正常化”的全年净利润应该为 6 亿元，按上一节我们计算出的 123.3 亿元的调整总市值，“正常”市盈率为 20 倍。

需要强调一下，相较于以上估值的考量，上海家化是否值得投资，更大程度上要取决于投资者对其基本面分析的判断和取舍。以上估值选取上海家化为例，只是因为这个案例估值部分比较复杂而且比较有代表性。

盈利能力的“正常化”调整对投资者的公司研究深度、行业知识掌握和财务分析能力等都有很高的要求，投资者需要在自己的“能力圈”内谨慎使用，否则容易出现大的投资错误。

其他注意事项

（1）市盈率法在投资实战运用上与市净率法有很多相同、相通之处。市盈率法也是属于相对估值法，理论上也是不能够用市盈率去计算出一个“公司的内在价值”的。市盈率的绝对值高低并不一定说明一家公司的投资价值，而只是公司股价是否具有投资价值的一个信号，市盈率需要在比较中才有意义，而不同行业的市盈率也是不可比的。

（2）市盈率估值必须要同时考核公司的资产负债表，尤其是资产负债率。因为按照市盈率所对应的总市值，只是上市公司的股权价值，尤其是在比较两家同行业的公司时，其实更有比较价值的应该是企业价值，还是以上一章在商誉调整时讨论过的青岛啤酒和华润啤酒为例，如表 11－5 所示。

表 11－5　华润啤酒与青岛啤酒企业价值对比　　单位：百万元

	华润啤酒	青岛啤酒
2017 年 6 月 7 日市值	57,832	45,177
减:富余现金	－2,155	－7,267
加:付息负债	4,185	304
企业价值	59,862	38,213
估值比较		
营业收入	28,694	26,106
企业价值/营业收入	2. 1	1. 5
净利润	1,419	1,107
企业价值/净利润	42. 2	34. 5
账面市盈率	40. 8	40. 8

注：富余现金假设营业收入的 5% 为营业现金需求。

以 2017 年 6 月 7 日的市值计，两家公司的账面市盈率凑巧是一模一样的 40. 8 倍。但如果仔细计算，剔除富余现金和付息负债的影响，则华润啤酒的估值要比青岛啤酒贵 20% 以上。

（3）与市净率法相同，作为安全检查的步骤之一，在准备买入股票时，投资者应该要从横向和纵向检查当前市盈率水平。从纵向上看，目前上市公司的市盈率在公司过去 3 ~ 5 年或一个完整经济周期内，处于何种水平，最好接近或低于历史最低市盈率，如果是处于平均水平以上，则需要警惕是否有所忽略。从横向看，要与同行业具有较长交易历史的上市公司比，看目前上市公司的市盈率处于何种水平。

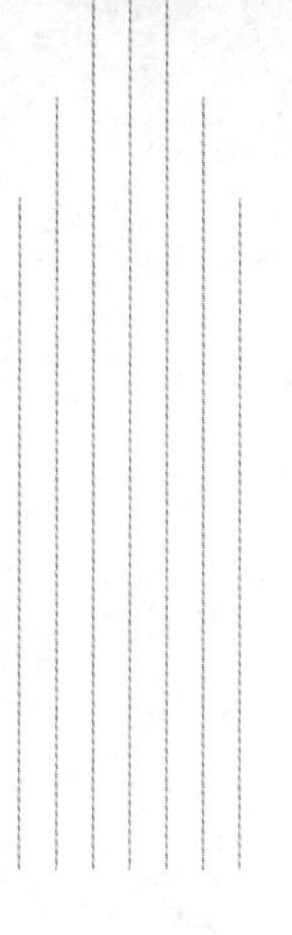

第十二章

现金流估值法

相对于资产估值法和盈利估值法，现金流估值法在价值投资者眼中是更为重要的估值方法。《股市真规则》的作者帕特·多尔西在书中谈到应当避免的第七个投资错误就是：“错误七：依赖盈利数据作分析：至关重要的是现金流，而不是盈利。”

现金流估值法是基于买股票就是买公司未来现金流的逻辑，但现金流估值法并不仅仅局限于分析财务报表里的“现金流量表”，现金流估值法也需要分析、预测公司的损益表和资产负债表。事实上，这也正是现金流估值法的难点所在。

第一节　现金流估值法简介

经营现金流与自由现金流

在进一步讨论现金流估值法前，我们有必要重温一下两个最重要的现金流概念：经营现金流和自由现金流。

经营现金流

按照企业会计准则要求，上市公司的现金流量表应当分别按照经营活动、投资活动和筹资活动列报。

经营活动：是指企业投资活动和筹资活动以外的所有交易和事项。

投资活动：是指长期资产的购建和不包括现金等价物范围内的投资及其处置活动。

筹资活动：是指导致企业资本及债务规模和构成发生变化的活动。

与此相对应，上市公司的现金流量表分为经营现金流、投资现金流和筹资现金流三大块。其中的经营现金流反映的是上市公司直接从产品生产、商品销售或劳务提供等获得利润的主要交易和事项中所发生的现金收支，因此，**上市公司的经营现金流是否健康，损益表报告的净利润有多大比例转换成了公司的经营现金流净流入，是上市公司股票估值的**

重要影响因素。以下是贵州茅台的合并现金流量表，其中的“经营活动产生的现金流量净额”就是当年的经营现金流。

表 12－1　贵州茅台 2016 年现金流量表（直接法）

合并现金流量表

2016 年 1—12 月

单位：元　　币种：人民币

项目	附注	本期发生额	上期发生额
一、经营活动产生的现金流量：			
销售商品、提供劳务收到的现金		61,012,964,102.54	37,083,071,835.58
客户存款和同业存放款项净增加额		4,811,196,033.00	2,011,171,589.94
向中央银行借款净增加额			
向其他金融机构拆入资金净增加额			
收到原保险合同保费取得的现金			
收到再保险业务现金净额			
保户储金及投资款净增加额			
处置以公允价值计量且其变动计入当期损益的金融资产净增加额			
收取利息、手续费及佣金的现金		1,265,842,778.44	766,016,183.29
拆入资金净增加额			
回购业务资金净增加额			
收到的税费返还			
收到其他与经营活动有关的现金	45(1)	189,142,723.95	153,647,241.24
经营活动现金流入小计		67,279,145,637.93	40,013,906,850.05
购买商品、接受劳务支付的现金		2,773,020,403.27	2,967,732,630.37
客户贷款及垫款净增加额		42,393,350.80	-11,600,000.00
存放中央银行和同业款项净增加额		2,340,362,436.74	-848,231,824.96
支付原保险合同赔付款项的现金			
支付利息、手续费及佣金的现金		115,962,455.33	62,297,196.96
支付保单红利的现金			
支付给职工以及为职工支付的现金		4,674,154,236.66	4,536,877,341.10
支付的各项税费		17,510,516,331.20	14,003,048,933.21
支付其他与经营活动有关的现金	45(2)	2,371,486,776.88	1,867,442,431.65
经营活动现金流出小计		29,827,895,990.88	22,577,566,708.33

续表

项目	附注	本期发生额	上期发生额
经营活动产生的现金流量净额		37,451,249,647.05	17,436,340,141.72
二、投资活动产生的现金流量：			
收回投资收到的现金			60,050,000.00
取得投资收益收到的现金			3,869,172.05
处置固定资产、无形资产和其他长期资产收回的现金净额		92,084.50	8,772,937.39
处置子公司及其他营业单位收到的现金净额			
收到其他与投资活动有关的现金	45(3)	5,562,351.19	33,357,886.05
投资活动现金流入小计		5,654,435.69	106,049,995.49
购建固定资产、无形资产和其他长期资产支付的现金		1,019,178,136.92	2,061,470,481.32
投资支付的现金			25,050,000.00
质押贷款净增加额			
取得子公司及其他营业单位支付的现金净额			
支付其他与投资活动有关的现金	45(4)	88,977,102.97	68,319,778.76
投资活动现金流出小计		1,108,155,239.89	2,154,840,260.08
投资活动产生的现金流量净额		-1,102,500,804.20	-2,048,790,264.59
三、筹资活动产生的现金流量：			
吸收投资收到的现金		16,000,000.00	
其中：子公司吸收少数股东投资收到的现金		16,000,000.00	
取得借款收到的现金			
发行债券收到的现金			
收到其他与筹资活动有关的现金	45(5)		22,000,000.00
筹资活动现金流入小计		16,000,000.00	22,000,000.00
偿还债务支付的现金			55,917,672.00
分配股利、利润或偿付利息支付的现金		8,350,512,252.23	5,554,101,966.61
其中：子公司支付给少数股东的股利、利润		532,067,286.55	513,009,332.72
支付其他与筹资活动有关的现金			

续表

项目	附注	本期发生额	上期发生额
筹资活动现金流出小计		8,350,512,252.23	5,610,019,638.61
筹资活动产生的现金流量净额		-8,334,512,252.23	-5,588,019,638.61
四、汇率变动对现金及现金等价物的影响		72,317.80	-16,273,531.71
五、现金及现金等价物净增加额		28,014,308,908.42	9,783,256,706.81
加:期初现金及现金等价物余额		34,780,485,904.57	24,997,229,197.76
六、期末现金及现金等价物余额		62,794,794,812.99	34,780,485,904.57

表 12-2　贵州茅台 2016 年现金流量表（间接法）

46. 现金流量表补充资料

（1）现金流量表补充资料　　　　单位：元　　币种：人民币

补充资料	本期金额	上期金额
1. 将净利润调节为经营活动现金流量：		
净利润	17,930,643,109.80	16,454,996,625.22
加:资产减值准备	12,327,496.22	-540,313.39
固定资产折旧、油气资产折耗、生产性生物资产折旧	842,728,072.04	761,458,678.29
无形资产摊销	80,457,895.99	79,883,270.42
长期待摊费用摊销	11,008,704.17	6,804,749.02
处置固定资产、无形资产和其他长期资产的损失(收益以“-”号填列)		
固定资产报废损失(收益以“-”号填列)	1,869,869.13	-17,419.86
公允价值变动损失(收益以“-”号填列)		
财务费用(收益以“-”号填列)		
投资损失(收益以“-”号填列)		-3,869,276.90
递延所得税资产减少(增加以“-”号填列)	-590,203,046.54	-333,734,968.43
递延所得税负债增加(减少以“-”号填列)		
存货的减少(增加以“-”号填列)	-2,608,954,802.85	-3,030,932,654.85
经营性应收项目的减少(增加以“-”号填列)	7,669,650,565.84	-6,705,177,839.34
经营性应付项目的增加(增少以“-”号填列)	14,101,721,783.17	10,207,469,291.54
其他		
经营活动产生的现金流量净额	37,451,249,647.05	17,436,340,141.72
2. 不涉及现金收支的重大投资和筹资活动：		

续表

补充资料	本期金额	上期金额
债务转为资本		
一年内到期的可转换公司债券		
融资租入固定资产		
3. 现金及现金等价物净变动情况：		
现金的期末余额	62,794,794,812.99	34,780,485,904.57
减：现金的期初余额	34,780,485,904.57	24,997,229,197.76
加：现金等价物的期末余额		
减：现金等价物的期初余额		
现金及现金等价物净增加额	28,014,308,908.42	9,783,256,706.81

以上的现金流量表是按直接法编制，也就是按照现金收入和现金支出的主要类别列示经营活动的现金流量。按照企业会计准则要求，上市公司还应当按照间接法，在附注中披露将净利润调节为经营活动现金流量的信息。

间接法现金流量表有助于投资者清楚了解净利润与经营现金流净额之间的差异。但两种方法编报出来的结果、“经营活动产生的现金流量净额”应该是相同的。

自由现金流

对于价值投资和股票估值而言，自由现金流是最重要，也是投资者最需要搞清楚的财务概念之一。自由现金流，顾名思义，是上市公司股东可以自由支配的现金，也就是上市公司从经营活动中产生的、在减去经营活动的再投资所需要的现金之后剩余的现金流量，换言之，这也就是在不影响上市公司持续发展的前提下，可供分配给上市公司的资本提供者（包括股东和债权人）的最大现金流量。

关于上市公司收益的运用，巴菲特曾经有一段“通俗”的描述：“首先要明白的一点是，所有的收益并非生而平等。在许多企业里——尤其是那些有高资产/利润比的企业——通货膨胀使部分或全部报告收益成了代用品。如果公司想维持其经济地位，那么代用品部分——让我们称这些收益是‘限定用途的’——就不能作为股利派发。如果分配这些利益，那么企业就会在下述一个或多个领域中失去根基：维持销量，长期竞争地位和财务实力。无论分红比例多么保守，如果不能注入产权资本，那么持续分配有限定用途收益的公司都注定要毁灭。”[①] 巴菲特的整段话虽然没有一个自由现金流的字眼，但在笔者看来，他却深刻地阐述了公司收益与自由现金流的关系：上市公司损益表报告的净利润，有一部分首先被“限定用途”于“营运资本增加”，然后还有一部分被“限定用途”于“资本支出”，剩下的才是可供股东和债权人分配的自由现金流。

用财务会计的专业术语来准确描述：自由现金流等于公司的税后净营业利润（即将公司不包括利息收支的营业利润扣除实付所得税税金之后的数额）加上折旧及摊销等非现金支出，再减去营运资本的追加和物业厂房设备及其他资产方面的投资。它是公司所产生的税后现金流量总额，可以提供给公司资本的所有供应者，包括债权人和股东。用公式表示就是：

自由现金流 = （税后净营业利润 + 折旧及摊销） – （资本支出 + 营运资本增加）

由于以上公式中的“税后净营业利润 + 折旧及摊销 – 营运资本增加”也就是用间接法计算经营现金流时从净利润调整到经营现金流的过程。因此，自由现金流（FCF）也可以用上市公司的经营现金流净额扣除资本性支出（Capital Expenditures，CAPEX）来计算，即：

自由现金流（FCF） = 经营现金流（OCF） – 资本性支出（CAPEX）

① 沃伦·巴菲特. 巴菲特致股东的信［M］. 北京：机械工业出版社，2005.

以贵州茅台的现金流量表为例，用经营现金流减去投资现金流中的“购建固定资产、无形资产和其他长期资产所支付的现金”，就可以得到自由现金流，如表 12－3 所示。

表 12－3　贵州茅台自由现金流

合并现金流量表

2016 年 1—12 月

单位：元　币种：人民币

项目	附注	本期发生额	上期发生额
一、经营活动产生的现金流量：			
经营活动产生的现金流量净额	A	37，451，249，647.05	17，436，340，141.72
二、投资活动产生的现金流量：			
购建固定资产、无形资产和其他长期资产支付的现金	B	1，019，178，136.92	2，061，470，481.32
自由现金流	A－B	36，432，071，510.13	15，374，869，660.40

公司自由现金流估值法

根据用于折现的现金流的不同，现金流估值法分为：公司自由现金流折现法、经济利润法、资本现金流法和权益现金流法。后三种方法都是基于公司自由现金流折现法发展而来的，在股票估值应用最多的还是公司自由现金流折现法。

公司自由现金流折现法的基本原理就是：公司的内在价值就是其在公司的剩余存续期内产生的全部自由现金流的折现值。对此，巴菲特在其 1992 年《致股东的信》中有以下一段重要的讲述。

在 50 多年前所写的《投资价值原理》一书中，约翰·伯尔·威廉提出了价值方程式，我们这里把它浓缩为：今天任何股票，债券或生意的价值，是由该资产在其剩余存续期间内产生的现金流，以合适的利率折算之现值所决定的。请注意这个价值方程式对股票和债券是一样的。

即使如此，这两者之间有一个重要而难以处理的差异：债券是一个有到期日，规定了未来现金流的票据，但对于股票而言，投资分析师必须自己估计未来的“息票”，再者，管理层的质量对债券付息影响甚少，除非是管理层无能或不诚实以至于债券暂停付息，相反，管理层的能力可以显著地影响股票的“息票”。

使用公司自由现金流折现法模型和计算公式计算普通股价值的基本步骤包括：

（1）预测公司未来（10 年左右）的经营现金流和自由现金流；

（2）计算公司在预测期后的永续价值（基于预测末期的永续成长率）；

（3）计算公司的加权平均资本成本（WACC）；

（4）把预测的自由现金流和永续价值用公司加权平均资本成本折现为现值，即为公司的经营价值；

（5）计算非营运资产价值，如不在合并报表范围内的子公司及其他长期投资等，把非营运资产和公司的经营价值相加，得出企业价值；

（6）计算出公司负债中的债务部分，包括银行借款、应付债券、优先股等，但不包括经营性负债；

（7）从企业价值中减去第（6）项计算值，可以得到普通股的价值，用普通股的价值除以已发行股票，就可以得到普通股每股的价值。

现金流估值法的优缺点

自由现金流估值法是一种“绝对估值法”。公司自由现金流估值法应该是现代投资理论里最具有投资、财务理论基础的估值方法，在各种假设条件下，理论上可以计算出一个准确的公司的内在价值。但是，它也有致命的缺陷。

缺陷

自由现金流折现模型的最大挑战有以下四个方面。

（1）**变量太多。**预测上市公司的未来自由现金流，就必须预测公司未来的经营现金流和资本支出，为此，需要预测公司未来相同时期的损益表（得到公司的预测净利润）和资产负债表（计算公司的营运资本占用）。所以，在投行分析师的股票研究报告和公司内部的投资分析模型里，自由现金流估值模型都需要同时预测损益表、资产负债表和现金流量表三张财务报表。由于对公司、投资项目的所有重要运营管理等都会直接或间接影响三张财务报表，因此影响预测准确性的变量非常多。

（2）**预测时间跨度太长。**自由现金流折现模型一般要 10 ~ 12 年的预测时间跨度，在预测期的最后一年再以一个"永续成长率"计算出一个公司的"永续价值"，然后把这个"永续价值"和 10 ~ 12 年预测期内的预测自由现金流折现为现值。要一次预测出公司未来 10 ~ 12 年的三张财务报表，难度之大可想而知。

（3）**参数很敏感。**自由现金流折现模型中很多参数的小变动都会对最后计算出来的净现值产生很大影响，如永续成长率、折现率、毛利率、净利率、资本开支项目和金额等。

（4）**对金融企业如银行、保险不适用。**由于银行、保险、财务公司等金融企业的主营业务的经营对象就是现金或资金，因此，金融企业的现金流量表可以说是没有太大参考价值的，也不可能通过其现金流量表的自由现金流来进行公司的估值。

在笔者工作过的跨国公司里，公司的重大资本支出或投资项目，都要求按自由现金流折现模型计算项目的价值指标，一般包括投资的净现值（NPV），内部收益率（IRR）和投资回收期。坦白地说，即使是作为公司的内部财务管理人员，有公司各业务部门的大力协助，提供各种业务资料，要想做出一个高质量的 DCF 项目分析也是非常困难的，至于三张财务报表的预测准确性，可以说是差强人意，如果是大投资项目所需要的十几年的预测，更是难以衡量预测的准确性。

如果作为公司内部的财务管理人员，都很难通过自由现金流折现模型来计算公司的净现值的话，公司外部的投资者、分析师，想要通过自由现金流折现模型来计算上市公司的内在价值，就真的是盲人摸象了，准不准可想而知。

为何我们还要用它

有经验的读者也许会提出疑问：如果自由现金流折现法有这么多缺陷，那为何现在还是有很多的大公司用它做投资决策分析呢？是的，自由现金流折现法的这些缺陷不能否定 DCF 模型作为公司价值管理、财务管理的一个重要工具的价值，原因在于四个方面。

首先，算账总比不算好。由于自由现金流折现模型全面、准确地反映了公司股东价值最大化的关键因素和变量，公司管理人员投资决策分析、预测的过程，其实就是对如何提升销售、降低成本、提高资本运营效率等价值驱动变量的考量和取舍的过程。正是通过这种财务分析，可以使公司管理人员在业务决策过程中，更多考虑财务指标，把价值考量嵌入决策过程。

其次，公司内部的很多投资决策项目都是多中选优的，而各个备选项目的财务分析是同一个管理团队、用相同的财务假设编制的。因此，重要的是各备选方案之间相对的比较及正确性，而不是一个项目本身的绝对值的正确性。

再次，公司内部的项目投资分析，管理层需要对预测负责，也往往与管理团队的管理目标和绩效挂钩，因此，自由现金流折现

（DCF）不仅是一个财务分析工具，其本身就是一个目标管理、绩效管理的工具。

最后，正是因为意识到“绝对值”准确性不高的缺陷，很多公司对投资项目都设置很高、很保守的决策门槛指标。在笔者工作过的跨国公司里，有的把折现率设定为15%～17%，有的要求项目投资回收期必须在1年以内。

第二节　估值健康体检

与资产负债表和损益表相比，现金流量表不容易造假或操纵，尤其是多年的现金流量表，因此，现金流量表的估值健康体检相对更简单一些。现金流量表的估值健康体检主要包括三个方面。

现金流的短期波动影响

以季度、年度为单位的短期现金流波动性较大，尤其是经营现金流，很可能会因为应收、应付项目的跨季度、跨年度收支而出现较大波动。而自由现金流也可能因为某一年度资本性支出的集中发生而受较大影响。

洋河股份 2017 年第一季度报告的现金流被“误读”就是一个典型例子。

洋河股份在公布 2016 年报和 2017 年一季报后，2017 年 4 月 28 日股票遭市场砸盘，股价直奔跌停。因为“市场对洋河的现金流的暴跌表示了很大的忧虑，担心在强势的茅台面前，洋河的高端酒或许没有卖掉，都压成存货”。其主要依据就是洋河股份虽然一季报利润增长了 11.68%，但是经营现金流下跌了 53%，如表 12－4 所示。

表 12－4 洋河股份 2017 年 1 季报主要财务指标

	本报告期	上年同期	本报告期比上年同期增减
营业收入(元)	7,588,577,705.68	6,843,010,210.81	10.90%
归属于上市公司股东的净利润(元)	2,742,957,007.05	2,456,001,858.67	11.68%
归属于上市公司股东的扣除非经常性损益的净利润(元)	2,659,071,451.71	2,416,921,869.38	10.02%
经营活动产生的现金流量净额(元)	**1,170,374,437.00**	**2,516,108,669.27**	**-53.48%**
基本每股收益(元/股)	1.82	1.63	11.66%
稀释每股收益(元/股)	1.82	1.63	11.66%
加权平均净资产收益率	10.00%	10.16%	-0.16%
	本报告期末	上年度末	本报告期末比上年度末增减
总资产(元)	38,823,490,362.51	38,804,062,249.63	0.05%
归属于上市公司股东的净资产(元)	28,795,722,154.26	26,052,771,070.00	10.53%

实际上，只要稍微研究一下洋河股份一季报的资产负债表，就会发现，其一季度经营现金流的下降、与净利润的偏离，不过是因为“预收款项”科目余额下降了 25 亿元。

表 12－5 洋河股份“预收款项”变动

非流动资产合计	13,628,271,406.54	13,479,487,768.98
资产总计	38,823,490,362.51	38,804,062,249.63
流动负债:		
短期借款		
向中央银行借款		
吸收存款及同业存放		
拆入资金		
以允许价值计量且其变动计入当期损益的金融负债		
衍生金融负债		
应付票据	730,000,000.00	960,000,000.00
应付账款	775,752,997.76	784,213,000.76
预收款项	1,361,104,185.65	3,847,491,823.75
卖出回购金融资产款		

续表

应付手续费及佣金		
应付职工薪酬	15,697,441.37	165,454,185.74
应交税费	1,801,326,685.89	1,807,842,582.92

换言之，就是洋河股份在2016年末预收了客户25亿元的货款，但货物在2017年一季度发出，这无论如何也不是“经营恶化”的体现。如果再仔细研究一下资产负债表，可以看到应收账款和存货都非常健康，余额还略有下降。而公司经营现金流的恶化，一般多首先表现为应收账款或存货的显著上升。

财务公司的影响

由于银行、保险、财务公司等金融企业的主营业务的对象就是现金，因此，现金流量表和自由现金流估值对银行、保险等金融类上市公司是不适用的。上市公司如果在集团合并财务报表里包含有提供存贷款服务的集团财务公司，则集团合并财务报表的经营现金流会“虚高”。以贵州茅台为例，其中的“客户存款和同业存款的净增加额”“客户贷款及垫款净增加额”“存放中央银行和同业款项净增加额”和“支付利息、手续费及佣金的现金”，都是和集团财务公司相关的现金流项目。

表12-6 贵州茅台现金流量表

合并现金流量表

2016年1—12月

单位：元　币种：人民币

项目	附注	本期发生额	上期发生额
一、经营活动产生的现金流量：			
销售商品、提供劳务收到的现金		61,012,964,102.54	37,083,071,835.58
客户存款和同业存放款项净增加额		4,811,196,033.00	2,011,171,589.94
向中央银行借款净增加额			
向其他金融机构拆入资金净增加额			

续表

项目	附注	本期发生额	上期发生额
收到原保险合同保费取得的现金			
收到再保险业务现金净额			
保户储金及投资款净增加额			
处置以公允价值计量且其变动计入当期损益的金融资产净增加额			
收取利息、手续费及佣金的现金		1,265,842,778.44	766,016,183.29
拆入资金净增加额			
回购业务资金净增加额			
收到的税费返还			
收到其他与经营活动有关的现金	45(1)	189,142,723.95	153,647,241.24
经营活动现金流入小计		67,279,145,637.93	40,013,906,850.05
购买商品、接受劳务支付的现金		2,773,020,403.27	2,967,732,630.37
客户贷款及垫款净增加额		42,393,350.80	-11,600,000.00
存放中央银行和同业款项净增加额		2,340,362,436.74	-848,231,824.96
支付原保险合同赔付款项的现金			
支付利息、手续费及佣金的现金		115,962,455.33	62,297,196.96
支付保单红利的现金			
支付给职工以及为职工支付的现金		4,674,154,236.66	4,536,877,341.10
支付的各项税费		17,510,516,331.20	14,003,048,933.21
支付其他与经营活动有关的现金	45(2)	2,371,486,776.88	1,867,442,431.65
经营活动现金流出小计		29,827,895,990.88	22,577,566,708.33
经营活动产生的现金流量净额		37,451,249,647.05	17,436,340,141.72

资产负债表/损益表影响

由于现金流量表的经营现金流项下各个项目的变动都可以归因于资产负债表和损益表相关项目的变动，因此，在资产负债表和损益表健康体检中涉及的问题，都会相应地对现金流量表，主要是经营现金流部分产生影响。

第三节 投资实战运用

动态与静态现金流估值

参照动态市盈率和静态市盈率的分类方法，笔者把现金流估值分为动态现金流估值和静态现金流估值。

动态现金流估值，即自由现金流折现估值法，因为这种方法是基于预测的未来相当长时间的公司自由现金流，因此，可以把它称为“动态现金流估值”。动态现金流估值是公司估值的理论基础，但是要在投资实践中运用则非常困难、几无可能。

静态现金流可以是过去1~5年公司自由现金流的平均值，笔者认为3年的平均自由现金流是比较合适的估值基础。静态现金流估值就是以过去三年平均的自由现金流除以股票市值，计算出股票的静态自由现金回报率。

静态自由现金回报率=三年平均自由现金流/股票市值

或者

=每股自由现金流/每股股价

与动态现金流估值法相比，静态现金流没有反映公司未来利润、现金流的增长，也没有做现金流的时间价值折现。但是，在笔者看来，静态现金流估值应该是最有实战意义的估值方法，主要原因有四个方面。

（1）体现了现金流估值理论的最重要原则：现金流才是公司估值的基础。正如巴菲特所言，“所有的收益并非生而平等”，但所有的自由现金流是平等的。

（2）回避了动态现金流估值的最大挑战：公司成长性的诸多变量和难以预测性。

（3）与债券投资可以类比：上市公司的自由现金流其实就是股票的“息票”。体现了把股票首先当债券买的思路。

（4）体现了价值投资的安全保守原则：只要公司基本面不恶化，现金流不下降，股票投资最差的投资回报就是获取与债券一样的利息收入，而公司的成长性则是投资的安全边际。

笔者认为，在公司股票估值中，**理解动态自由现金流估值方法的科学性和关键驱动因素是理解价值投资、公司价值管理的关键，但同时，在投资实战中知难而退，放弃使用动态自由现金流估值法，转而化繁为简，采用静态现金流估值法，则是价值投资者在投资实战中对股票估值的理智之选。**

以下的现金流估值都是基于静态现金流估值法。

现金流估值门槛

买入估值门槛

从以上静态现金流估值法的讨论可以看出，本质上，现金流买入估值就是在买入时把股票当成债券，只有股票的静态现金流回报率高于同期的优质公司债券的回报率时，才是值得购买的。因此，股票的静态现金流的买入估值门槛就是投资者在买入股票时能够接受的最低“债券回报率”水平，可以用以下公式来表示：

投资回报率（ROI）＝三年平均自由现金流/公司股票市值

＝每股静态自由现金/股价

买入估值门槛：对优秀上市公司，一般静态自由现金流回报率不低于5%，最少4%。

这一估值门槛主要基于以下两方面的考量。

（1）长期无风险国债的回报率为3.5%左右，而优质公司债券的长期回报率在4%～5%。

（2）在公司静态自由现金流收益率可以提供与优质公司债券相仿的回报的前提下，公司的成长性就为价值投资提供了安全边际和潜在的超额收益可能性。

卖出估值门槛

卖出估值本质上是理解、评估交易对手的估值逻辑。由于优秀的上市公司是稀缺的，投资者在以物超所值的价格买入优秀的上市公司股票后，只有在股价确实大幅高估时，才应该卖出。在运用现金流估值法时，投资者不仅要考量“市场先生”与交易对手的估值思维，还需要参考市场利率水平的走势。

卖出估值门槛：无论多优秀的上市公司，静态自由现金流回报率小于2%，都是需要评估减仓卖出的信号。

这一估值门槛主要基于以下两方面的考量。

（1）从过去几年货币基金的市场收益率来看，2%基本是货币基金的年化收益的下限。

（2）如果公司没有成长，目前股价对应的投资回报率只相当于市场“活期存款”的收益率，换言之，公司的股价已经隐含了很大的高成长预期。

估值“正常化”调整

盈利能力调整的影响

如果投资者在使用盈利估值法时，对上市公司的盈利能力做了“正常化”调整，则也要对公司的经营现金流和自由现金流做相应的调整，以反映其“正常”情况下的现金流估值。还是以上海家化为例，如表12-7所示。

表12-7　上海家化自由现金流调整　　单位：百万元

	2016年	2015年	2014年	2013年	2012年	2011年	2010年	2009年	2008年	2007年	10年合计
净利润	216.0	2，210.0	907.5	819.7	627.9	365.0	249.7	238.8	186.6	149.0	5，970.3
经营活动产生的现金流量净额	54.0	502.6	1，129.6	1，028.8	832.9	347.1	328.6	451.8	329.6	221.9	5，226.9
购建固定资产、无形资产和其他长期资产支付的现金	480.7	494.5	99.3	157.7	134.5	90.8	96.4	79.4	70.0	44.2	1，747.4
自由现金流	(426.7)	8.1	1，030.3	871.1	698.4	256.3	232.2	372.5	259.6	177.7	3，479.5
自由现金流/净利润	-197.5%	0.4%	113.5%	106.3%	111.2%	70.2%	93.0%	155.9%	139.1%	119.2%	58.3%

基于2007—2016年上海家化自由现金流对净利润的比例为58.3%，上一章计算上海家化“盈利能力调整”后的“正常净利润”为6亿元，由此可以预测上海家化“正常”的自由现金流为3.5亿元。按5%的静态现金流回报，则其“正常化”现金流估值应该为70亿元。

现金流短期波动调整

由于应收账款、应付账款、预收款项等项目的变动，公司的经营现金流在季度、年度之间可能出现比较大的波动。挑战不仅在营运资本变动，资本支出的不均衡性也可能使自由现金流出现显著波动。如果不做分析、调整，自由现金流可能根本无法用于股票估值。在投资实战中，有两种可行的方法去消除现金流波动的影响。

(1) 采用多年平均的自由现金流，一般采用三年的平均值，基本可以克服现金流短期波动的影响。

(2) 计算公司长期（5年以上）的“自由现金流/净利润”比值，乘以相应的净利润，估算出“正常化”的自由现金流。

还是以上海家化为例，如表12-8所示。

表12-8　上海家化自由现金流调整　　单位：百万元

	2016年	2015年	2014年	2013年	2012年	2011年	2010年	2009年	2008年	2007年	10年合计	2007—2014年
净利润	216.0	2,210.0	907.5	819.7	627.9	365.0	249.7	238.8	186.6	149.0	5,970.3	3,544.4
经营活动产生的现金流量净额	54.0	502.6	1,129.6	1,028.8	832.9	347.1	328.6	451.8	329.6	221.9	5,226.9	4,670.3
购建固定资产、无形资产和其他长期资产支付的现金	480.7	494.5	99.3	157.7	134.5	90.8	96.4	79.4	70.0	44.2	1,747.4	772.3
自由现金流	(426.7)	8.1	1,030.3	871.1	698.4	256.3	232.2	372.5	259.6	177.7	3,479.5	3,898.1
自由现金流/净利润	-197.5%	0.4%	113.5%	106.3%	111.2%	70.2%	93.0%	155.9%	139.1%	119.2%	58.3%	110%

由于上海家化最近两年正在建设新的生产基地，因此，2015—2016两年的固定资产支出大幅超过了2007—2014年的累计数。由此可见，以上58.3%的自由现金流转换率显然是被低估了。如果参照2007—2014年的自由现金流转换率，则公司的自由现金流与净利润的比例是110%！

财务公司现金流影响

对于包括企业集团财务公司的上市合并财务报表，由于财务公司的存、贷款业务对公司的经营现金流有重大影响，因此，需要从经营现金流中剔除财务公司的主要影响项目，即减去“客户存款和同业存款的净增加额”，加回“客户贷款及垫款净增加额”“存放中央银行和同业款项净增加额”和“支付利息、手续费及佣金的现金”。

同时，由于一般财务公司的损益在整个集团的合并损益表中占比都很低，简单起见，对损益表可以不做调整。

以贵州茅台的合并财务报表为例，其从2013年报开始，合并的财务报表包含了集团的财务公司，调整如下，如表12－9所示。

可以看到，2016年的现金流受短期波动影响，“自由现金流/净利润”比值高达190%。而2011—2016年调整前平均值为92%，调整后则为85%。据此，我们再来看看贵州茅台的估值。

买入估值：贵州茅台2014年1月8日的最低股价为118元，其2011—2013年三年调整后平均的自由现金流为78.1亿元，以10.38亿股本计，平均每股7.52元，以4%～5%的静态现金流回报率，其静态自由现金流估值为150～188元。

卖出估值：以2016年的每股收益13.31元计，按85%的自由现金流对净利润比值，其“正常化”的每股自由现金流为11.31元，按2%的静态自由现金流回报率，对应的股价为每股566元。总市值将高达7100亿元。在笔者看来，这应该是一个开始逐步减仓的时候了。

表 12-9 贵州茅台自由现金流调整

合并现金流量表

2016 年 1—12 月

单位：元　币种：人民币

	附注	2016 年	2015 年	2014 年	2013 年	2012 年	2011 年	合计
一、经营活动产生的现金流量：								
客户存款和同业存放款项净增加额	D	4,811,196,033	2,011,171,590	1,183,261,610	2,773,189,100			
客户贷款及垫款净增加额	E	42,393,351	-11,600,000	-59,847,500	91,447,500			
存放中央银行和同业款项净增加额	C	2,340,362,437	-848,231,825	-501,778,612	3,193,267,094			
支付原保险合同赔付款项的现金								
支付利息、手续费及佣金的现金	B	115,962,455	62,297,197	72,122,638	8,214,142			
经营活动产生的现金流量净额	A	37,451,249,647	17,436,340,142	12,632,522,437	12,655,024,862	11,921,310,609	10,148,564,690	
二、投资活动产生的现金流量：								
购建固定资产、无形资产和其他长期资产支付的现金	F	1,019,178,137	2,061,470,481	4,431,065,066	5,405,740,026	4,211,900,808	2,184,528,163	
调整前自由现金流	A-F	36,432,071,510	15,374,869,660	8,201,457,371	7,249,284,836	7,709,409,801	7,964,036,526	82,931,129,705
调整后自由现金流	A-F-D+B+C+E	34,119,593,720	12,566,163,442	6,528,692,287	7,769,024,472	7,709,409,801	7,964,036,526	76,656,920,250
净利润		17,930,643,110	16,454,996,625	16,269,371,510	15,964,899,881	14,008,450,702	9,250,323,808	89,878,685,636
自由现金流/净利润		190%	76%	40%	49%	55%	86%	85%

其他注意事项

没有自由现金流的高增长

经验丰富的“成长股”投资者一定会对静态现金流估值法不以为然。因为在“成长投资者”眼中，高成长上市公司的自由现金流为负数是很正常的。以 A 股著名的零售“白马股”永辉超市为例，如表 12－10 所示。

表 12－10　永辉超市 10 年财务指标　　单位：百万元

	2016	2015	2014	2013	2012	2011	2010	2009	2008	2007	10 年合计 /CAGR%
营业收入	49，232	42，145	36，727	30，543	24，684	17，732	12，317	8，475	5，678	3，673	231，205
营业收入增长率	16.8%	14.8%	20.2%	23.7%	39.2%	44.0%	45.3%	49.3%	54.6%	NA	33.4%
股东净利润	1，242	605	852	721	502	467	306	254	214	130	5，292
净利润增长率	105.2%	-28.9%	18.2%	43.5%	7.5%	52.8%	20.2%	19.0%	64.6%	NA	28.5%
经营现金流	1，928	1，538	2，016	1，769	1，832	579	683	205	181	54	10，786
自由现金流	489	225	818	447	51	(1，145)	(248)	(554)	(199)	(125)	(240)

从业绩高增长的角度来看，永辉超市的业绩可谓亮丽。2016 年营运收入是 2007 年的 13.4 倍，年均复合增长率 33.4%，2016 年的净利润是 2007 年的 9.5 倍，年均复合增长率 28.5%。

可是，如果从现金流来看，永辉超市过去 10 年的自由现金流是负 2.4 亿元。永辉超市 10 年累计净利润为 52.9 亿元，累计经营现金流 107.9 亿元，但 10 年的资本性支出达到 110.3 亿元，换言之，永辉超市把所有赚到的钱和部分供应商的欠款（应付项目的增加），全部投入到开新店去了！

确实，静态现金流估值法也有局限性，难以对此类无自由现金流的高增长公司估值。对类似自由现金流很低或为负数的高增长公司，投资者需要仔细考量以下因素。

(1) 增长模式。上市公司的增长是如何实现的？增长一般有以下两种典型模式。

- 内生式增长：主要通过品牌、创新、运营效率的提升实现增长，公司的资本性支出主要是更新和维护性资本支出。

- 外延式增长：主要通过新开店、新增生产线、工厂等扩张性资本支出实现增长。

没有自由现金流的高增长公司大多是靠外延式增长，当然，外延式增长也是可以为股东创造价值的，但是，内生式增长不需要或只需要很少的资本投入，就能够为股东创造更大的价值。

(2) 增长高速度的可持续性。在上市公司销售基数较小、业务发展的空白点众多的时间段，公司通过外延式增长可以获得20%～30%，甚至超过50%的销售增长，但是随着公司销售基数变大、可新开发的空白业务点变少，公司的增长高速度必然会逐步回归正常。永辉超市的营业收入增长率就明显体现了这样的趋势。

(3) 增长回归后的“正常”估值水平。对没有自由现金流的高增长公司，投资者需要研究清楚在上市公司的高增长回归到正常水平，如5%～10%的增长率时，其“正常”的估值水平是多少（市净率、市盈率等)？

投资此类公司最大的风险，是在公司高增长时以PEG为估值标准买入，在几年后公司增速回归，估值回归“正常”水平时，股价大跌。在笔者看来，坚持不为增长付出“溢价”，在符合前两章所述的市净率、市盈率买入估值门槛的前提下投资此类股票，或许才是安全、可行的价值投资之道。

市场利率对估值的影响

资金的市场利率就是投资者的机会成本，因此，市场利率对股票市场的估值有直接、重要的影响。当市场利率下跌时，投资者的风险偏好上升，投资者愿意接受的股票的估值更高；当市场利率上升时，投资者资金的机会成本上升，风险偏好降低，投资者可以接受的股票估值就变低。

对于前三章设定的估值门槛与市场利率的关系，投资者需要注意以下三点。

（1）所有这些估值门槛，都是基于笔者自己对投资回报率、投资风险的评估而设定的，是否合适，其实是仁者见仁、智者见智。投资者可以根据自己的投资回报率期望值设定不同的估值门槛。

（2）投资者对投资回报率的最小期望值，或者说是资金的机会成本，很多时候是参照长期无风险利率和其他市场利率来确定的。而这些参照的利率本身都是变动的，当市场利率显著偏离历史平均水平时，投资者需要及时了解、关注其对股票估值的潜在影响。

（3）出于价值投资的保守原则，笔者认为股票的买入估值不需要、也不应该跟随市场利率调整。而股票的卖出估值则可以参考市场利率的变化做相应调整。

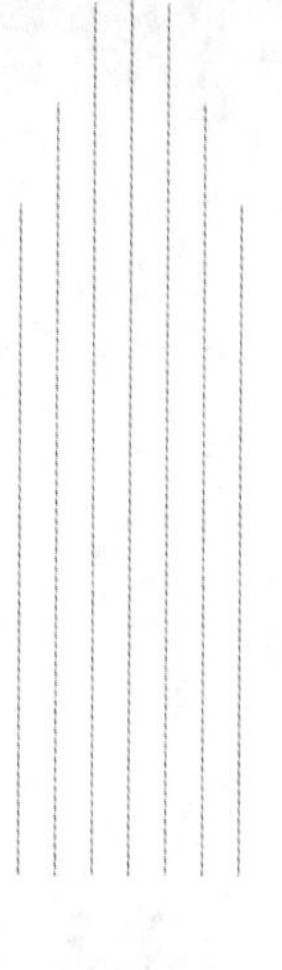

第十三章 参照估值法

从买股票就是买生意的角度来看，股票投资就是中小股东与大股东合伙做生意，问题在于大股东可以控制或通过董事会参与公司的决策和经营，而中小股东则几乎难以对公司的董事会、管理层产生实质性的影响。因此，中小股东只有在投资成本比大股东更低时才可以被视为是安全的。

除了资产估值法、盈利估值法和现金流估值法，上市公司的股票估值还可以采用参照估值法。这里所说的参照估值，就是参照上市公司的大股东或者是在董事会有重要影响力的战略投资方（如私募股权基金）的投资成本，主要包括历史交易估值和私有化估值。投资者如果在此前三种估值方法的基础上，能够再次获得参照估值法的印证，估值的确定性和安全性就有很大的保障。

第一节　历史交易估值

上市公司股份的历史交易主要包括定向增发、战略投资者的投资入股等非公开交易，也包括上市公司、控股股东在二级市场的“实质性”回购、增持等。中小股东要以比大股东和战略投资者还要低的股价买入股票，有可能吗？不少案例说明这不仅是可行的，而且投资者往往可以获利匪浅，具体案例如下。

- 2011 年著名的私募基金鼎辉投资和工商国际旗下的融睿投资以超过 111 亿元、每股 52.5 元的作价获得美的电器控股股东美的集团 15.3% 的股权，在其后相当长一段时间里，美的电器及其后整体上市的美的集团的股价都低于鼎辉入股时的价格。
- 2015 年 4 月，中国平安以每股 2.8 港元的价格获得港股上市公司碧桂园 9.9% 的股份，其后碧桂园的股价在相当长时间里在 3 港元以下波动，甚至一度还跌到 2.5 港元左右。
- 2015 年 8 月 7 日，京东宣布将以每股 9 元人民币，总金额 43.1 亿元的价格认购永辉超市新发行的普通股，交易完成后，京东持有永辉超市 10% 的股权。在 2016 年的大部分时间里，永辉超市的股价都低于京东的认购价，并曾一度跌破每股 8 元。

有些历史交易，如定向增发的交易价格，是可以公开获得的，而有些历史交易，尤其是上市公司的母公司的股权非公开交易，其隐含的对上市公司股份的估值，则需要投资者花时间去研究才能够获得，如以上提及的鼎辉入股美的集团的案例。

新华都集团入股云南白药的母公司白药控股的案例也是如此。2017年初，云南白药的控股公司白药控股进行国企混合制改革，引进战略投资者，福建的新华都集团254亿元增资云南白药的控股股东白药控股，其中就隐含了双方对白药控股所持有的云南白药股票的估值。以下案例“云南白药真值1200亿元?”就是笔者对该笔交易中云南白药股票估值的分析。

案例：云南白药真值1200亿元?[①]

停牌近半年的云南白药（SZ000538）终于在昨晚发布了控股股东白药控股引入战略投资者的公告：福建商人陈发树旗下的新华都集团一家豪掷254亿元增资白药控股，获得白药控股50%的股权。可谓开创了国企混合所有制改革的先河。

与此同时，白药控股向其他云南白药上市公司股东提出了每股64.98元的全面要约收购。对于绝大多数云南白药的投资者来说，这大概是一个毫无吸引力的要约报价。因为它不仅比停牌前股价（69.23元）低6%，也远远低于媒体报道的估值。

“有业内人士分析，这笔交易将重新定义云南白药市值。新华都斥资254亿元持股云南白药20.76%的股权，那就意味着云南白药整个公司值1223亿元。今日复牌涨停的云南白药市值达793亿元，但仍有空

① 原文2016年12月31日发布于雪球“明资道”原创专栏。

间修复估值预期，未来上涨可期。”（《证券时报》）

“有观点认为，若将此次交易看作‘陈发树用253.7亿元获得了上市公司云南白药20.76%的股份’（即白药控股所持41.52%股份的一半），则意味着云南白药的市值超过1222亿元，比停牌前的‘贵’了500亿。”（《每日经济新闻》）

有关媒体臆测云南白药整个值1200亿元好像也不算完全不靠谱，因为大券商国泰君安的最新研报也喊出了每股90元的目标价，相当于整体估值940亿元。可是，云南白药真的就值1200亿元吗？

要回答这个问题，我们需要好好分析一下新华都这笔交易里对上市公司云南白药的估值。

首先可以明确，以上媒体臆测的“新华都斥资254亿元持股云南白药20.76%的股权，那就意味着云南白药整个公司值1223亿元”，在概念上混淆了“增资”和“股权转让”，而且是把估值过于简单化了。

（1）“增资”和“股权转让”对公司的估值是完全不同的！新华都是通过向白药控股“增资”254亿元的方式获得白药控股50%的股权，这意味着双方同意增资前的白药控股的估值就是254亿元。本质上，这就是云南省国资委以白药控股的股权作价254亿元，与新华都现金出资254亿元，共同组成了一个各占50%股份的“新白药控股”。换言之，新华都的254亿元是还留在这个“新白药控股”里的，新华都还有其中50%的权益。而以上媒体报道是基于“股权转让”的估值方法，即如果新华都的254亿元是向云南国资委支付，以购买50%的白药控股股权，则白药控股的估值是508亿元，云南白药的整体估值可以“毛估估”为1200亿元。

（2）为什么即使在“股权转让”的假设下，1200亿元的整体估值也是过于简单化的“毛估估”而不是准确的呢？因为白药控股除了持有41.52%的云南白药上市公司股份外，还持有其他非上市公司的股权。对比要约收购报告书披露的白药控股的基本情况介绍和上市公司云南白药 2015 年年报披露，下表中 1－4 所列的公司是白药控股所持有的非上市公司。也就是说，新华都付出的 254 亿元不仅仅是间接购买了云南白药上市公司的部分股权，也购买了包含白药控股持有的其他非上市公司等资产和负债。

表 13－1　云南白药控股所属企业名单

序号	公司名称	注册资本（万元）	持股比例（%）		是否在上市公司
1	云南云药有限公司	66,000	100	医药产业投资	否
2	云南白药控股投资有限公司	10,000	100	投资	否
3	上海信厚资产管理有限公司	3,000	66.67	投资	否
4	深圳聚容商业保理有限公司	25,000	100	投资	否
5	云南白药集团股份有限公司	104,139.9718	41.52	药业	是
6	云南白药天颐茶品有限公司	2,000	100	茶叶	是
7	云南省凤庆茶厂有限公司	1,000	100	茶叶	是
8	云南白药天颐茶源临沧庄园有限公司	1,000	100	酒店餐饮业	是
9	云南白药集团楚雄健康产品有限公司	400	100	化妆品生产销售	是
10	云南省药物研究所	5,408.25	100	现代技术服务业	是
11	云南天正检测技术有限公司	2,000	100	实验检测、技术咨询	是
12	云南白药集团大理药业有限责任公司	1,551.50	100	药业	是
13	云南白药集团文山七花有限责任公司	1,730	100	药业	是
14	云南白药集团丽江药业有限公司	2,438.05	100	药业	是
15	云南白药集团医药电子商务有限公司	3,000	100	化妆品及卫生用品批发	是
16	云南省医药有限公司	70,000	100	医药批发、零售	是
17	云南白药集团中药资源有限公司	1,640	100	药业	是

续表

序号	公司名称	注册资本（万元）	持股比例（%）		是否在上市公司
18	上海云南白药透皮技术有限公司	500	100	药物技术	是
19	云南白药集团中药材优质种源繁育有限责任公司	2,100	100	药业	是
20	云南白药集团无锡药业有限公司	2,500	100	药业	是
21	云南白药大药房有限公司	4,000	100	药业	是
22	云南白药集团健康产品有限公司	8,450	100	口腔清洁用品生产和销售	是
23	云南白药集团西双版纳经贸有限公司	869. 80	100	药业	是
24	云南白药清逸堂实业有限公司	2,857. 1428	40	一次性卫生用品、日用品的生产	是
25	昆明清逸堂现代商务有限公司	1,000	40	一次性卫生用品、日用品的销售	是

结合这次“要约收购报告书”披露的白药控股的财务资料和云南白药2016年半年报，我们可以把白药控股的资产负债表和损益表拆分为“上市公司”和“非上市公司”两部分，如下表所示。

表13－2　云南白药估值

财务拆分	要约收购书	半年报	
	2016－6－30	上市公司	非上市公司
总资产(万元)	2,880,551	2,147,431	733,120
净资产(万元)	1,585,585	1,419,626	165,959
归属于母公司股东权益合计(万元)	745,002	589,429	155,573
资产负债率	44. 96%	33. 9%	77. 4%
	2016年1—6月	上市公司	非上市公司
营业收入(万元)	1,053,591	1,045,241	8,350
净利润(万元)	139,714	138,520	1,194

续表

财务拆分	要约收购书	半年报	
归属于母公司股东净利润(万元)	58,610	57,513	1,096
净资产收益率	8.16%		

估值

股价(停牌前)(元)		69.23	
白药控股持有股份数(41.52%)(万股)		43,238.92	
市场价值/评估价值(万元)	3,180,118	2,993,430.18	186,687.55
PB		5.08	1.2
增资持股50%投入资金(万元)	2,536,951		
折扣率(实际入股价)	79.8%	55.23元	

可以看到，白药控股的非上市公司资产负债率比较高（77.4%），而2016年上半年营业收入只有8350万元，净利润1096万元，归属母公司股东权益为15.6亿元。结合前面提到的4家非上市公司的主要业务为投资，这个财务拆分应该是合理的。

在此基础上，我们可以对此次交易的估值有较清楚的分析。

(1) 由于白药控股的非上市公司主要是投资业务，我们保守地按1.2倍账面价值（PB）来估值，则非上市公司的评估价值为186688万元。

(2) 白药控股持有云南白药41.52%的股份（43239万股），按停牌前股价69.23元计算，上市公司的股权价值为2993430万元。

(3) 因此，上市公司的市场价值和非上市公司的评估价值合计为3180118万元。因为新华都在这笔交易中是以2536951万元增资持有50%股权，因此，在交易中现在白药控股的股权作价也就是253.7亿元，即为评估价值的79.8%。考虑到交易金额之大和6年的锁定期，20%的折价还是合理的。

(4) 以79.8%的折算率乘以停牌前股价（69.23元），我们可以得到云南白药的股份在这次交易中的作价为每股 55. 23 元。换言之，云南白药整个公司在这笔交易中的估值是 575 亿元。远远低于媒体臆测的 1200 亿元。

题外话，在我的估值体系里，其实 55 元也是包含了太多的估值溢价和未来增长预期的，所以当初在 50 元左右，笔者也只是建了一点观察仓位而已。正确与否，时间会告诉我。

投资者通过类似的非公开股权交易直接获得或推算出上市公司大股东或战略投资者的持股成本，就可以作为以后投资该股票的历史交易价格参照值，对于以后在股票市场大幅波动时把握投资机会大有助益。

第二节　私有化估值

私有化估值是笔者受近几年中概股在美国股市频频私有化启发而悟出的一种估值方法，投资者站在大股东的立场，去看上市公司的价值和股价，以目前的股价，大股东如果把上市公司私有化，是否有吸引力，财务上是否具有可行性?

必须要说明的是：私有化估值是在一种“假设性”的模拟情景下，评估大股东在某一股价下是否有把上市公司私有化的可行性。如果可行，则说明这一股价是非常有吸引力的。

还是以贵州茅台为例，其 2013 年底的总股本是 10.38 亿股，以 2014 年 1 月 8 日的最低收盘价 118 元计，其总市值是 1224.8 亿元，其中大股东贵州茅台集团持股 64.2% 的股份，即其他流通股东一共持有 35.8% 的股份，当时其他流通股东持股总市值为 438.5 亿元。而贵州茅台在 2013 年 12 月 31 日，账上的货币资金就有 251.85 亿元！因此，在贵州茅台每股 118 元的股价下，贵州茅台集团完全可以采取如下步骤把贵州茅台私有化。

(1) 以每股 118 元要约收购所有在外其他股东的流通股份，总投入为 438.5 亿元。

（2）收购完成后，把贵州茅台账上的富余现金（236 亿元）全部分红（富余现金计算假设营业收入的 5% 为所需营业现金，详见上一章计算）。

（3）换言之，贵州茅台集团只需要额外投入 202.5 亿元（438.5 - 236）就可以把贵州茅台上市公司私有化，而贵州茅台股份公司在 2013 年一年的利润就有 159 亿元，也就是说，贵州茅台集团的私有化回报期只要 1.3 年！世界上还有比这更合算的生意吗？

如果每股 118 元对大股东是非常有吸引力的“私有化”价格，那就从反方向证明了这是一个对中小投资者“超值”的价格。这个道理和上市公司 IPO 首次发行股票刚好相反：大股东愿意按 IPO 的价格发行股票，说明 IPO 的价格对大股东是有吸引力的，而中小股东想要按 IPO 的价格去投资获得理想回报就会很难。

大股东大笔“实质性”而非“象征性”回购公司股票时、管理层大笔增持公司股份，都是公司股价低估的信号，投资者不仅可以视为历史交易参考价，更可以通过“私有化估值”的思维去加以验证，该公司股价是否已经是很好的投资机会。

第三节 估值综合运用

投资者在对一只股票用多种估值方法评估后，可以把估值归纳在一张汇总表上，方便一目了然地比较参考，还是以贵州茅台为例，如表13－3所示。

表13－3 贵州茅台估值汇总表

参数	市净率	市盈率	FCF 回报率	参照估值
买入估值	3～4（倍）	16～20（倍）	5%～4%	大股东回购
卖出估值	10（倍）	40（倍）	2%	可行性
对应当时股价				
买入估值（元）	123～164	191～239	150～188	很有吸引力
卖出估值（元）	580	532	566	

看到这个估值汇总表，不少投资者肯定会提出疑义：同样是买入估值，从123元到239元，卖出估值，从532元到580元，估值差别幅度这么大，估值还有意义吗？

没错，虽然笔者在以上估值汇总表中显示的是一个具体的金额，其实估值只是一个大致的区间，追求一个精确的股票内在价值既没有可能（因为自由现金流模型变量太多、太敏感），也没有必要。因为股票价格既不会按照这个精确的计算值跌到买入估值就反弹向上，也不会涨到卖出估值就掉头下跌。对于投资者而言，追求买到最低点，卖到最高点，其实也是一种贪婪的表现。事实上，对优秀的上市公司，只要投资者买在了相对的低点、长期投资，就已经可以获得理想的回报。以贵州茅台为例，回过头来看 2013—2014 年的股价，投资者不需要等到 150 元以下，即使是按每股 150 元买入，持有至今，回报也是非常理想了。

2017 年前几个月，贵州茅台股价在 2016 年价值回归后依然大幅上涨，因此，不少券商研究机构、“价值投资大 V”都在直呼“茅台目标价 600 元”！为避免读者误解，需要特别强调的是，**以上的卖出估值可不是他们口中所说的“目标价”，而是在笔者看来应该卖出的“泡沫价”**！

相对于追求估值的准确性，更重要的是在投资实战中，投资者要从多个角度、用多种估值方法反复论证，相互检查、印证估值。以下案例“中国平安，真的很平安”是笔者在 2011 年 9 月对中国平安做的多维度估值分析。

案例：中国平安，真的很平安[①]

中国平安（601318），A 股股价一直从 60 多元回落到 40 元左右。其港股（112318）也从前期的 80 多港元回落到 60 港元。即便如此，按最新股价（9 月 1 日）计算，A 股价格仍较 H 股折价 20% 左右。市场上目前最担心的是中国平安职工持股在未来 3 ~ 4 年的减持。但在我看来，40 元的中国平安，无论从哪个角度来看，都是很“平安”的投资。

首先，从行业来看，中国保险业的深度（保费/GDP）和广度（人均保费）都远低于世界平均水平。保险业应该是未来 10 ~ 20 年最有增长潜力的行业之一。当然，以中国平安的“综合金融”策略，其银行

① 2011 年 9 月 2 日发布于新浪博客“明资道”。

与投资业务还要在10年后与保险三分天下。随着中国经济的进一步发展，财富的积累，可以预见平安集团的成长潜力。

其次，从财务指标来看，其2011年中报的收入达1200亿元，利润127亿元，EPS 1.6，年化净资产收益率20%。难能可贵的是，虽然其已是千亿元销售额的公司，每年的成长依然达20%～30%。在它涉足的行业（人寿、车险、证券等），增长均远超行业水平。

再次，从公司治理来看，其股权结构是混合型多元持股，其中，HSBC占股18%。董事会成员构成十分合理，能力卓越，公司管理层年富力强，既有国际经理人，也有内部培养的人才，且内部培养的干部开始担当大任。其在2008年投资富通的教训，相信可以让管理层有更多的风险管理意识。

以上三点，让我坚信，中国平安是符合选股标准的"好"公司。对中国平安跟踪三年的研究使我相信，它是目前A股中难得的有机会成为世界级"卓越"公司的几只个股之一。此外，它的"平安"性还表现在以下三个方面。

（1）创新能力。中国平安的创新能力似乎已经成为其DNA。作为服务性企业，其持续领先业界的创新常让人眼前一亮。例如，它的"后援集中"：业内第一家将数据处理，呼叫中心等后台支持系统集中成共享中心。不仅使流程标准化，效率提高，成本降低，也极大地降低了各地违规的风险。它的"移动展业"：通过手持终端，一站式出保单、收款，提高了客户满意度和效率。它的"电话车险"：从电台广告里时时听到的葛优代言，"一天赔付"到"一袋索赔"，处处体现其快人一步的创新。

（2）清晰一贯的发展愿景及战略。综合金融经营的理念体现在它每一次的大手笔中，如收购深发展，不同业务间的交叉销售。

（3）超强的执行力及业绩导向型文化。平安新任总经理任汇川曾说："银行是坐着等饭吃，保险是跑着抢饭吃。"作为普通人，接到平安寿险代理的"骚扰"电话是常有的事，可能也会不高兴；可作为股东，有这么多人努力地为你工作，应该是很开心的事。再看看其投资的一些项目："壹号店""平安医网""平安药网""深圳龙岗医院"，众多的PE、IPO和基础设施项目，其野心可见一斑。

即使是"卓越"的公司，我们也要确保买入价格是合理的，最好是便宜的。那现在中国平安的股价便宜吗？

从绝对估值来看，以2011年中报数据简单年化计算（不考虑增长，直接以中报数据乘以2）。

2011年中国平安A股股价市值：

总股数：79.2亿股	总市值：3168亿元
净资产：1343亿元	每股净资产：16.9元
净利润：127亿元	EPS：1.61
市盈率：12	市净率：2.4

内含价值（含未来三年，利润同2011年）：2340亿元

每股内含价值：29.5元

市值/内含价值（P/EV）：1.4

从比较估值方法来看，2011年2月，中国平安向香港富豪郑裕彤下属公司周大福定向增发2.7亿股H股时，募资194亿港元，每股71.5港元，折合人民币59元。减除2011上半年EPS 1.61元，目前股价（38.4元）相当于定向增发价的65%。更早一年，当2009年6月，中国平安增发新股从新桥（NewBridge）收购深发展时，其赋予新桥的现金选择权是以38元/股作价。最后，新桥依然选择新股并最终溢价退出。可见，新桥是认可中国平安2010年初38元/股的价格的。简单计算如下：

目前股价	40元/股
减2011年2月增大增厚净资产	2元/股

减2011年上半年盈利　　　　　　1.61元/股

减2010年全年盈利　　　　　　2.37元/股

等于2009年底股价　　　　　　34.02元

即目前股价相当于其增发价的89%。

从历史最低估值来看，2008年在全球金融危机，中国平安投资富通亏损200亿元的情况下，股价曾最低跌至19.8元/股。让我们算算目前股价与之比较。

表13－4　股价推算

	股本（亿股）	账面净值（亿元）	市值（亿元）
2011年中报	79.2	1343	3168
减2011增发	2.71	161	161
减新桥增发	2.99	114.5	114.5
减2011中报利润		127.5	127.5
减2010年利润		179.4	179.4
减2009年利润		144.8	144.8
相当于2008年	73.5	616	2441

所以，目前股价相当于2008年底33元/股（2441/73.5）。

2008年底实际总股本73.5亿股，市值1400亿元，PB为2.2。相对于PB，按内含价值倍数的估值，则目前股价还低于2008年的20元。

以未来三年估值来看。假设每年利润无增长，新业务价值没有更多的成长，不考虑深发展并表的影响，无利润分配，则分析如下。

表13－5　估值推导

	2011年中	2011年底	2012年底	2013年底	2014年底
股本（亿股）	79.2	79.2	79.2	79.2	79.2
净利润（亿元）	127	255	255	255	255
净资产（亿元）	1343	1470.9	1726	1981	2236
每股净资产（元）	16.9	18.6	21.8	25	28.2

续表

	2011 年中	2011 年底	2012 年底	2013 年底	2014 年底
PB（40 元/股）	2.4	2.2	1.8	1.6	1.4
新业务价值（亿元）	171	342	342	342	342
内含价值（亿元）	2340	2511	2853	3295	3539
内含价值/股（元）	29.5	31.7	36	40.3	44.7
P/EV（40 元股价）	1.4	1.3	1.1	1	0.9

以最保守的假设，你在 2013 年底可以以账面内含价值买入中国最大的“综合金融集团”，这真是不可多得的好机会！而看看过去的盈利记录，中国平安每年的盈利增长都在 30% 左右。

平安目前的机会：

（1）上海延税型养老保险将可能给保险股带来历史性的机会；

（2）RQFII：一旦人民币 QFII 开始发行，A/H 折价股应当是首选。

目前的风险：

（1）内部职工股未来三年还要减持；

（2）大的灾害或投资损失。

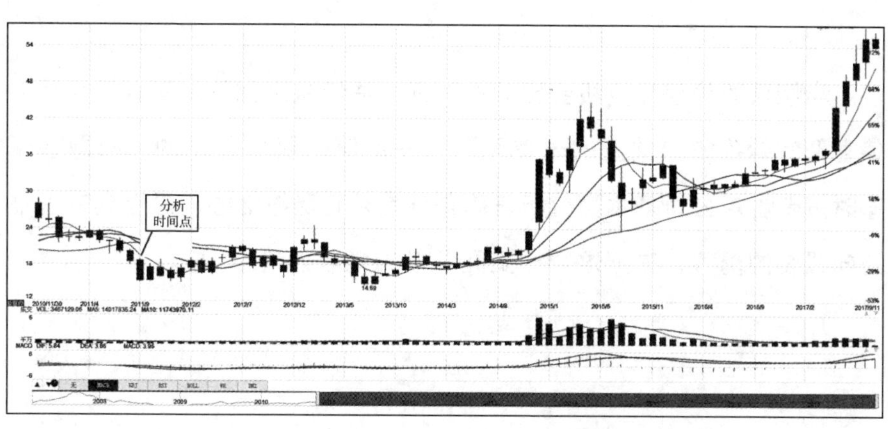

图 13-1　中国平安股价月 K 线图

如果投资者过去4~5年长期投资中国平安，起码可以获得15%~20%的年化投资收益率。

其实，股票估值并不只是数字游戏，正如赛思·卡拉曼所言："最重要的是，不管投资者在价值评估分析时使用收益还是现金流，重要的是要记住，数据本身并不代表一切，这些数字是了解企业正在发生的事情的途径。"正因为如此，投资者不需要太纠结于估值数字的精确，对上市公司基本面的深入了解和分析是估值的前提和基础，对股票估值更重要。事实上，在投资实战中，大多数的价值投资机会就好像以下投资小故事里的"地上的十美元"。

有两位教授一起走在街上，突然间有个教授看到地上有一张十美元的钞票，于是告诉另一位，地上有十美元。可是另一位教授怀疑这肯定是一张假钞，要不然街上那么多人怎么没人捡呢？正说着，突然有个乞丐从他们身后快步走上去，把那张十美元钞票捡起来，走进对面的麦当劳店买了一个汉堡包，坐下来美滋滋地吃着，而那两位教授看着所发生的一切，两眼看着对方，没哼一声。

当明显的价值投资机会出现的时候，估值从来都不是问题，往往估值之便宜就犹如"地上的十美元"——价值是显而易见的。问题在于这时投资者对公司基本面分析正确程度是否有足够信心、是否具有理性逆向投资的勇气，去把这"十美元"从容地收入囊中。

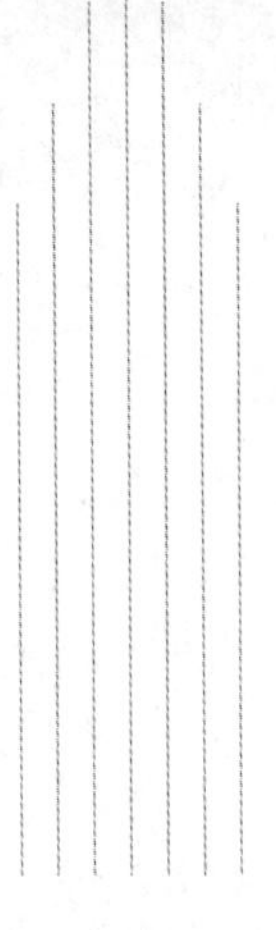

第十四章 投资风险、安全边际与估值

投资风险和安全边际是投资者构建价值投资体系的两块最重要的基石。只有深刻地理解了股票估值与这两个“基石”之间的关系，投资者才会理解价值投资最重要的投资原则——“保守与安全”。

第一节　投资风险

投资风险是什么？上市公司股价的波动每天都会发生、不可避免，但股价波动本身并不是投资风险。**真正的投资风险是投资本金永久灭失的可能性**。具体而言，投资风险可以分为三种。

买错了

所谓买错了，就是在买入上市公司股票后，在随后的跟踪分析中，发现上市公司并不符合本书第一部分“公司基本面分析”所描述的优秀公司的特质，或者是上市公司的基本面在买入后发生了本质的恶化，因此构成了“买错了”的投资风险。

投资者发现买错了，应该及时卖出，以避免长期投资损失。如果投资者的买入估值足够保守，买入股票的价格足够低，投资风险未必会造成实际的投资损失，甚至还有可能获得不错的回报。

在以下“五粮液投资分析”案例中，以笔者在 2013 年 1 月对五粮液的分析，可以说是“买错了”。因为笔者在其后两年的跟踪里发现，不仅公告的年度经营目标未兑现，当初分析所列的“最大风险”项目也全部变成了现实！而且发现在管理层、公司战略、执行力等基本面分析的主要方面，五粮液都比贵州茅台逊色不少。因此，2015 年 2 月笔者在账面还略亏的情况下换股到估值更贵的贵州茅台。事实证明，要在估值便宜和基本面优秀之间做选择时，基本面优秀更重要。

但是，由于买入的五粮液股价足够低，因此，即使如果按当初买入股价持有五粮液至今，依然还是可以取得不错的回报。

案例：五粮液投资分析[①]

大半年前我开始关注五粮液（SZ000858），因为觉得便宜。当时股价在 33 元左右，预测 2012 年 EPS 在 2.6 元左右，当时公司账面现金有 200 亿元，按 38 亿股本计算，每股富余现金有 4 元，因此，实际的市盈率是 11 倍，估值比其他白酒股便宜 30% ~40%。作为中国仅次于茅台的白酒龙头股，11 倍的市盈率应该是非常有吸引力的。可是，最近几个月的市场表现再次说明：市场是完全不可预测的，而且，股价的波动，不管是向下或向上，都会远远超过“合理”的范围和区间。

曾几何时，“喝酒吃药”可是基金等机构投资者的最爱，尤其是白酒股，既有“定价权”（其实就是提价权），又可以“穿越周期”，可谓是“消费升级”的最大受益者，因此，20 倍、30 倍的市盈率都是“合理的”。而今，由于受所谓“塑化剂”“取消限价”“限制三公消费”等负面消息的影响，白酒股已经从他们眼中的“美女”变成了“恐龙”，估值也跌到了前所未有的低谷。以五粮液为例，按照其 1 月 11 日公告的 2012 年业绩预告，预计 2012 年全年实现归属于上市公司股东的净利润 95 亿 ~98 亿元，同比 2011 年全年 61.57 亿元的盈利水平预增 54.28% ~59.16%，基本每股收益约 2.503 ~2.582 元。按照昨天（1 月

① 2013 年 1 月 26 日发布于新浪博客“明资道”。

25 日）的收盘价 25.12 元，取预告的低点 2.5 元计算，其市盈率只有 10 倍，五粮液 2012 年三季报的账上现金为 250 亿元，按 38 亿股计，每股的富余现金保守估计也有 5 元，因此其实际市盈率只有 8 倍（25 – 5 除以 2.5），分红收益率在 2% ~2.5%。作为中国仅次于茅台的龙头白酒品牌，8 倍的市盈率在过去是想也不敢想的好价钱。

市场现在最“担心”的是以下四点。

（1）渠道存货过多。由于过去几年的量价齐升，渠道的存货可能是最大的风险，需要再仔细研究观察。从商超及网上销售的货品的生产日期来看，渠道的存货可能偏高，但不至于到非常高的程度。由于白酒没有有效期的顾虑，因此，影响应该是短期的。

（2）终端销售不畅。受限制“三公”消费的影响，今年的终端销售应该是确有影响，可是，由于五粮液的产品系列比较齐全，高、中、低价格的配比合理，因此，受此影响有限。尤其是中价位产品，应该会受益于居民收入的提高和消费能力的提升。

（3）终端零售价下跌。由于销售不畅，取消限价，终端零售价可能会有所下降，因为这吃掉的是经销商的利润，对消化渠道存货是有利的，因此，对公司未必是坏事。

（4）行业“拐点”。从此以后白酒行业不再具有成长性，消费者越来越少，销量越来越少。

综合考虑以上四点，虽然公司公告 2013 年的经营目标是销售增长 30%（上周在深交所“互动易”上表示尽力完成 20%），保守估计，2013 年只实现 10% 收入增长，再保守估计，净利润也只增长 10%，则 2013 年的 EPS 应该是 2.8 元。按昨天 25.12 元的收盘价，剔除富余现金后的实际市盈率是 7 倍。分红收益率在 2.5% ~3%，非常有吸引力的估值，也完全符合逆向投资的原则的。

公司公告的 2015 年经营目标是 500 亿元（不含 100 亿元并购），按

2012年收入，复合增长率为20%以上。保守起见，假设其未来4年的增长率只有10%，EPS也只有10%增长，则总体回报率（10+3）与市盈率（7）之比为1.9，非常好的价值投资估值。如果公司达到500亿~600亿元的战略计划，则应该有非常丰厚的投资回报。

可是，五粮液的业绩在过去两年大幅提升，为什么五粮液的股价在过去两年就是不涨呢？百思不得其解。我估计最大的可能性是由于股权激励的问题。公司在2011年5月28日公告，收到中国证监会的行政处罚通知，公司的7名核心高管因为违反信息披露等原因，受到警告罚款的行政处罚，按照股权激励的对象在过去三年内没有受到证监会处罚的要求，这些核心高管在明年（2014年）6月前都是不可以成为股权激励的对象的，因此，公司在明年6月前推出股权激励的可能性极低。如果公司有股权激励的计划，则明年Q3应该是最大的可能，而股价在此之前都可能只是随大盘起伏而已。相应地，如果股价在今年下半年和明年上半年还是在30元以下，则应该是非常好的投资机会。从价值投资来看，这和今天的25元也是没有什么区别的。

最大的风险：

（1）公司是一股独大的地方国有企业，公司治理、内控和过去的不良记录是最大的不确定性。但是，品牌的优势，管理层的高薪和过去两年的增持股票，部分地平衡了这一风险。

（2）渠道存货远超合理水平，造成长期影响，需要密切跟踪关注。

上文撰写于2013年1月，当时股价24元左右，如果当时买入，持有五粮液至今，也还是可以获得18%的年化收益。

需要说明的是，股价上涨并不能证明一家公司就是优秀的，或者一个投资决策就是正确的。对价值投资者而言，投资于优秀的上市公司，公司的业务发展、业绩表现如投资分析时预期的一般优秀，股价上涨只

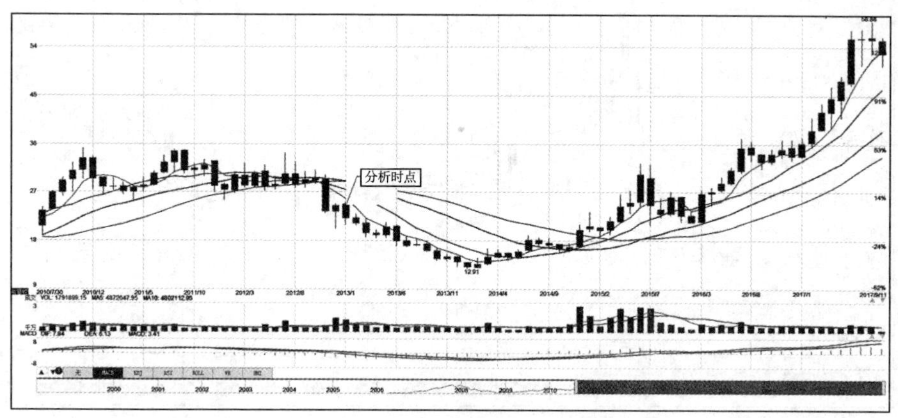

图 14－1　五粮液股价月 K 线图

是价值回归的自然结果，才是以承担最低投资风险、实现合理回报的稳健保守投资之道。

买贵了

所谓买贵了，就是上市公司从基本面分析来看，确实是优秀的上市公司，公司业务也在不断成长，但是，由于投资者在买入时过于乐观，买入股价远远超出了公司的内在价值，因此，投资者在买入后很长的一段时间，都处于账面亏损状态。

以银行股的优秀代表招商银行为例，从 2007 年到 2016 年的十年里，招商银行的营业收入年复合增长率为 19.9%，利润复合增长率为 17%，可谓优秀。

表 14－1　招商银行业绩表现

业绩指标	2007 年	2016 年	2016 对比 2007（倍数）	复合年均增长率（CAGR%）
营业收入（亿元）	410	2,090	5.1	19.9%
归属母公司利润（亿元）	152	621	4.1	17%

可是，如果投资者是在 2007 年以每股 24 元（复权价）的高价买

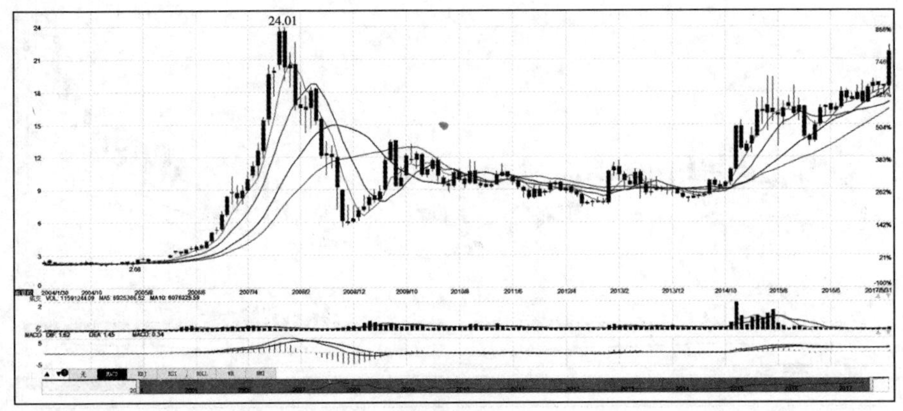

图 14-2　招商银行股价月 K 线图

入，持有至 2017 年中，还要亏 10%，整整 10 年没有投资回报！这当然也是巨大的投资风险。

既买错了，又买贵了

其实，前面两种情形都还不算是投资最大的风险，投资最大的风险是"既买错了，又买贵了"，尤其是如果投资者在股票泡沫时期用高价买入了基本面一般甚至很一般的上市公司，那就是一个大"悲剧"了。

以下中国石油和中国铝业的股价 K 线图本身已经可以说明问题了。

毫无疑问，投资的最大风险是在股市的泡沫期以优质公司的股价买入质地一般或衰落行业的上市公司。

股市从来就不缺乏泡沫，未来也一定会再现牛市股价泡沫。估值就犹如在泡沫大海里系住投资大船的锚，没有锚的大船在泡沫中很可能会倾覆。掌握上市公司的估值原理和方法，是价值投资规避投资风险的重要基础。

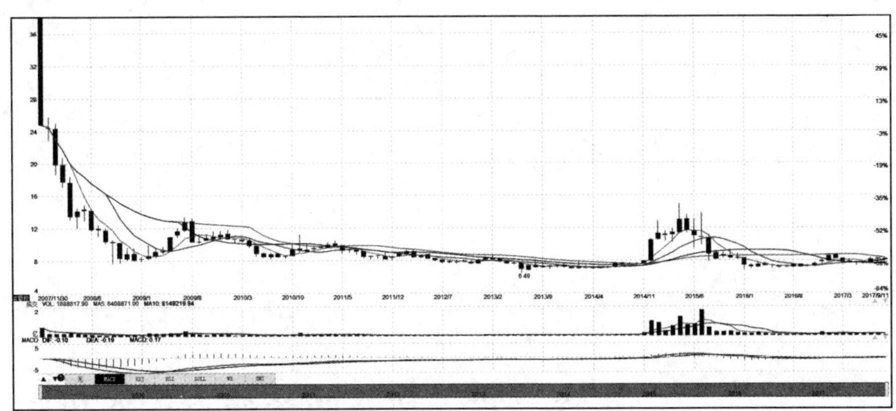

图 14－3　中国石油股价月 K 线图

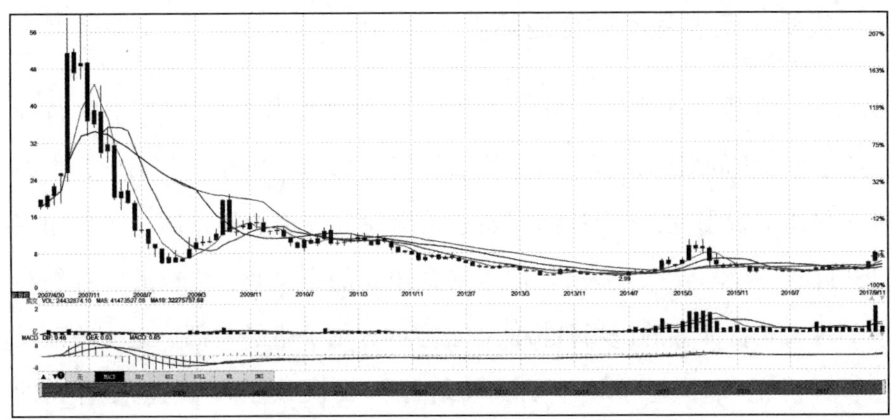

图 14－4　中国铝业股价月 K 线图

第二节　超额收益源自安全边际

投资一定要考虑安全边际

安全边际是本杰明·格雷厄姆在《聪明的投资者》一书中首先“创造”出来的概念，可以说是价值投资的精髓之所在。在书中，本杰明·格雷厄姆强调：“当我们需要总结出稳健投资的秘密时，可以用安全边际这一座右铭来代表。”他对安全边际的定义是：“在此，我们给出的定义是，证券的市场价格低于证券的评估价格的差额。这一差额反映了证券的安全边际。它可以吸纳计算失误或情况较差所造成的影响。”

巴菲特对安全边际原则做了更加形象的比喻：“（投资）一定要考虑安全边际。如果你是一个建造桥梁的人，你建的这个桥梁它的载重量是3万磅，但你在过这个桥的时候你一定不要让你的货物重量超过1万磅。”

可以说，**安全边际就是为投资决策出现偏差或错误留下的安全垫和容错空间**。例如，上一节的五粮液案例，即使后来发现公司的基本面、业务发展没有原来分析的理想，但由于买入估值留有足够的安全边际，还是可以避免亏损甚至可以盈利。这也就是一般投资者所理解的安全边际对价值投资的重要意义。

其实不仅如此，笔者的领悟是：安全边际不仅是规避投资风险的手段，也是价值投资获得超额收益的源泉。

安全边际的重要性：案例解析

为了说明这一重要原理，我们假设一家上市公司初始年份的盈利是每股5元，50%的分红比例，净资产收益率在未来五年都保持在20%，股票市场当前认为的“合理”估值为25倍市盈率。我们以下模拟三种不同估值情景下的投资者回报率。

市场估值5年保持不变　（市盈率保持为25倍）

表14－2　估值不变时的投资回报率　　单位：元

市盈率不变	0	1	2	3	4	5
每股盈利	5.0	5.5	6.1	6.7	7.3	8.1
利润增长率		10%	10%	10%	10%	10%
分红比例	50%	50%	50%	50%	50%	50%
分红金额	2.5	2.8	3.0	3.3	3.7	4.0
留存收益	2.5	2.8	3.0	3.3	3.7	4.0
股东权益	25.0	27.5	30.3	33.3	36.6	40.3
净资产收益率	20%	20%	20%	20%	20%	20%
市盈率	25	25	25	25	25	25
股价	125.0	137.5	151.3	166.4	183.0	201.3
股价上升		10.0%	10.0%	10.0%	10.0%	10.0%
分红收益率	2.0%	2.0%	2.0%	2.0%	2.0%	2.0%
总投资回报率		12.0%	12.0%	12.0%	12.0%	12.0%

在此情形下，公司的股价每年的上涨幅度（10%）与利润增长率是相同的。加上2%的分红收益，投资者的总投资回报率为12%。

由此可见：以“合理的股价”买入股票，即使公司保持高增长，投资者也仅能获得“合理的回报”。

“那是因为你假设的增长率太低了！才10%。”喜欢投资“成长股”的朋友一定会这样说，“如果成长率是20%，投资回报率就会在20%以上了。”真是如此吗？我们可以重温一下“股神”巴菲特的观点：“我们对内在价值增长率的最高期望是平均每年15%，而我们可能与这个目标相距甚远。实际上，我们认为，几乎没有哪家大企业有机会在一段相当长的时间内以每年15%的复合增长率提高企业内在价值。所以，有可能我们最终达到的设定目标高于平均水平却远低于15%。”①

估值每年逐渐下降，5年后市盈率从25倍下降为20倍

表14-3　估值下降时的投资回报率　　单位：元

市盈率下降	0	1	2	3	4	5
每股盈利	5.0	5.5	6.1	6.7	7.3	8.1
利润增长率		10%	10%	10%	10%	10%
分红比例	50%	50%	50%	50%	50%	50%
分红金额	2.5	2.8	3.0	3.3	3.7	4.0
留存收益	2.5	2.8	3.0	3.3	3.7	4.0
股东权益	25.0	27.5	30.3	33.3	36.6	40.3
净资产收益率	20%	20%	20%	20%	20%	20%
市盈率	25	24	23	22	21	20
股价	125.0	132.0	139.2	146.4	153.7	161.1
股价上升		5.6%	5.4%	5.2%	5.0%	4.8%
分红收益率	2.0%	2.1%	2.2%	2.3%	2.4%	2.5%
总投资回报率		7.7%	7.6%	7.5%	7.4%	7.3%

在此情形下，公司的股价每年的上涨幅度（5%），仅为利润增长率（10%）的一半。加上2%~2.5%的分红收益，投资者的总投资回报率为7.5%左右。

由此可见：以“合理的股价”买入上市公司股票，如果股票估值

① 沃伦·巴菲特．巴菲特致股东的信［M］．北京：机械工业出版社，2005.

略微下降，即使公司保持高增长，投资者也只能获得“很一般”的投资回报。

以具有安全边际的价格买入，估值恢复到“合理”水平

表 14-4　估值恢复“合理”时的投资回报率　　　单位：元

市盈率上升	0	1	2	3	4	5
每股盈利	5.0	5.5	6.1	6.7	7.3	8.1
利润增长率		10%	10%	10%	10%	10%
分红比例	50%	50%	50%	50%	50%	50%
分红金额	2.5	2.8	3.0	3.3	3.7	4.0
留存收益	2.5	2.8	3.0	3.3	3.7	4.0
股东权益	25.0	27.5	30.3	33.3	36.6	40.3
净资产收益率	20%	20%	20%	20%	20%	20%
市盈率	16	18	20	22	24	26
股价	80.0	99.0	121.0	146.4	175.7	209.4
股价上升		23.8%	22.2%	21.0%	20.0%	19.2%
分红收益率	3.1%	2.8%	2.5%	2.3%	2.1%	1.9%
总投资回报率		26.5%	24.7%	23.3%	22.1%	21.1%

在此情形下，公司的股价每年的上涨幅度（19%～24%）显著高于利润增长率（10%）。加上1.9%～2.8%的分红收益，投资者的总投资回报率超过20%。如果股票估值保持不变（16倍），则结果如同情形1），投资者还是可以获得12%的投资回报。

由此可见：以具有“安全边际”的价格买入上市公司股票，如果股票估值回到市场“合理股价”，投资者就将获得“超额收益”的投资回报。

理解了这一点，沃伦·巴菲特在其1992年《巴菲特致股东的信》的一段话，在笔者看来，就不仅仅只是基于投资安全的考量了。“第二点同等重要，我们在购入价格上坚持要有安全边际。如果我们计算出的股票价值只是比它的价格略高，我们不会有兴趣买入。我们相信这个被本杰明·格雷厄姆非常强调的安全边际原则是成功投资的基石。”这或许正是巴菲特获取出色的长期投资业绩的关键所在。

事实上，从以上情景（3）可见，超额收益一大半是来自股票估值倍数的变化，因此，投资要想获得超额收益，就必须坚持在买入时一定要有安全边际。只有相对于股票内在价值有足够大折扣的价格，买入才是有吸引力的投资。这就是为什么在前几章我们设定“买入估值”必须非常保守，“估值门槛”要足够低的道理。

第三节　只买对的，不买贵的

读到这里，相信不少投资者会提出以下质疑：按你所描述的上市公司基本面分析要求，A 股就没有几家符合条件的投资标的了。再按你提出的买入估值门槛筛选，哪里还买得到优秀公司的股票？贵州茅台 2014 年初每股 118 元的低价，现在来说也不过是马后炮而已，10 年才会有一次这样的机会吧。难道投资者要等上十年？

没错，在任何时候、任何国家，优秀的企业家、优秀的上市公司都是非常稀缺的资源，如果投资者通过本书第一部分介绍的上市公司基本面分析框架，发现了一家优秀的上市公司，即使目前股价很高，也不要放弃，可以长期跟踪研究，耐心等待具有安全边际的股价。

但是，在股票投资时，一定要避免优秀上市公司“不买就错过”的想法，而要做到“宁可错过，不要买错”。“事物总是在螺旋、曲折中发展”的哲学思想，在股票投资同样也是适用的。上市公司经营本来就充满风险和不确定性，公司在发展过程中也一定会遇到很多坎坷，从伊利、蒙牛所陷入的乳业三聚氰胺危机，贵州茅台、五粮液所遭遇的塑化剂危机、反腐败冲击，再到中国平安的投连险危机、富通投资失败……没有哪家优秀上市公司的发展历程是一帆风顺的。如果再叠加上股票市场周期性的牛市、熊市转换，股票市场对公司坏消息的无限放大，股价一条直线上涨的上市公司几乎没有。

笔者之所以选择贵州茅台来做买入估值门槛的示例，正是想说明：如果连贵州茅台这样投资者眼中的“大众情人”都会出现符合条件的买入机会，其他公司不是更有可能吗？其实，股价跌到符合买入条件的估值门槛不是问题，问题是在跌到这种“物超所值”的价格时，投资者对公司的基本面分析，是否让你有足够的信心在账面已经亏损的情况下，敢于逆向继续买入。

正如霍华德·马克斯在《投资最重要的事》一书中所言：

> 很少有事物是直线发展的。事物有进有退，有盛有衰。……不过无论如何，我们有信心把握住的概念有二：
>
> - 法则一：多数事物都是周期性的。
> - 法则二：当别人忘记法则一时，某些最大的盈亏机会就会到来。

这就回到一个投资的老话题：在公司基本面分析与估值之间如何取舍？到底是先定性（基本面分析），后定量（估值），还是相反？我想巴菲特的以下论述已经把这一问题谈得非常清楚了。“时间是好生意的朋友，烂生意的敌人。如果长期持有一个烂生意，就算买得再便宜，最后也只能取得很烂的收益。如果长期持有好生意，就算买得贵了一些，只要长期持有，还是会取得出色的收益。”① **对价值投资，公司的基本面分析是估值和投资的前提。只有这样，当优秀的上市公司出现符合“折扣买入”的价格时，你才敢于重仓买入。**

而且，正因为优秀上市公司的稀缺性，一旦投资者有机会以折扣价

① 引自1998年10月15日巴菲特在佛罗里达大学商学院的演讲。

买到，在没有符合“卖出估值”门槛前，不要轻易、频繁交易，因为符合条件的投资机会是稀少的。

通过上市公司的基本面分析，深入理解、跟踪公司的优秀基因，做到“只买对的”，把股票估值“化繁为简”，坚持保守的“买入估值门槛”，耐心等待买入良机，实现“不买贵的”。这就是我的“只买对的，不买贵的”价值投资之道。

主要参考文献

本杰明·格雷厄姆,戴维·多德．证券分析[M]．邱巍,李春荣,黄铮,译．海南:海南出版社,2006.

本杰明·格雷厄姆．聪明的投资者[M]．王中华,黄一义,译．北京:人民邮电出版社,2011.

帕特·多尔西．股市真规则[M]．司连福,刘静 译．北京:中信出版社,2009.

赛思·卡拉曼．安全边际．

霍华德·马克斯．投资最重要的事[M]．李莉,石继志,译．北京:中信出版社,2012.

菲利普·A. 费雪．怎样选择成长股[M]．冯治平,译．北京:地震出版社,2007.

菲利普·A. 费雪．股市投资致富之道[M]．刘寅龙,译．广东:广东经济出版社,2009.

杰里米·J. 西格尔．投资者的未来[M]．李月平,等,译．北京:机械工业出版社,2010.

杰里米·J. 西格尔．股市长线法宝[M]．范霁瑶,译．北京:机械工业出版社,2011.

沃伦 · 巴菲特,劳伦斯 A. 坎宁安 . 巴菲特致股东的信[M]. 陈鑫,译 . 北京:机械工业出版社, 2004.

帕特 · 多尔西 . 巴菲特的护城河[M]. 刘寅龙,译 . 广东:广东经济出版社,2009.

(美)科勒,(荷)戈德哈特,(美)威赛尔斯 . 价值评估:公司价值的衡量与管理[M]. 高建,等,译 . 北京:电子工业出版社,2007.

纳西姆 · 尼古拉斯 · 塔勒布 . 随机漫步的傻瓜[M]. 盛逢时,译 . 北京:中信出版社,2012.

迈克尔 · 波特 . 竞争战略[M]. 陈小悦,译 . 北京:华夏出版社,2005.

迈克尔 · 波特 . 竞争优势[M]. 陈丽芳,译 . 北京:中信出版社,2014.

拉里 · 博西迪,拉姆 · 查兰 . 执行[M]. 刘祥亚,译 . 北京:机械工业出版社,2003.

杨国安 . 组织能力的杨三角:企业持续成功的秘诀[M]. 北京:机械工业出版社,2015.

孙力科 . 任正非:商业的本质[M]. 北京:北京联合出版社,2017.

施振荣 . 微笑曲线[M]. 上海:复旦大学出版社,2014.

Philip Kotler. 营销管理(Marketing Management)[M]. 北京:清华大学出版社,1997.

Fred R. David. 战略管理(Strategic Management)[M]. 北京:清华大学出版社,1997.

霍华德 · M. 施利特,杰里米 · 皮勒 . 财务诡计[M]. 赵银德,张华,沈维华,等,译 . 北京:机械工业出版社,2012.

林重庚,迈克尔 · 斯宾塞 . 中国经济:中长期发展和转型[M]. 北京:中信出版社,2011.

刘世锦. 在改革中形成增长新常态[M]. 北京:中信出版社,2014.

吴敬琏,《比较》编辑室. 中国未来十年的改革之路[M]. 南京:译林出版社,2013.

厉以宁. 中国经济双重转型之路[M]. 北京:中国人民大学出版社,2013.

跋：为爱投资

写到最后，我们回到一个也许是投资开始时就应该问的第一个问题：我们为什么要投资？

这还用问？当然是为了赚钱。可以说每一个股票市场的参与者，无论是巴菲特，还是股市“小白”“韭菜”，跳进股海的初衷都是为了赚钱，笔者自己也是如此。“君子爱财”，在当今市场经济条件下，也不是什么羞于言齿的事情。只不过，“君子爱财”应该要“取之有道”。以赚钱为唯一目的的股民，往往带有很强烈的一夜暴富的赌博心态，把股票市场视为发财致富而不是投资理财的场所。在他们眼中，股市就是一个大赌场，而不是一个资产交易所。股票市场可以说是财富和人性最赤裸裸体现的地方：每一天、每一只股票的涨跌，直接反映在投资者的股票账户上，就是财富的增加和减少，因此，在股票价格连续、大幅上涨的牛市，股民们欢欣鼓舞、信心满满，不断地投入更多的资金，不断地有股市“小白”加入，甚至还有不少人通过杠杆大幅融资买入，股市俨然就是一个大赌场。而在股市大幅下跌或变成熊市时，股民又会恐慌抛售、争先逃离，人性的贪婪和恐惧展露无遗。大批中小散户就在这样一轮又一轮的追涨杀跌之中，一次又一次地碰个头破血流。在 2016

年初的熔断股灾中，还传出好几例股民高杠杆投机失败，最后跳楼自杀的悲剧，可谓触目惊心。

为了赚钱而投资，可以说是投资的第一层次。对我而言，投资的第二层次是因为爱家人。我期望通过投资可以使家庭财产保值升值，让自己和家人尽早获得财务自由，给家人更大的财务保障。因为投资的目的是“爱家人”，我会变得更加保守。我可不想因为自己的投资不当而造成辛苦工作赚来的薪水、儿子的学费，最后变成资本大鳄的口中之食、囊中之物。因此，对我而言，投资中如何规避风险、确保不亏钱，永远是第一要考虑的。在此基础上再考虑如何赚钱、能不能赚钱。因为爱家人而投资的投资者，不会为了一个投资机会而孤注一掷，更不会卖房炒股、借钱炒股。在考虑买入一只股票前，一定会反复考量投资的风险和亏钱的可能性。因此，因为爱家人而投资的投资者大概率都是保守型投资者，虽然投资水平会有差异，但大概率都可以算是价值投资者。

投资的第三层次，应该是为爱好而投资。到达这一层次的投资者，大概率都已经实现了财务自由，赚钱已经不再是投资的目的，而只是价值投资的结果。当你爱上了投资，尤其是价值投资以后，你会发现投资就是一个不断学习、自我完善的旅程。由于投资所需要的知识面非常广，不只是公司管理和财务，从政治、经济、历史、基础科学到最新的科技发明，要做好投资，一个好的价值投资者要广泛涉猎。同时，由于投资的上市公司分布于不同的行业，也需要投资者去学习和研究不同的行业知识，从钢铁、汽车、医药、零售到银行、保险，不一而足。一个好的价值投资者往往具有很强的好奇心和学习能力。优秀的价值投资者通过不断学习、提高投资能力，才会具有普通投资者所不具备的商业洞察力和在关键投资机会出现时与大众思维不同的独立思考、判断能力，从而在“别人贪婪时我恐惧，别人恐惧时我贪婪”式的逆向投资中大获成功。这种通过自我努力，直接在成功投资中获得的成就感，也许就是驱动价值投资者即使在财务自由后依然爱好、沉醉于投资的原因吧。对于工作与爱好的关系，巴菲特在 1998 年给佛罗里达州立大学的 MBA 的一段演讲中做了生动描述。

或早或晚，你们都应该开始做自己真心想做的事。我觉得我说的话，大家都听明白了。各位毕业之后，挑一个自己真心喜欢的工作，别为了让自己的简历更漂亮而工作，要做自己真心喜欢的。时间久了，你的喜好可能会变，但在做自己喜欢的事的时候，早晨你会从床上跳起来。我刚从哥伦比亚大学商学院毕业，就迫不及待地希望立刻为格雷厄姆工作。我说我不要工资，格雷厄姆说我要的薪水太高了。我一直骚扰他。回到奥马哈后，我做了三年股票经纪人，一直给格雷厄姆写信，告诉他我发现的投资机会。最后，我终于得到了机会，在他手下工作了一两年。那是一段宝贵的经历。总之，我做的工作始终都是我喜欢的。你财富自由之后想做什么工作，现在就该做什么工作，这样的工作才是理想的工作。做这样的工作，你会很开心，能学到东西，能充满激情。每天会从床上跳起来，一天不工作都不行。或许以后你喜欢的东西会变，但是现在做你喜欢的工作，你会收获很多。我根本不在乎工资是多少。不知怎么，扯得有点远了。

当然，正如巴菲特所言，不仅是投资，如果你选择其他的工作、职业，也需要把它变成你的爱好。为爱好而工作，你永远也不会感到乏味，可以说是工作的最高境界了。

投资的第四层次，也是投资的最高境界，应该是为“大爱”而投资。“大爱”就是慈善公益事业。在我看来，巴菲特能够成为“股神”，总能做出准确的投资判断，就是因为他早已经超越了“贪婪与恐惧”的人性。想想看，早在 2006 年 6 月，巴菲特就已经签下捐款意向书，承诺在有生之年将把至少 99% 的个人财富捐献给慈善事业。截至 2016 年底，巴菲特自 2006 年以来总计已捐给慈善机构的财富达 243 亿美元。对于这样一个为“大爱”、为慈善公益事业，为爱好而投资的人来说，怎么还会有“贪婪与恐惧”呢?

无论你现在处于投资的哪一个层次，希望本书能够让你有所感悟，使投资提升一个层次。想清楚为何投资，起码可以让我们跳出投资的第一个层次吧。如此，则成功投资已经在路上。让我们一起努力。